Das
Institut der Vormerkung
im Geltungsbereiche
der Preußischen Grundbuchgesetze
vom 5. Mai 1872.

Von

Siegfried Borchardt
Doktor der Rechte

Berlin und Leipzig.
Verlag von J. Guttentag
(D. Collin).
1887.

Inhaltsverzeichniß.

Einleitung.

Einleitung.

Cap. 1.

Theoretische Grundlage. Begriff.

I.

Im heutigen gemeinen preußischen Rechte sind die gesammten privatrechtlichen Verhältnisse am Grund und Boden auf der Basis der möglichst allgemeinen Erkennbarkeit der dinglichen Rechte an Immobilien gestaltet. Die positive Einrichtung, welche das Princip der Erkennbarkeit der Rechte am Grund und Boden in der Praxis zu verwirklichen bestimmt ist, bilden die von den Amtsgerichten geführten Grundbücher. Die dinglichen Rechte werden im Grundbuche eingetragen; der Inhalt des Buches ist Jedem, der ein rechtliches Interesse daran hat, zugänglich; damit ist das Princip der Kennbarkeit dieser Rechte, das sogenannte Publicitätsprincip, und für den ersten Blick gewiß sehr einfach, praktisch verwirklicht.

II.

Der rechtliche Charakter der Eintragungen ist ein verschiedener.

1. Bald ergänzt die Eintragung die Entstehung des dinglichen Rechts, so daß das Recht durch eine außerhalb des Grundbuchs sich vollziehende rechtliche Thatsache in Verbindung mit der Eintragung im Grundbuche zur Existenz gelangt, die Konstituirung des Rechts also außerhalb des Grundbuchs beginnt, aber nur durch die Eintragung im Grundbuche vollendet wird.

2. Bald dagegen hat die Eintragung nur beurkundende Bedeutung, so daß sie nur das außerhalb des Buches begründete Recht den Interessenten bekannt macht, die ohne sie perfekt gewordene Existenz des Rechts nur veröffentlicht; aber auch mit dieser bloßen Veröffentlichung sind Wirkungen für das Recht verknüpft, welche den gleichartigen, durch das Buch nicht publicirten Rechten in der Regel nicht innewohnen.

3. Die Eintragung endlich als abstrakter Formalakt, welcher völlig selbstständig nur durch sich, ohne Anknüpfung an eine außerhalb des Buches liegende Voraussetzung Rechte schafft, wie sie in einzelnen Grundbuchsystemen vorkommt, ist dem heutigen preußischen gemeinen Rechte an sich fremd, wenn auch, wie wir sehen werden, die einmal vollzogene Eintragung in der Folge die Bedeutung eines abstrakt rechtschaffenden Aktes gewinnen kann.

III.

Der legislatorische Grundgedanke und Zweck alles Grundbuchrechts ist die Sicherung und Hebung des Immobiliarverkehrs, insbesondere des Immobiliarkredits, durch Veröffentlichung der Rechtslage der Grundstücke. Das Grundbuch belehrt Jeden, welcher ein auf ein Grundstück bezügliches Rechtsgeschäft eingehen will, über die rechtlichen und thatsächlichen Verhältnisse des Grundstücks; es nennt den Eigenthümer, giebt die dinglichen Belastungen und Pfandschulden an, thut die Größe, die Lage, die Beschaffenheit, die Steuerverhältnisse, den Werth und die Versicherungssumme des Grundstücks kund. Für unsere Erörterungen kommen lediglich die Eintragungen privatrechtlichen Charakters, insbesondere die Eintragung des Eigenthümers, der Pfandrechte und sonstigen dinglichen Belastungen, ferner die eingetragenen sogenannten Beschränkungen des Eigenthümers oder sonstiger eingetragener Berechtigter in der Verfügung über das eingetragene Recht in Betracht.

IV.

Um seinen Zweck, die Interessenten über die rechtliche Lage des Grundstücks autentisch zu belehren, wirksam erfüllen zu können, ist das Grundbuch mit der Eigenschaft der publica fides ausgestattet. Die publica fides des Grundbuchs hat eine dreifache Bedeutung: die Eintragungen gelten und wirken als richtig, als vollständig und als bekannt.

1. Einmal also gilt das, was im Grundbuche eingetragen steht, als wahr. Es handelt sich hierbei nicht nur um eine rechtliche Präsumption, sondern geradezu um eine rechtliche Fiktion; der Buchinhalt wird als wahr gesetzt, gleichviel ob er wahr oder unwahr ist. Dieses Princip unterliegt aber zwei nicht unwesentlichen Einschränkungen. Der Buchinhalt gilt nicht als wahr gegenüber demjenigen, welcher weiß, daß derselbe falsch ist; die subjective mala fides der Person überwindet die objective publica fides des Buches. Die Unrichtigkeit des Buchinhalts darf ferner gegen denjenigen, welcher Rechte am Grundstücke unent-

geltlich erworben hat, selbst dann geltend gemacht werden, wenn er dieselbe nicht gekannt hat.

Von dieser letzteren Einschränkung des Princips giebt es wiederum eine vereinzelte Ausnahme, deren Erörterung vorläufig erübrigt.[1])

Abgesehen von diesen beiden Einschränkungen aber wird dasjenige, was im Grundbuche steht, als wahr gesetzt, und zwar, im Gegensatze zu bloßen rechtlichen Präsumptionen, unter Ausschluß des Gegenbeweises.

Die Behauptung, das Grundbuch wäre unrichtig, ist demnach in der Regel unerheblich, eine Beweisaufnahme darüber nicht zulässig. Erheblichkeit kann diese Behauptung nur in Verbindung mit der ferneren Behauptung gewinnen, daß derjenige, gegen welchen die angebliche Unrichtigkeit des Grundbuchs geltend gemacht wird, entweder dieselbe gekannt oder aber sein Recht am Grundstück unentgeltlich erworben habe. Die Konsequenzen dieses Princips sind von tief einschneidender Bedeutung.

a). Die materiellen rechtlichen Verhältnisse treten an Gewicht gegenüber dem Buchinhalte zurück. Der im Grundbuche zu Unrecht als dinglich berechtigt Eingetragene steht nach außen hin im Wesentlichen wirklich als dinglich Berechtigter da; er ist durch seine Eintragung legitimirt, über das ihm buchmäßig zustehende, in Wahrheit aber nicht gebührende Recht gegenüber gutgläubigen Dritten gegen Entgelt wirksam zu verfügen; in der Hand eines gutgläubigen Dritten, der es gegen Entgelt erworben hat, wird das Scheinrecht des Autors zu einem wirklichen Recht.

Die publica fides des Grundbuchs bewirkt somit unter Umständen eine objective Umgestaltung bestehender Rechtsverhältnisse. Das unrichtige Grundbuch wird in jure richtig, und zwar objectiv richtig; weder mala fides superveniens des unmittelbaren Rechtsnachfolgers noch auch Weiterübertragung des Rechts an Jemanden, dem die Unwirksamkeit der Eintragung des ursprünglichen Autors bekannt ist, vermag den früheren Rechtszustand wieder herbeizuführen; hat der zu Unrecht Eingetragene auf Grund seiner Scheinlegitimation einmal wirksam ein Recht für einen Dritten konstituirt, so ist die Unrichtigkeit des Grundbuchs insoweit definitiv beseitigt.

Der Grundsatz der Römer, daß Niemand mehr Rechte übertragen könne, als ihm selber zustehen, ist demnach im Interesse der publica fides des Grundbuchs durchbrochen. Der Grund dieses Bruches mit der Rechtskonsequenz liegt lediglich in der Zweckmäßigkeitsrücksicht auf die möglichste Sicherung des Verkehrs. Die Eintragungen haben für

---

[1]) Unentgeltlicher Erwerb einer Grundschuld, cf. § 38. al. I. Eigenth.-Erw.-Ges.

einen Dritten naturgemäß nur soweit Werth, als er sich ohne Weiteres auf dieselben verlassen darf; mit der unbedingten Zulassung der Behauptung und des Nachweises, daß der Buchinhalt den wirklichen rechtlichen Verhältnissen nicht entspreche, würde der Bucheinrichtung ein erheblicher, wenn nicht der ungleich größere Theil ihrer rechtssichernden Bedeutung entzogen.

b). Wie aber die publica fides auf der einen Seite schützt, so gefährdet sie auf der anderen, nämlich diejenigen Personen, welche ein rechtliches Interesse daran haben, die unrichtige Eintragung beseitigt bezw. durch eine richtige ersetzt zu sehen, indem sie deren Rechte der Gefahr der Schmälerung, event. der völligen Vernichtung aussetzt.

c). Demgemäß erscheint es als Pflicht des Gesetzgebers, die Möglichkeit zu gewähren, dieser Gefahr entgegenzuwirken, die Gefährdeten in den Stand zu setzen, sich gegen die Gefahr zu schützen. Diese Pflicht erscheint bei einer Gesetzgebung, deren einzige Aufgabe es ist, Rechte zu schützen, und deren Berechtigung nur aus dieser ihrer Aufgabe entspringt, gleichsam als eine Pflicht der Selbsterhaltung, als eine Existenzfrage. Eine nur um den Preis der schutzlosen Gefährdung Anderer erreichbare Sicherung ist keine Sicherung des Verkehrs, sondern nur eine Privilegirung Einzelner. Dasjenige Institut des Grundbuchrechts, welches bestimmt ist, diesen in Konsequenz der Grundbucheinrichtung gebotenen Schutz den Gefährdeten zu gewähren, ist die Vormerkung, das Thema unserer Erörterungen.

2. Das Grundbuch gilt nicht nur als richtig, es gilt auch als vollständig. War jenes die positive Seite des öffentlichen Buchglaubens, so ist dieses die negative; gipfelte das Princip dort in dem Satze: „was geschrieben steht, das gilt", so hier in dem ergänzenden Satze: „was nicht geschrieben steht, das gilt auch nicht". Die Bedeutung dieses Satzes ist je nach der Art der Rechte, um welche es sich handelt, eine verschiedene.

a). Soweit die dinglichen Rechte erst mit der Eintragung im Grundbuche perfekt werden, enthält der Satz weder eine Fiktion noch eine Präsumption; hinsichtlich dieser Rechte ist das Grundbuch vollständig, derartige Rechte als nicht eingetragene giebt es selbstredend nicht. Wohl aber giebt es außerhalb des Grundbuchs Ansprüche auf Erwerb derartiger dinglicher Rechte durch Eintragung, kurz: Ansprüche auf Eintragung dinglicher Rechte im Grundbuche.

Derartige, an sich rein obligatorische Ansprüche auf Erwerb dinglicher Rechte betrachtet das preußische Recht als eine Art Mittelglied zwischen persönlichem und dinglichem Recht und bezeichnet sie als Rechte zur Sache (jura ad rem), im Gegensatze zu den Rechten an der Sache oder mit dem landrechtlichen Ausdrucke: „auf die Sache" (jura in re, dingliche Rechte).

Die Existenz eines solchen Anspruchs auf Eintragung macht das Grundbuch nicht unvollständig und kann daher demjenigen, welcher ein Recht am Grundstücke durch wirkliche Eintragung erwirbt, selbst dann nicht entgegengesetzt werden, wenn er darum gewußt hat; das mit der Eintragung entstehende dingliche Recht überwindet die etwa vorhandenen nicht eingetragenen Rechte zur Sache unbedingt.[2])

Hierin aber liegt eine Gefahr für die Rechte zur Sache, mögen dieselben nun auf Erwerb des Eigenthums oder eines sonstigen dinglichen Rechts zielen; durch Veräußerung oder Belastung des Grundstücks werden sie vereitelt oder doch beeinträchtigt. Auch die sogenannten Rechte zur Sache sind wohlerworbene Rechte und haben Anspruch auf Schutz, wenn die gesetzlichen Institutionen selbst sie gefährden. Auch sie zu schützen ist das Institut der Vormerkung bestimmt.

b). Soweit die dinglichen Rechte am Grundstücke außerhalb des Grundbuchs entstehen, ist das Buch, wenn dieselben nicht eingetragen sind, unvollständig. Gegenüber solchen nicht eingetragenen dinglichen Rechten tritt die Fiktion der Vollständigkeit des Grundbuchs mit noch intensiverer Wirkung als die vorerörterte Fiktion der Richtigkeit in Kraft, insofern die publica fides des Grundbuchs hier selbst die mala fides des Dritten überwindet bezw. schützt, und auch die Unentgeltlichkeit des Rechtserwerbes des Dritten den nicht eingetragenen Berechtigten nicht legitimirt, das nicht eingetragene dingliche Recht jenem gegenüber geltend zu machen.[3])

Hiervon sind aber sehr weitgehende Ausnahmen statuirt, in denen die Eintragung und folgeweise auch die Nichteintragung auf die Wirksamkeit bezw. Wirkungslosigkeit des Rechts gegen Dritte nicht influirt, das Princip des öffentlichen Buchglaubens nach der negativen Seite mithin durchbrochen wird.[4]) Ein näheres Eingehen auf die Ausnahmen erübrigt an dieser Stelle.

Somit sind die nicht eingetragenen dinglichen Rechte vermöge der in der publica fides des Grundbuchs liegenden Fiktion der Vollständigkeit des Buches in der Regel der Gefahr sowohl der Beeinträchtigung durch Eintragung widerstreitender Rechte als auch der Vernichtung durch Veräußerung des Grundstücks ausgesetzt, und man wird mit Recht auch für diese Rechte die Forderung erheben dürfen, daß

---

[2]) §§ 4. 15. Eigenth.=Erw.=Ges. Abweichend das frühere Recht; cf. §§ 25. I. 10. und 5. I. 19. A.L.R. Letztere erachtet noch heut für anwendbar bei Rechten auf Erwerb eines bereits eingetragenen Rechts Reichsger.Entsch. Bd. III. S. 261. ff.

[3]) § 12. al. I. Eigenth.=Erw.=Ges.

[4]) § 12. al. II. III. Eigenth.=Erw.=Ges.

der Gesetzgeber die Möglichkeit gewähre, sie gegen diese in der publica fides liegenden Gefahren zu schützen. Auch hier hilft die Vormerkung.

c). Zu erwähnen sind endlich noch die vom Gesetze sogenannten Beschränkungen der eingetragenen Berechtigten in der Verfügung über das eingetragene Recht bezw. die gegen das eingetragene Recht begründeten Einreden. Das Gesetz läßt hier ein klares Princip leider vermissen, ja es krankt zum Theil sogar an einer bedenklichen Antinomie.[5])

Es genüge daher vorläufig die Bemerkung, daß das Princip des öffentlichen Buchglaubens in seiner negativen Richtung als Fiktion der Vollständigkeit des Buchinhalts im Allgemeinen auch auf die Einschränkungen der dinglichen Rechte und auf die Einreden gegen dieselben Anwendung findet, daß daher auch die Verfügungsbeschränkungen und Einreden, wenn sie nicht eingetragen sind, den Gefahren der Beeinträchtigung und Vernichtung ausgesetzt und somit schutzbedürftig sind, und daß auch ihnen dieser Schutz durch das Institut der Vormerkung gewährt wird.

3. Der Inhalt des Grundbuchs gilt endlich drittens als bekannt. Dies bedarf keiner Rechtfertigung. Die einfachste Vorsicht erfordert, daß Jeder, bevor er ein auf das Grundstück bezügliches Rechtsgeschäft abschließt, das Grundbuch einsehe; thut er es nicht, so resultirt die für ihn entstehende Gefahr nicht aus der Bucheinrichtung und dem öffentlichen Buchglauben, sondern aus seinem eigenen Leichtsinn, gegen den ihn das Gesetz nicht zu schützen braucht.

Die Behauptung der Nichtkenntniß des Buchinhalts ist schlechterdings unzulässig.

V.

Das naturgemäße Pendant der Eintragung bildet die Löschung.

1. Das eingetragene Recht wird zum Zeichen, daß es untergegangen sei, im Grundbuche gelöscht.

Auch die Natur der Löschung variirt gleich der Natur der Eintragung: bald vollendet sie den außerhalb des Buchs begonnenen, bald veröffentlicht sie nur den außerhalb des Buchs vollendeten Untergang des Rechts.

2. Die publica fides wirkt selbstredend auch in Betreff der Löschung.

a). Eine wenn auch zu Unrecht gelöschte Eintragung hat keine Kraft und gewinnt sie selbst durch Wiedereintragung, welche in der

---

[5]) §§ 11. Eigenth.-Erw.-Ges. 73. Grundb.-Ordng.

Regel überhaupt nicht statthaft ist, nur unbeschadet der inzwischen bona fide begründeten bezw. erworbenen dinglichen Rechte wieder.[6])

Ein Schutz gegen Löschung eingetragener Rechte durch Vormerkungen ist in der Regel nicht gegeben, weil ein Bedürfniß dazu nicht vorliegt. Unrechtmäßige Löschungen werden im Großen und Ganzen nur selten vorkommen.

Löscht die Buchbehörde eine Eintragung aus Versehen, so kann ausnahmsweise die Wiedereintragung verlangt werden, ist sogar nach Entdeckung des Versehens vom Grundbuchrichter von Amtswegen zu bewirken;[7]) außerdem haftet, wenn auch nur subsidiarisch nach dem Bereicherten, der Beamte, event. der Staat, dem Berechtigten für das volle Interesse.[8])

Abgesehen von diesem Falle erscheint die Löschung noch bestehender Rechte so gut wie ausgeschlossen, eine Gefahr mit der Wirksamkeit der publica fides also nicht verknüpft.

Dennoch statuirt das Gesetz eine vereinzelte Vormerkung zum Schutze gegen Löschung,[9]) welcher einzelne Schriftsteller eine analoge Anwendbarkeit auf andere gesetzlich nicht vorgesehene Fälle vindiciren.[10]) Diese Vormerkung unterscheidet sich von den bisher erwähnten Vormerkungen dadurch, daß sie nicht einen Anspruch auf Eintragung, sondern einen eingetragenen Anspruch zu schützen bestimmt ist.

b). Der aus dem Grundbuche nicht ersichtliche Anspruch auf Löschung eines eingetragenen Rechtes darf dem gutgläubigen Erwerber des letzteren nicht entgegengesetzt werden. Auch hier bildet das Gegengewicht gegen die Gefahr des öffentlichen Buchglaubens die Vormerkung, so daß neben die bisher gedachten Vormerkungen zum Schutze von Rechten auf Eintragung auch solche zum Schutze von Ansprüchen auf Löschung treten.[11])

c). Nichtkenntniß einer Löschung endlich darf ebensowenig wie Nichtkenntniß einer Eintragung jemals behauptet werden.

VI.

Bis auf verschwindende Ausnahmen verfahren die Grundbuchrichter weder bei Eintragungen noch bei Löschungen von Amtswegen, sondern, entsprechend der im Grunde privatrechtlichen Natur ihrer ganzen Thätigkeit, nur auf Antrag der Parteien.

---

6) § 118. Grundb.-Ordng. 7) § 118. Grundb.-Ordng. 8) § 29. Grundb.-Ordng. 9) § 102. Grundb.-Ordng. 10) Cf. z. B. Achilles, die preußischen Gesetze über Grundeigenthum und Hypothekenrecht vom 5. Mai 1872, 3. Aufl., Note 5. zu § 60. Eigenth.-Erw.-Ges., S. 300. 11) Cf. § 60. Eigenth.-Erw.-Ges.

Hier aber gilt es als oberster Grundsatz, daß jedwede Eintragung im Grundbuch (Löschungen mit einbegriffen) die an bestimmte Formen gebundene, erklärte Bewilligung desjenigen, gegen welchen sie sich richtet, zur unerläßlichen Voraussetzung hat. Es ist dies das im modernen preußischen Grundbuchrecht, von kaum nennenswerthen Ausnahmen abgesehen, mit Konsequenz durchgeführte sogenannte Konsensprincip.

Die materielle Frage, ob und wann Jemand verpflichtet sei, eine Eintragungs- bezw. Löschungsbewilligung zu ertheilen, fällt aus der Sphäre des Grundbuchrichters heraus und ist zwischen den Interessenten im Streitfalle im Wege des Processes zum Austrage zu bringen. Die Thätigkeit des Grundbuchrichters beschränkt sich auf die Prüfung, ob im einzelnen Falle eine den materiellen und formellen gesetzlichen Erfordernissen entsprechende Bewilligung vorliege, und im Verfolg auf Vornahme oder Ablehnung der begehrten Einschreibung (Legalitätsprincip in seiner heutigen Gestaltung).[12]

Das Konsensprincip aber ist es, welches die bei Erörterung der publica fides angedeuteten Gefahren für Rechte zur Sache und nicht eingetragene Rechte an der Sache erst recht eigentlich begründet und den Schutz gegen diese Gefahren, welchen das Institut der Vormerkungen gewähren soll, zu einem im Interesse der Rechtssicherheit unabweisbaren Bedürfniß macht. Sowohl den nicht eingetragenen dinglichen Rechten als auch den Rechten zur Sache ist der Anspruch auf Eintragung, jenen zum Zwecke der Veröffentlichung, diesen zum Zwecke der Schaffung eines wirklichen dinglichen Rechtes, an sich immanent. Indem nun das Konsensprincip die wirkliche Eintragung von einer Willenserklärung des Verpflichteten abhängig macht, entzieht es dem nicht eingetragenen Berechtigten an sich die Möglichkeit, aus sich selbst heraus die Eintragung vom Grundbuchrichter zu erlangen und durch sie die mit dem Fehlen seiner Ansprüche im Grundbuche für dieselben verbundenen Gefahren zu beseitigen. Die Willenserklärung ist an sich ein freier Willensakt. Will der Verpflichtete nicht, was er zu wollen verpflichtet ist, so bleibt dem Berechtigten an sich nur die Klage. Ersetzt wird die von dem Verpflichteten verweigerte Bewilligung nach dem geltenden Proceßrechte[13]) nur durch rechtskräftige Verurtheilung zur Bewilligung. Der Weg des Rechts aber ist, wie bekannt, ein gar langsamer und gemessener Weg: von der Erhebung der Klage bis zum Eintritte der Rechtskraft eines ergehenden Urtheils können Jahre vergehen. Inzwischen aber kann der böswillige Beklagte, vermöge der publica fides des Grundbuchs, durch Belastung und Veräußerung des Grundstücks bezw. durch Verfügung über eine löschungs-

---

[12]) § 46. Grundb.-Ordng. [13]) § 779. Civ.-Proc.-Ordng.

reife Post das Recht des Klägers zu Gunsten gutgläubiger Dritter einfach illusorisch machen, den Kläger unberechenbar und meist irreparabel schädigen, sich selbst aber unrechtmäßig bereichern.

Konsensprincip und öffentlicher Buchglaube im Verein würden es in dieser Weise dem Verpflichteten ermöglichen, jeden gegen ihn gerichteten Anspruch auf Eintragung oder Löschung, sei er dinglicher oder persönlicher Natur, nach Belieben zu vereiteln: derartige Ansprüche wären der Willkür des Verpflichteten schutzlos preisgegeben. Ein solcher Rechtszustand wäre in der That ein unleidlicher Unrechtszustand.

VII.

Diesen Gefahren entgegenzuwirken ist, wie bereits mehrfach hervorgehoben, das Institut der Vormerkungen bestimmt. Die Vormerkung ist eine auch ohne und gegen den Willen des Verpflichteten erreichbare vorläufige Einschreibung mit rechtserhaltender Kraft. Abgesehen von der Bewilligung des Verpflichteten, ist behufs Erlangung der Vormerkung Glaubhaftmachung des vorzumerkenden Anspruches erforderlich. Vorgemerkt werden sowohl dingliche als auch persönliche Ansprüche auf Eintragung bezw. Löschung. In beiden Fällen erhält die Vormerkung das vorgemerkte Recht so, wie es zur Zeit der Eintragung der Vormerkung bestand, d. h. die die Vormerkung späterhin ersetzende definitive Eintragung wirkt rückläufig, so daß das dingliche Recht in beiden Fällen als mit der Eintragung der Vormerkung buchmäßig entstanden bezw. erloschen gilt.

Die unter V erwähnte Vormerkung zum Schutze gegen Löschung ist eine Anomalie; übrigens erhält auch sie das Recht in demselben Bestande, in welchem es zur Zeit ihrer Eintragung noch vorhanden war; nur kann man hier eigentlich nicht von einem vorgemerkten Rechte sprechen: sie erhält das eingetragene.

VIII.

Nachdem vorstehend versucht worden ist, die logische Grundlage und den Begriff der Vormerkung als eines aus den grundlegenden Principien des modernen preußischen Grundbuchrechts mit Nothwendigkeit sich ergebenden Instituts zu entwickeln, sind die nachfolgenden Erörterungen einer eingehenderen Darstellung des Instituts nach Wesen, Wirkung und Erscheinungsformen gewidmet.

Die einzelnen Vormerkungen.

Cap. 2.

Die Pfandrechtsvormerkung.

I.

1. Das Pfandrecht, nach den Worten des Landrechts „dasjenige dingliche Recht, welches Jemandem auf eine fremde Sache zur Sicherheit seiner Forderung eingeräumt worden, und vermöge dessen er seine Befriedigung selbst aus der Substanz dieser Sache verlangen kann, (§ 1. I. 20. A.L.R.)", ist die Form des Immobiliarkreditverkehrs. Da der Immobiliarkredit im wirthschaftlichen Leben der Nation sehr wesentliche Funktionen versieht, so ist eine sorgfältige Ausbildung des Pfandrechts unter möglichst gleichmäßiger Berücksichtigung der an sich gar nicht kollidirenden Interessen des Grundbesitzes und des werbenden Kapitals, insbesondere aber Gewährung unbedingten, schleunigen und durchgreifenden Rechtsschutzes für den Gläubiger eine der vornehmsten und wichtigsten Aufgaben einer jeden Grundbuchgesetzgebung. Die Sünden der Römer auf diesem Gebiete und die daraus erwachsenen überaus nachtheiligen Folgen sind bekannt.

2. Das Immobiliarpfand erscheint im heutigen preußischen Recht in zweifacher Form, als die accessorische, eine persönliche Forderung sichernde und in ihrem eigenen Rechtsbestande von dem Bestande dieser Forderung mehr oder weniger abhängige, durch die Obligation so zu sagen bedingte Hypothek, und als die selbstständige, von den unterliegenden obligatorischen Verhältnissen losgelöste, für sich und durch sich selbst bestehende Grundschuld.[1])

[1]) Von der Antichresis sehen wir hier grundsätzlich ab. Die pfandrechtlichen Bestimmungen der Gesetze vom 5. Mai 1872 (§§ 18—67. Eigenth.-Erw.-Ges.) betreffen nur Hypothek und Grundschuld. Ihnen gegenüber ist die Antichresis ein *sonstiges* dingliches Recht und kann event. nur nach § 16. Eigenth.-Erw.-Ges., *nicht* nach § 22. ibidem vorgemerkt werden. Die Antichresis hat auch nur wenig von einer Kreditform.

Diese Zweitheilung ist keine an sich gebotene, durch den Begriff des Pfandrechts bedingte. Wie der Distinktion zwischen Hypothek und Grundschuld eine Verschiedenheit der dinglich-rechtlichen Wirkungen des Pfandrechts nur in sehr minimalem Maße entspricht, die Wirksamkeit dieser Unterscheidung vielmehr wesentlich auf dem nicht pfandrechtlichen, sondern rein obligatorischen Gebiete der der Pfandbestellung zu Grunde liegenden persönlichen Rechtsverhältnisse, bei der Geltendmachung der nach Erlöschung des Pfandrechts zurückgebliebenen persönlichen Forderungsrechte sich äußert, so ist dieselbe auch an sich keineswegs konsequent durchgeführt, kann es auch der Natur des Pfandrechts nach füglich nicht sein. Die preußische Hypothek äußert vielfach eine mit dem Begriffe eines nur accessorischen Rechts gar nicht zu vereinbarende Selbstständigkeit — man denke beispielsweise an die sogenannte Eigenthümer-Hypothek[2]) und an den weitgehenden Ausschluß der Einreden aus der Obligation gegen die actio hypothecaria[3]) —, die preußische Grundschuld wiederum wird in ihrer selbstständigen Existenz durch die dennoch stets vorhandene Obligation vielfach recht sehr eingeengt, wie beispielsweise im Streitfalle die ausnahmslose Zulassung aller aus dem unmittelbaren Rechtsverhältnisse der Proceßparteien originirenden Einreden[4]) ergiebt.

Vom Pfandrecht darf man mit Fug und Recht sagen: „zwei Seelen wohnen, ach! in seiner Brust, die eine will sich von der andern trennen". Wir meinen das dingliche und das obligatorische, oder aber das selbstständige und das accessorische Element. Jeder Versuch, das eine oder das andere Element ganz auszuscheiden, ist nicht nur verfehlt, sondern auch praktisch aussichtslos, da das vermeintlich verdrängte Element sich vermöge der den Begriffen und den Verhältnissen innewohnenden Logik doch stets wieder eindrängen wird. Das Pfand ist seinem Wesen nach bestimmt, durch Gewährung eines als solchen verfolgbaren Rechts an der Sache ein Recht gegen die Person zu sichern. Ein ganz absolutes Pfandrecht ist daher ebenso undenkbar wie ein rein obligatorisches oder auch nur accessorisches. Die Aufgabe der Gesetzgebung kann demnach u. E. nur die Auffindung des relativ besten, d. h. des durch die zeitigen Verkehrsverhältnisse gerechtfertigten Verhältnisses der beiden konkurrirenden Elemente, nicht aber eine systemwidrige, logisch und praktisch gleicherweise unhaltbare und undurchführbare Auseinanderreißung des Instituts sein.

Auch die in großer Anzahl vorhandenen, vielfach sehr geistvollen und scharfsinnigen Untersuchungen über das eigentliche Wesen der

---

[2]) §§ 63. flgd. Eigenth.-Erw.-Ges. Anhangs-Paragraph 52. zu § 484. I. 16. A.-L.-R. [3]) § 38. al. II. Eigenth.-Erw.-Ges. [4]) al. I. ibidem.

preußischen Grundschuld[5]) beweisen u. E. gar nichts hiergegen. Soweit diese Untersuchungen in der Grundschuld begrifflich etwas Anderes suchen und finden als ein Pfandrecht, vermögen wir ihnen schon wegen dieser durch nichts gerechtfertigten Entfernung von dem historisch und systematisch ganz unzweifelhaft gegebenen Charakter des Instituts, bei aller Vortrefflichkeit der Einzelheiten und aller Originalität der Ideen, eine eigentliche innere Berechtigung nicht zuzuerkennen. Historisch verdankt die Spaltung des Pfandrechts in Hypothek und Grundschuld ihre Entstehung dem Umstande, daß das Herrenhaus geglaubt hat, der nach seiner Auffassung von der Regierung und dem Abgeordnetenhause beabsichtigten radikalen Beseitigung des obligatorisch-accessorischen Elements im Immobiliarpfandrecht durch Schaffung eines accessorischen und eines selbstständigen Pfandes entgegentreten zu sollen.[5a]) Das Herrenhaus ließ hierbei gegen das accessorische Pfand (die heutige Hypothek) alle Einreden aus der Obligation zu. Wäre dieser Herrenhausbeschluß Gesetz geworden, so würde die Hypothek als unpraktisch und nicht verkehrsfähig — sie sollte nach den Intentionen des Hauses eben eine „Nichtverkehrshypothek" neben der als „Verkehrshypothek" charakterisirten Grundschuld werden — aus dem praktischen Rechtsleben wahrscheinlich fast ganz verschwunden sein. Das Abgeordnetenhaus acceptirte aber wohl die Trennung des accessorischen von dem selbstständigen Pfande (der heutigen Grundschuld), normirte jedoch den Kreis der gegen die dingliche Klage zulässigen Einreden, indem es die vom Herrenhause gegen die Hypothek zugelassenen Einreden erheblich einschränkte, bei beiden Instituten im Ganzen und Großen ziemlich gleichmäßig.[6]) Die praktische Folge hiervon ist u. W. die gewesen, daß die Grundschuld bis heutzutage eine rara avis geblieben ist. Jedenfalls ist die Grundschuld ein Pfandrecht, und nichts als nur dies. Wenn das im Gesetze auch nirgends mit ausdrücklichen Worten gesagt ist — von der Hypothek ist es ebensowenig besonders gesagt —,

---

[5]) Cf. die Uebersicht bei Achilles a. a. O. S. 159—164, Vorbemerkung III. zum 3. Abschnitt des Eigenth.-Erw.-Ges. [5a]) Wohlverstanden verdankt lediglich die Spaltung des Instituts diesen parlamentarischen Zufälligkeiten ihren Ursprung, nicht etwa die Anerkennung der in der Schaffung der Grundschuld zu gesetzlichem Ausdruck gelangten Rechtsgedanken. Der Zwiespalt der konkurrirenden Elemente an sich ist in der Natur der Sache begründet, die darauf hin versuchte, aber inkonsequent durchgeführte und konsequent gar nicht durchführbare Zweitheilung ist eine zufällige. [6]) Cf. wegen der Entstehungsgeschichte des Gesetzes Achilles a. a. O., die Vorbemerkungen zum 3. Abschnitte des Eigenth.-Erw.-Ges., S. 152. flgd insbesondere S. 156—159, und die dortigen Allegate.

so unterliegt es doch nach den Materialien des Gesetzes auch nicht dem leisesten Zweifel.[6a])

II.

1. Das Pfandrecht ist dasjenige Recht, welches außerhalb des Grundbuchs nicht existirt. Unbedingte Publicität des Pfandrechts an Immobilien hat das preußische Recht auch schon vor den Gesetzen vom Mai 1872 ausgezeichnet.[7]) Das Pfandrecht, und zwar in beiden Formen, entsteht nach den Worten des Gesetzes nur durch die Eintragung im Grundbuche und wird nur durch die Löschung im Grundbuche aufgehoben.[8])

Die Eintragung eines Pfandrechts im Grundbuche erfolgt in der Regel nur, wenn der eingetragene oder seine Eintragung gleichzeitig erlangende Eigenthümer des Grundstücks dieselbe bewilligt.[9]) Eine Ausnahme hiervon giebt es nur zu Gunsten einzelner Behörden[10]) und bei der sogen. Exekutionshypothek.[11])

2. Der Anspruch auf Bewilligung der Eintragung eines Pfandrechts oder bei den ohne Bewilligung einzutragenden Pfandrechten auf Eintragung eines Pfandrechts, der sogen. Pfandbestellungsanspruch, ist seinerseits ein von dem wirklichen Pfandrechte materiell wesentlich differirender Anspruch, ein obligatorisches sogen. Recht zur Sache, welches man als „Titel zum Pfandrecht"[12]) zu bezeichnen pflegt.

Das Pfandrecht, mag es nun Hypothek oder Grundschuld heißen, knüpft bei seiner Begründung an eine entweder bereits vorhandene oder doch in Zukunft als möglich gedachte[12a]) Geldforderung an, für welche es mit dem zu verpfändenden Grundstücke dem Gläubiger eine Realsicherheit schaffen soll.[13]) Entsprechend sind deshalb auch die „Pfandrechtstitel" mit Geldforderungen verknüpft, so daß dem Anspruche auf Pfandbestellung stets ein Anspruch auf Zahlung einer Geldsumme zu Grunde liegt. Die accessorische Natur des Pfandrechts tritt bei dem bloßen Pfandrechtstitel so sehr in den Vordergrund, daß ein „selbstständiger" Pfandrechtstitel, dem nicht ein persönlich verfolgbarer Anspruch auf Zahlung von Geld entspräche, gar nicht denkbar ist. Auch der Anspruch auf Bestellung einer Grundschuld kann nur in einer Geldforderung wurzeln, originire sie aus was immer für

---

[6a]) Cf. Förster, 3. Aufl. Bd. III. § 190. S. 383. 384. und Förster-Eccius, Bd. III. § 190. S. 451—455. [7]) §§ 411. 412. I. 20. A.L.R [8]) §§ 18. 57. Eigenth.-Erw.-Ges. [9]) § 19. ad 1. Eigenth.-Erw.-Ges. [10]) ibidem ad 3. [11]) §§ 6. flgd. Ges. v. 13. Juli 1883. [12]) Marginale zu § 2, ferner § 6. I. 20. A.-L.-R. [12a]) Cf. Achilles a. a. O., Note 1. al. II. zu § 24. Eigenth.-Erw.-Ges. S. 196. [13]) §§ 1. I. 20. A.-L.-R. 23. Eigenth.-Erw.-Ges.

einem Rechtsgrunde, beispielsweise aus einer Schenkung. Man nennt die durch Verknüpfung mit einem Anspruche auf Pfandbestellung vor den sonstigen Geldforderungen ausgezeichneten Forderungen „mit einem Pfandrechtstitel versehene“.

Die Pfandrechtstitel bezw. die mit Pfandrechtstitel ausgestatteten obligatorischen Geldforderungen sind vormerkungsfähig[14]) und bilden die materielle Unterlage der Pfandrechtsvormerkung.

III.

Bezüglich des Kreises derjenigen Geldforderungen, welche mittelst der Pfandrechtsvormerkung im Grundbuche vorgemerkt werden dürfen, sind Zweifel an den Wortlaut des maßgebenden § 22. Eigenth.=Erw.=Ges. angeknüpft worden, nach welchem schlechtweg der „Gläubiger“ das Recht hat, eine Vormerkung auf dem Grundstücke „seines Schuldners“ eintragen zu lassen. Diese Zweifel waren bei der allgemeinen, etwas legeren Wortfassung des Gesetzes auch nicht wohl abzuweisen und bedurften zum Mindesten der Erörterung. Grundlage der Pfandrechtsvormerkung ist begrifflich die mit Pfandrechtstitel versehene Forderung; gestattet aber das Gesetz schlechtweg dem „Gläubiger“ die Nachsuchung der Pfandrechtsvormerkung, so liegt die Folgerung nahe, das Gesetz habe an jeden Anspruch auf Zahlung einer Geldsumme einen weiteren Anspruch auf Immobiliarpfandbestellung in Höhe der Forderung knüpfen, mithin jede Geldforderung mit einem Pfandrechtstitel auf den Immobiliarbesitz des Schuldners versehen, diesen Titel allenfalls nur von dem formellen Erfordernisse der Glaubhaftmachung[14a]) der Forderung abhängig machen wollen.

Die Frage ist mit seltener Einstimmigkeit in Theorie und Praxis dahin beantwortet worden, daß eine derartige Aenderung des vordem geltend gewesenen Rechts nicht beabsichtigt gewesen und nicht herbeigeführt worden, unter dem Gläubiger im Sinne des § 22. cit. nicht jeder beliebige Gläubiger, sondern nur der Inhaber einer durch Pfandrechtstitel bereits ausgezeichneten Forderung zu verstehen, die Frage aber, ob die Forderung des um die Vormerkung nachsuchenden Gläubigers mit Pfandrechtstitel versehen sei und demzufolge überhaupt einen Anspruch auf Immobiliarpfandbestellung gegen den Schuldner begründe, nach wie vor lediglich nach den sonstigen Vorschriften des Civilrechts zu prüfen und zu entscheiden sei.[15])

---

[14]) § 22. Eigenth.=Erw.=Ges. [14a]) Cf. § 70. Eigenth.=Erw.=Ges. [15]) Cf. Achilles a. a. O. zu § 22. Eigenth.=Erw.=Ges. unter 2. bes. S. 187. 188. und die dortigen Allegate. Besonders ausführlich ist die Frage erörtert von Behrend, in seiner und Dahn's Zeitschrift, in dem Aufsatze Bd. 7. S 116. flgd.

Man hat zur Begründung dieser Auffassung, welche als die allgemein geltende bezeichnet werden darf, darauf hingewiesen, daß formell nach der Stelle, an welcher § 22. im Gesetze stehe, insbesondere aber nach al. II. dieses Paragraphen, worin ausdrücklich dem „Gläubiger" des al. I. diejenigen Behörden gleichgestellt werden, denen ein Pfandrechtstitel zusteht, auch unter dem Gläubiger des al. I. nur ein mit Pfandrechtstitel bereits versehener verstanden werden könne, daß aber sachlich nach den bei den parlamentarischen Berathungen unangefochten gebliebenen und deshalb maßgebenden Motiven ein Bedenken nicht obwalten könne, daß die neue Pfandrechtsvormerkung in Voraussetzung und Wesen mit der alten sogen. protestatio pro conservando jure et loco, welche ihrerseits stets einen bereits vorhandenen Pfandtitel erforderte, identisch sei. Man hat auch auf die, wie es heißt, unhaltbaren Konsequenzen eines Rechtszustandes hingewiesen, in welchem jeder persönliche Gläubiger nach Belieben gegen den Willen des Schuldners und ohne besonderen gesetzlichen oder vertragsmäßigen Titel den Immobiliarbesitz seines Schuldners dinglich belasten könne. Man hat hierbei insbesondere auf Oesterreich exemplificirt, wo mit den im weitesten Maße zulässig gewesenen sogen. Pfandrechtspränotationen die schlimmsten Erfahrungen gemacht worden seien.[16])

Wir halten die herrschende Auslegung für die zweifellos richtige; man hätte u. E. noch geltend machen können, daß das Eig.Erw.Ges. sich durchweg darauf beschränkt, den Erwerb der dinglichen Rechte nur von der formalen Seite zu regeln, und daß schon deshalb gar nicht anzunehmen ist, daß gerade in diesem einen Falle, und auch hier nur, insoweit nicht die sonst gerade bevorzugten Behörden in Frage kommen, eine so weitgehende Abänderung der materiellen Voraussetzungen des Rechtserwerbes beabsichtigt gewesen sei.

Was aber die Konsequenzen der entgegengesetzten Auslegung anlangt, so dürfte, bei der noch zu erörternden eigenthümlichen Verquickung von Zwangsvollstreckung und Pfandrecht, insbesondere aber angesichts der Bestimmungen des neuen Immob.Zw.Vollstr.Ges. über den Arrest,[17]) der heutige Rechtszustand jenen angeblich unhaltbaren Zuständen so sehr unähnlich nicht sein.

IV.

An die unter III erörterte Kontroverse knüpft sich naturgemäß die weitere Frage, **welche** Geldforderungen mit einem Pfandrechtstitel versehen seien.

---

[16]) Cf. Behrend a. a. O. [17]) § 10. Ges. v. 13. Juli 1883. Cf. hierüber dieses Cap. unter VI e.

1. Hier kommen in erster Linie und im Sinne des Gesetzes jedenfalls vorzugsweise alle diejenigen Forderungen in Betracht, in Betreff derer der Schuldner durch Vertrag oder andere in Ausübung der Privatautonomie der Parteien gethätigte Rechtsgeschäfte verpflichtet ist, mit seinem Grundstücke Pfand für sie zu bestellen.

Schon hierbei entsteht die Frage, wenn im Vertrage nicht genau vorgesehen ist, ob eine Hypothek oder Grundschuld konstituirt werden soll, ob dann der Gläubiger nach seiner Wahl entweder eine Hypothek oder eine Grundschuld, oder nur eine Hypothek, oder nur eine Grundschuld beanspruchen dürfe, oder ob der Schuldner die Wahl habe, entweder eine Hypothek oder eine Grundschuld zu bestellen.

Wir geben zu, daß hier eine gewisse Aehnlichkeit mit der Alternativobligation vorliegt, und daß man, unter analoger Anwendung der Grundsätze von diesen Obligationen, dem Schuldner, wenigstens so lange er mit der Erfüllung des Vertrages nicht im Verzuge ist, die Wahl zugestehen mag.

Wir halten jedoch diese Aehnlichkeit mit der Alternativobligation nur für eine sehr äußerliche, da es sich nach unserer Auffassung gar nicht um zwei verschiedene Leistungen, sondern nur um zwei verschiedene äußere Formen einer und derselben Leistung handelt, und da die Absicht der Parteien präsumptiv jedenfalls nicht auf Begründung einer Wahlobligation gerichtet gewesen ist. Wir tragen deshalb kein Bedenken, falls der Schuldner im Verzuge ist — und nur dieser Fall ist für uns von Interesse, denn nur im Falle des Verzuges kann eine Vormerkung in Frage kommen — das Wahlrecht ohne Weiteres dem Gläubiger zuzugestehen. Die eingehende Begründung dieser Ansicht folgt bei Erörterung der sogen. gesetzlichen Titel;[17a] hier sei nur bemerkt, daß bei entgegengesetzter Auffassung das Recht auf die Vormerkung in diesen Fällen leicht illusorisch werden möchte, da doch der creditor agens angeben muß, ob er einen Hypotheken- oder einen Grundschuldtitel vorgemerkt sehen will, dafür aber, ob der Schuldner, der an sich zur Pfandbestellung verpflichtet worden ist, zur Hypothek- oder Grundschuldbestellung habe verpflichtet werden sollen, eine rechtliche oder thatsächliche Vermuthung in der Regel nicht gegeben sein wird.

2. Neben die durch die Privatwillkür der Parteien konstituirten treten die sogen. „gesetzlichen" Pfandtitel, d. h. diejenigen im Vergleich zu anderen privilegirten Forderungen, welche das Gesetz selbst mit einem Rechte zur Sache ausstattet.

[17a]) Cf. unter 2.c. dieses Abschnitts.

a). Der gesetzliche Hauptpfandtitel des heutigen preußischen Rechts beruht nicht auf der Qualität der solchergestalt bevorzugten Forderungen, lehnt sich vielmehr, von dem Wesen der betreffenden Obligation völlig abstrahirend, rein äußerlich an den Grad ihrer processualen Liquidestellung an, je nach diesem Grade ein intensiver oder weniger intensiv wirkendes Recht zur Sache gewährend. Der gesetzliche Hauptpfandtitel, gleichzeitig das charakteristischste Symptom der Verschmelzung von Pfandrecht und Exekution, ist heut die processuale Vollstreckbarkeit der Geldforderung.[17])

b). Daneben finden sich noch einige vereinzelte Forderungen, denen mit Rücksicht auf ihre besondere Qualität ein gesetzlicher Pfandrechtstitel beigelegt ist, und die, wenn auch nicht zahlreich, so doch von nicht zu unterschätzender praktischer Bedeutung sind. Es sind die folgenden: die Forderung des Werkmeisters gegen den Bauherrn an Arbeitslohn und Entschädigung wegen der in den Bau verwendeten Arbeiten und Materialien,[18]) die Forderung des Legatarius gegen die Erben auf Herauszahlung eines Geldvermächtnisses,[19]) die Illatenforderung der Ehefrau gegen den Ehemann,[20]) die Forderung der Kinder gegen den Vater auf Herauszahlung des mütterlichen Erbtheils,[21]) unter Umständen die Wechselforderung,[22]) ferner: die Restkaufgeldforderung des Verkäufers, welcher das Kaufgeld sine certa die kreditirt und sich das Eigenthum des Grundstücks vorbehalten hat,[23]) die Forderung des Ehemannes gegen die Erben der Ehefrau, wenn ersterem eine bestimmte Summe zum Ehevermächtniß beschieden ist,[24]) das Recht des geschiedenen Ehegatten auf die zuerkannten Alimente,[25]) das Recht der Kinder erster Ehe auf zukünftige Herauszahlung ihres Vermögens, wenn der Vater zur zweiten Ehe schreitet,[26]) das Recht des Fiskus und der mit fiskalischen Rechten versehenen Anstalten wegen aller Ansprüche mit Ausnahme der Geldstrafen.[27]) Der früher gleichfalls mit einem Pfandrechtstitel versehenen Forderung des Mündels gegen den Vormund auf Erstattung von Defekten im Mündelvermögen[28]) ist dieses beneficium durch die Vormundschaftsordnung vom 5. Juli 1875[29]) entzogen worden.

c). Eine von uns bereits bei den gewillkürten Titeln gestreifte, unseres Wissens bisher stets nur kurz angedeutete und noch kürzer be-

---

[17]) §§ 6. flgd. Ges. v. 13. Juli 1883. Cf. das Nähere unter VI dies. Cap.
[18]) §§ 971. flgd. I. 11. A.L.R. [19]) § 290. I. 12. A.L.R. [20]) § 254. II. 1. A.L.R. [21]) § 176. II. 2. A.L.R. [22]) Art. 29. Wechsel-Ordng. [23]) § 268. I. 11. A.L.R. [24]) § 454. II. 1. A.L.R. [25]) §§ 802. 803. 810. II. 1. A.L.R. [26]) § 187. II. 2. A.L.R. [27]) Art. XI. Einf.-Ges. zur preuß. Konk.-Ordng. [28]) § 296. II. 18. A.L.R. [29]) § 32. al. VI. Vorm.-Ordng.

handelte Frage ist es, ob die gesetzlichen Pfandtitel heutzutage Hypotheken- oder Grundschuldtitel, oder beides sind.

Man begnügt sich gewöhnlich mit der Bemerkung, gesetzliche Grundschuldtitel gäbe es nicht.[30])

Daran ist aber nur soviel richtig, daß allerdings von keiner Forderung irgendwo ausdrücklich gesagt ist, sie gebe kraft Gesetzes einen Anspruch auf Bestellung einer Grundschuld.

Damit ist die Frage u. E. jedoch nicht erledigt.

Stichhaltig ist dieses Argument nur gegenüber den in dem neuen Immob.-Zw.-Vollstr.-Ges. gedachten Pfandrechtsvormerkungen,[31]) da nur hier der Gesetzgeber zu einer Zeit, wo die Scheidung von Hypothek und Grundschuld bereits bestand, ausdrücklich nur die Hypothek erwähnt und die Grundschuld somit stillschweigend ausschließt.

Bei Emanirung des Landrechts, derjenigen Konkurs-Ordnung, auf welche das Landrecht Bezug nimmt, und der Wechsel-Ordnung konnte die Grundschuld noch nicht erwähnt werden; denn sie bestand noch nicht. Die Verfasser des Landrechts und der Wechsel-Ordnung konnten einen gesetzlichen Anspruch auf Immobiliar-Pfandbestellung nur als Anspruch auf Hypothek statuiren, da das Immobiliarpfand damals durch diese Form konsumirt ward. Sie konnten aber unter Hypothek — das Wort selbst ist übrigens weder in der Wechsel-Ordnung, noch an allen einschlägigen Landrechtsstellen gebraucht — doch nur die Hypothek des damaligen Rechts verstehen, welche mit der heutigen nach unserer Auffassung hauptsächlich deshalb nicht identisch ist, weil die letztere sich nicht mehr als die ausschließliche Form des Immobiliarpfandes darstellt. Wie der frühere Gesetzgeber eine erst später entstandene Pfandrechtsform nicht besonders erwähnen konnte, so kann er auch nicht die Absicht gehabt haben, dieselbe auszuschließen. Seine Absicht ist erkennbar die gewesen, gewisse Forderungen durch Verknüpfung mit dem Anspruche auf Pfandbestellung besonders zu schützen. Solange diejenigen gesetzlichen Bestimmungen, in denen sich diese erkennbare gesetzgeberische Absicht verwirklicht hat, nicht wieder aufgehoben sind, geben diese Forderungen danach einen Anspruch auf Pfandbestellung schlechtweg, und da die Pfandbestellung heutzutage in der Form der Hypothek **oder** der Grundschuld erfolgen kann, einen Anspruch auf eine Hypothek **oder** eine Grundschuld, **nach der Wahl des Gläubigers**. Das naheliegende Gegenargument, daß die heutige Hypothek im Wesentlichen der alten entspreche, die Grundschuld aber sich wesentlich von derselben unterscheide — cum grano salis darf

[30]) Cf. **Förster**, Theorie und Praxis, 3. Aufl. Note 16. zu § 198. Bd. III. S. 457. [31]) §§ 6. flgd. Ges. v. 13. Juli 1883.

man dies ja ohne Weiteres zugeben —, und daß danach, wenn man nur gesetzliche Hypothekentitel koncedire, die Sicherung der Forderungen genau in dem Maße und Umfange erfolge, wie der Gesetzgeber selbst sie nur gedacht haben könne, während die Zulassung der Grundschuld eine Art der Sicherstellung statuire, die der Gesetzgeber nicht gewollt haben könne, weil sie ihm unbekannt war, ist ein rein zufälliges und deshalb jedenfalls hinfällig. Wäre der Regierungsentwurf Gesetz geworden, so bestände, wenn auch unter dem Namen „Hypothek", nur die Grundschuld, ja sogar ein noch selbstständigeres Pfandrecht, als die heutige Grundschuld; wäre der ursprüngliche Herrenhausbeschluß bei allen drei Faktoren der Gesetzgebung durchgedrungen, so gäbe es heut neben der Grundschuld eine Hypothek, welche im Vergleiche zu der früheren und der heutigen Hypothek nur eine sehr unzulängliche Sicherung gewähren würde; in beiden Fällen würde ein der früheren Hypothek so sehr ähnliches Institut wie die heutige Hypothek nicht bestehen, die Sicherung in derselben Weise und demselben Umfange, wie der frühere Gesetzgeber sie allerdings naturgemäß nur gedacht haben kann, durch Pfandbestellung überhaupt unmöglich sein. So wenig in diesen Fällen die gesetzlichen Pfandtitel ipso jure gänzlich in Wegfall gekommen sein würden, weil die neugeschaffenen Pfandrechtsformen wesentlich von dem alten Immobiliarpfande differirten, so wenig sind sie heut ipso jure auf die eine Form beschränkt, weil sich diese wesentlich mit dem alten Pfande deckt. Es muß vielmehr angenommen werden, daß die gesetzlichen Pfandrechtstitel an sich an der rechtlichen Entwickelung des Pfandrechts theilnehmen, und wenn statt der heutigen Zweitheilung in Zukunft eine Fünftheilung beliebt würde, dem Gläubiger, mangels entgegenstehender gesetzlicher Vorschriften, ein fünffaches Wahlrecht zustehen würde. Nichts besagt auch dem gegenüber die Erwägung, daß ein mit einer obligatorischen Forderung gesetzlich verknüpfter Pfandrechtstitel nach der Intention des Gesetzes nur auf Bewilligung eines accessorischen Pfandes gehen könne, und daß der Gesetzgeber, wenn zu seiner Zeit wie heut neben dem accessorischen noch ein selbstständiges Pfand bestanden hätte, dies wahrscheinlich besonders zum Ausdruck gebracht haben würde, wie es denn der spätere Gesetzgeber bei Erlaß des neuen Immob.-Zw.-Vollstr.-Ges.[32]) auch gethan habe. Wir erachten diese Erwägung als durch die vorstehenden Erörterungen widerlegt; sie ist gleichfalls eine rein zufällige, sachlich auch deshalb von zweifelhafter Bedeutung, weil die Selbstständigkeit der Grundschuld mehr oder weniger nur eine äußerliche, in materieller Hinsicht aber, ähnlich wie etwa die Selbst-

[32]) §§ 6. flgd. Ges. v. 13. Juli 1883.

ständigkeit des Wechsels, doch nur eine Fiktion ist; auch der kontraktliche Grundschuldtitel, den Niemand leugnet, knüpft stets an eine obligatorische Forderung an. Ob bei Formulirung der §§ 6. ff. des vorgedachten Gesetzes derartige Erwägungen den Ausschluß der Grundschuld veranlaßt haben, ist uns nicht bekannt. Es ist wohl möglich; denn für denjenigen, der neue Gesetze schafft, haben auch aus dem zufällig vorhandenen Rechtszustande sich ergebende Erwägungen eine andere Bedeutung, als für denjenigen, der bestehende Gesetze auslegt.

V.

1. Die Pfandrechtsvormerkung wird in der dritten Abtheilung des Grundbuchs[33]) an der bereitesten Stelle unter der laufenden Nummer eingetragen, nimmt also äußerlich den Platz eines Pfandrechts ein, damit schon äußerlich ihre Wirkungen, welche das frühere Recht durch den Namen „protestatio pro conservando jure et loco“ kurz und treffend zum Ausdruck gebracht hat, dokumentirend. Sie erhält nicht nur den vorhandenen Pfandbestellungsanspruch, erhält ihn vielmehr genau so, wie er zur Zeit ihrer Eintragung besteht, wahrt also dem künftig etwa aus demselben sich entwickelnden wirklichen Pfandrechte den Rang, die Priorität in der Reihenfolge der auf dem Pfandgrundstücke ruhenden Hypotheken, Grundschulden und sonstigen Lasten.[33a])

Die Vormerkung schafft und repräsentirt demgemäß unserer Auffassung nach ein bedingtes Pfandrecht, bedingt durch die Beseitigung des der definitiven Pfandrechtseintragung entgegenstehenden Hindernisses, d. h. durch die sei es gerichtliche, sei es außergerichtliche Liquidestellung des einstweilen nur glaubhaft gemachten Pfandrechtstitels.

Hiervon abweichend oder doch in beabsichtigtem Gegensatze hierzu wird sie von Förster[I]) und neuerdings von Eccius[II]) charakterisirt als eine vorläufige Eintragung zum Zwecke der Erhaltung und Sicherung eines Realrechts, worunter man auch die landrechtlichen jura ad rem begreifen müsse; sie habe aber nicht die Bedeutung eines bedingten Rechts, sei vielmehr nur eine vorläufige Eintragung, welche die definitive Eintragung vorbereite, und welche voraussetze, daß der Rechtsgrund des Realrechts, insofern ein solches demnächst wirklich zur Feststellung gelange, bereits vorhanden sei; sie bereite für den Fall, daß zur Zeit

---

[33]) § 88. Grundb.-Ordng. [33a]) § 22. al. III. Eigenth.-Erw.-Ges.

[I]) Theorie und Praxis, 3. Aufl., § 198. Bd. III. S. 461. ff., insbes. S. 463.

[II]) Theorie und Praxis, 4. Aufl., § 198. Bd. III. S. 542. ff., insbes. S. 544. und Note 40. daselbst.

ihrer Erlangung eine justa causa vorgelegen habe, die pfandrechtliche Belastung mit bestimmtem Vorrecht vor.

Daß diese Ausführungen, soweit sie sich positiv über das Wesen der Pfandrechtsvormerkung verbreiten, zutreffend sind, ergiebt sich ohne Weiteres aus dem Wortlaute des Gesetzes. In der Negative, in dem Absprechen der Natur eines bedingten Rechts vermögen wir uns denselben aber nicht anzuschließen. Wir finden vielmehr in der Charakterisirung der Vormerkung als Vorbereitung pfandrechtlicher Belastung mit bestimmtem Vorrecht für den Fall des Vorliegens einer justa causa den besten Beleg dafür, daß die Vormerkung in der That ein bedingtes Recht an der Sache begründet. Das Wesentliche bedingter Rechtsverhältnisse ist der Schwebezustand, die objective Ungewißheit, die Abhängigkeit von einem seiner Existenz nach noch nicht feststehenden Umstande. Eben das aber ist das Charakteristische der Vormerkung. Freilich geben Förster-Eccius als das Entscheidende, wovon Sein oder Nichtsein des streitigen Realrechts abhänge, das Vorhandensein einer justa causa, d. h. eines Pfandrechtstitels, zur Zeit der Erlangung der Vormerkung an, und man wird, wenn man dies als richtig zugiebt, mit Recht argumentiren dürfen, daß dies nur subjectiv zweifelhaft sein könne, objectiv jedenfalls gewiß sei, daß also besten Falles nur eine uneigentliche Bedingung vorliege, welche nicht sowohl eine bloße Rechtshoffnung schaffe, die entweder zu einem vollen Recht sich entwickeln oder aber fortfallen könne, als vielmehr von Anfang an entweder ein volles Recht oder aber gar kein Recht begründe, während der thatsächliche Schwebezustand nicht in den unterliegenden rechtlichen Verhältnissen, sondern in der Ungewißheit und in dem Streit über dieselben seine Erklärung finde. Förster-Eccius dürften aber das punctum saliens nicht zutreffend festgestellt haben. Nicht das Vorhandensein der justa causa ist das Entscheidende, sondern die grundbuchmäßige Liquidestellung derselben, die Beseitigung des Hemmnisses der definitiven Eintragung.

Daß Existenz und Durchführung der justa causa nicht identisch sind, leuchtet ein; es ergiebt sich schon daraus, daß die nicht durchgeführte justa causa eben nur zu einer Vormerkung, zu einem definitiven Pfandrecht aber nur die durchgeführte verhilft. Der Unterschied ist im Wesen der Sache begründet. Wie die außergerichtliche Erlangung der Liquidestellung lediglich von dem objectiv ungewissen Willen des Verpflichteten abhängt, so die gerichtliche, abgesehen von vielen Zufälligkeiten, hauptsächlich von der gleichfalls objectiv ungewissen Frage, ob es dem Berechtigten gelingen wird, die justa causa bis zur Ueberzeugung des Gerichtshofes nachzuweisen. Die justa causa an sich genügt zur Erlangung eines definitiven Pfandrechts bekanntlich nicht; sie ist ein Requisit derselben, aber nicht das ausschließliche; wäre sie das, dann bedürfte es keiner Vormerkung. Eben weil zu der causa noch der Wille des Verpflichteten treten muß, bedürfen wir der Vormerkung, um für einen seiner Verpflichtung unrechtmäßig widerstrebenden Willen einen vorläufigen Ersatz zu schaffen. Das definitive Pfand aber erfordert neben der justa causa definitive Beugung des widerstrebenden Willens des Verpflichteten, und ob diese gelingt oder nicht gelingt, ein objectiv ungewisser Umstand, ist entscheidend dafür, ob eine definitive Eintragung an die vorläufige sich anschließen kann.

Wir lassen dahingestellt, ob wir den Förster-Eccius'schen Gedankengang richtig getroffen haben. Eccius anlangend, macht uns Note 40. zu § 199. Bd. III. S. 544. dies einigermaßen zweifelhaft; denn in dieser Note wird implicite in Abrede gestellt, daß selbst die justificirte Vormerkung eine wirkliche dingliche Belastung begründet habe.[III])

Wir beziehen uns für die von uns vertretene Auffassung auf die ständige Judikatur des ehemaligen Ober-Tribunals[IV]) und auf die Entscheidungen des Reichsgerichts Bd. III. S. 316. und Bd. IV. S. 269.

Die Richtigkeit derselben ergiebt sich u. E., abgesehen selbst von allen logischen Gründen, unabweisbar auch aus den nicht streitigen praktischen Konsequenzen der Vormerkung.

Wie es füglich nicht streitig sein kann, daß mit Beseitigung der Vormerkung als einer ungerechtfertigten die durch die Vormerkung repräsentirt gewesenen Berechtigungen, welcher Art immer dieselben gewesen sein mögen, in Wegfall kommen, so ist es andererseits, weil im Gesetze ausdrücklich vorgeschrieben, gleichfalls nicht streitig, daß das aus der Vormerkung sich entwickelnde Pfandrecht den nacheingetragenen

---

[III]) Wir kommen bei Erörterung der Umschreibung der Vormerkung in eine Hypothek oder Grundschuld auf diese Eccius'sche Note 40. zurück. [IV]) Cf. z. B. für das ältere Recht: Entsch. Bd. XIV. S. 274; für das heutige: Striethorst, Archiv Bd. 98. S. 154. Die im Text vertretene Auffassung liegt auch zu Grunde den Ausführungen Turnau's, 3. Aufl., Bd. I. S. 355; nur ist es nicht recht verständlich, wenn Turnau gleichwohl behauptet, der Pfandrechtstitel erleide durch die Vormerkung keine Veränderung. Mit bestimmten Worten vertreten wird unsere Auffassung von Achilles zu § 22. Eigenth.-Erw.-Ges. Dorendorf, Kommentar zum Gesetz vom 13. Juli 1883, Breslau 1883, sagt Note 2. zu § 10. d. Ges., die Vormerkung begründe eine Hypothek für einen bedingten Anspruch. Mit Unrecht beruft er sich S. 24. für diese offenbar unrichtige Behauptung auf Achilles; er verwechselt bedingte Hypothek und Hypothek für eine bedingte Obligation.

dinglichen Rechten vorgeht und gegen Rechtsnachfolger des Verpflichteten wirksam ist, mit anderen Worten: rückläufig als mit der Eintragung der Vormerkung entstanden gilt.[V]) Wie dies gedacht bezw. vermittelt werden soll, ohne daß die Vormerkung das Grundstück wenigstens bedingt dinglich ergreift, ohne daß sie den völlig obligatorischen Pfandbestellungsanspruch, indem sie ihn in das Grundbuch bringt, wenigstens mit einer bedingten, event. rückwirkenden Dinglichkeit bekleidet, ist uns nicht erfindlich.[VI]) Da die Fassung, die Vormerkung bereite als vorläufige Eintragung im Falle der justa causa die definitive pfandrechtliche Belastung mit bestimmtem Vorrecht vor, richtig verstanden über die unsere hinausgeht und die rückwirkende Kraft der definitiven Eintragung ausreichend zu erklären vermag, könnten wir derselben, trotz der entgegenstehenden Bedenken, am letzten Ende allenfalls beipflichten. Wird aber aus dieser Fassung gefolgert, weil die Vormerkung ein bedingtes Recht nicht schaffe, darum ergreife sie das Grundstück nicht dinglich, so fragen wir: was ist denn nun eigentlich das Wesen und der positive Inhalt dieser vorläufigen Eintragung? und was heißt es, sie bereite, ohne doch das Grundstück dinglich zu ergreifen, die dingliche Belastung mit bestimmtem Vorrecht vor? Wir können uns von dieser theoretischen Konstruktion in der That gar kein Bild machen.

2. Aus der Natur der Vormerkung als eines bedingten oder auch, wenn man will, eines vorläufigen Pfandrechts folgt, daß sie, auch über die im Gesetze ausdrücklich vorgesehene Eintragung in der ersten Hauptspalte der dritten Gundbuchabtheilung hinaus, den äußeren Vorschriften über Pfandrecht und Pfandrechtseintragung insoweit entsprechen muß, als nicht gerade ihr Wesen als das eines nur eventuellen Pfandes gegenüber einem definitiven Pfande eine Abweichung bedingt.

a). Gleich dem Pfande unterliegt sie somit in erster Reihe dem Specialitätsprincip. Auch sie muß auf den Namen eines bestimmten

---

[V]) § 22. Eigenth.-Erw.-Ges. Es ist hiernach nicht richtig, wenn Eccius Note 40. ausführt, der über die mit Pfandrechtstitel versehene und gemäß § 22. vorgemerkte Forderung anhängige Proceß betreffe lediglich die Zahlung einer Geldschuld. [VI]) Allerdings ist die Frage der Rückwirkung einer aufschiebenden Bedingung sowohl im gemeinen als auch im preußischen Recht streitig, und die Auffassung neigt sich je länger je mehr zu Ungunsten der Rückwirkung wenigstens als Princips und legt den Hauptaccent auf die Erforschung des wahren Willens der Paciscenten. Die Streitfrage darf jedoch auf sich beruhen, wenn, wie hier, das Gesetz selbst (§ 22. al. III.) für ein vom Gesetze vorgesehenes bedingtes Rechtsverhältniß rückwirkende Kraft der existent werdenden Bedingung ausdrücklich statuirt.

Gläubigers lauten und eine bestimmte Summe in gesetzlicher Währung, den Zinssatz oder die Bemerkung der Zinslosigkeit, den Anfangstag der Verzinsung und die Bedingungen der Rückzahlung bezw. der Fälligkeit angeben. Außerdem muß selbstredend das zu verpfändende Grundstück in der erklärten oder ersetzten Eintragungsbewilligung genau bezeichnet werden.[34])

b). Ferner ist die Eintragung der Vormerkung ebenso wie diejenige des definitiven Pfandes nur gegen den eingetragenen oder seine Eintragung gleichzeitig erlangenden Eigenthümer des Grundstücks statthaft;[35]) denn es ist festzuhalten, daß erst durch die Vormerkung ein bedingt die Sache ergreifendes Recht begründet wird, vorher nur ein rein obligatorischer Anspruch gegen die Person des Schuldners besteht, freilich mit einem Pfandrechtstitel ausgestattet, aber deshalb doch nicht vermögend, die Sache selbst in einen dinglich rechtlichen Nexus zu verstricken.

c). Es ist nicht zu verkennen, daß hiernach der böswillige Schuldner, falls er Eigenthümer, aber als solcher nicht eingetragen ist,[36]) trotz des Instituts der Vormerkung dadurch, daß er seine Eintragung nicht betreibt, das Recht des Gläubigers ganz einfach hintertreiben kann.

Es erscheint deshalb wünschenswerth, für solche Fälle den Gläubiger in die Lage zu versetzen, statt des Schuldners dessen Eintragung

---

[34]) § 23. Eigenth.-Erw.-Ges. [35]) Cf. z. B. Achilles, a. a. O., Note 2.a. zu § 22. Eigenth.-Erw.-Ges., S. 187. Verfasser las kürzlich eine Entscheidung des Berliner Landgerichts I, welche, von der Annahme aus, der Schuldner habe nur zum Zwecke der Benachtheiligung seiner Gläubiger das Grundstück veräußert, letzteren aber stehe gemäß § 972. I. 11. A.L.R. ein dingliches Recht zu, die vom Amtsgericht angeordnete Eintragung einer Hypothekenvormerkung für gerechtfertigt erklärte, obwohl der Schuldner zur Zeit der Erlangung der Vormerkung nicht mehr als Eigenthümer eingetragen war. Das erscheint nicht richtig. Namentlich erscheint die von dem Gerichtshof außerdem verwerthete Erwägung, der Erwerber habe vor und bei dem Erwerbe die Pfandrechtstitel gekannt, verfehlt; denn die ihm bekannten bloßen Pfandtitel braucht der Erwerber nicht zu respektiren; cf. Reichsgericht, Entsch. Bd. III. S. 264. und die dortigen Allegate. Noch weiter geht eine andere uns bekannte Entscheidung des L.G. I. Berlin: Schuldner war niemals eingetragener Eigenthümer, er hatte einmal einen Anspruch auf Auflassung, welchen er vor Eintragung der Vormerkung an seinen Bruder abgetreten hat; die Klage eines späteren Eigenthümers auf Löschung der vor mehreren Jahren eingetragenen Vormerkung wird abgewiesen, weil zur Zeit ein gegen jene Cession gerichteter Anfechtungsproceß rechtshängig ist. [36]) Etwa der Erbe des eingetragenen Eigenthümers; cf. § 5. Eigenth.-Erw.-Ges.

im Grundbuche betreiben zu dürfen, um hernach die Vormerkung gegen denselben erlangen zu können.

Es fragt sich, ob und inwieweit das geltende Recht diesem Bedürfnisse gerecht wird.

α). Es entsteht zunächst die Frage, ob dem vormerkungsberechtigten Gläubiger die in §§ 55. 56. Grundb.-Ordng. vorgesehenen Aktionsbefugnisse zwecks Herbeiführung der Eintragung des Schuldners im Grundbuche zustehen. Man pflegt dies zu verneinen,[37]) u. E. nicht mit Recht. § 55. No. 2. Grundb.-Ordng. ertheilt die fraglichen Befugnisse demjenigen, welcher „zu einer Eintragung berechtigt" ist. Allerdings ist nun derjenige, der nur die Bewilligung der Eintragung eines Pfandrechts beanspruchen kann, noch nicht „zu einer Eintragung berechtigt", wohl aber derjenige, welcher nicht sowohl die Bewilligung, als vielmehr die wirkliche Eintragung einer Vormerkung auf Grund einer einstweiligen richterlichen Verfügung zu fordern befugt ist. § 55. cit. macht einen Unterschied zwischen definitiver und vorläufiger Eintragung nicht. Diese Unterscheidung in das Gesetz hineinzutragen, dürfte um so weniger angezeigt erscheinen, als das Interesse an der Eintragung des Eigenthümers und das Bedürfniß nach einer Handhabe, dieselbe herbeiführen zu können, in beiden Fällen das gleiche sein dürfte. Freilich kann man zweifelhaft werden, wenn man erwägt, daß der Berechtigte nach § 56. cit. al. III., falls der angebliche Eigenthümer das Recht desselben bestreitet, auf den Proceßweg zu verweisen ist, und daß eine Klage auf eine Vormerkung nicht nur nicht besteht,[38]) sondern, wenn die Eintragung der Vormerkung bereits angeordnet ist, auch an sich erübrigt, der Proceß also sich auf Verurtheilung zur wirklichen Pfandbestellung richten müßte. Aber doch auch die letztere hat wiederum die Eintragung des Schuldners zur Voraussetzung. Die §§ 55. 56. Grundb.-Ordng. sind überhaupt keine Mustergesetze. Will man ganz genau die Worte sichten, so liegt „eine Berechtigung zur Eintragung" in den in Betracht kommenden Fällen eben niemals vor; dieselbe ist vielmehr dadurch, daß der angebliche Eigenthümer nun auch wirklich eingetragen werde, stets noch suspensiv bedingt. Speciell das Pfandrecht anlangend, handeln die von Achilles[39]) und Turnau[40])

---

[37]) Cf. Achilles, Note 3.b. zu § 55. Grundb.-Ordng., S. 403. Turnau, Note. 5. zu § 55. Grundb.-Ordng., S. 221. 222. [38]) Die Vormerkung wird, wie in der Einleitung kurz dargestellt, wenn der Verpflichtete sie nicht etwa bewilligt, im Wege einstweiliger richterlicher Verfügung angeordnet; eine solche aber wird nicht im Wege der Klage extrahirt. [39]) a. a. O. Note 3.b. zu § 55. Grundb.-Ordng., S 403. [40]) a. a. O., neueste Auflage, S. 221. ff.

angeführten Beispiele, in denen ein nicht eingetragener Eigenthümer das Grundstück verpfändet, doch auch nur von einem Titel zum Pfandrecht, da ein Pfandrecht außerhalb des Buches gar nicht besteht. Insbesondere wird auf Grund einer Wochen oder Monate vor der Eigenthumseintragung erfolgten Pfandrechtsbewilligung nach stattgehabter Eigenthumseintragung keineswegs die wirkliche Eintragung des Pfandrechts erfolgen dürfen (§ 19. Eigenth.-Erw.-Ges.),[40a] während die vorher unter der stillschweigenden oder in der Regel sogar ausdrücklich ausgesprochenen Voraussetzung, daß der Schuldner eingetragener Eigenthümer sei, angeordnete Vormerkung nach bewirkter Eintragung des Schuldners in der Regel ohne Weiteres wird eingetragen werden können.

Dieses vorausgeschickt, sind nun die Handhaben der §§ 55. 56. Grundb.-Ordng. an sich von keiner hervorragenden praktischen Bedeutung, da der Gläubiger durch dieselben in keinem Falle befugt wird, die Eintragung an Stelle des Schuldners selbst zu beantragen.[41] Es erübrigt deshalb eine genauere Darstellung dieses Verfahrens; es genüge die Bemerkung, daß auf Grund der §§ 55. 56. Grundb.-Ordng. in Verbindung mit den jetzt maßgebenden Vorschriften der C.-P.-O.[42] im Wege der Zwangsvollstreckung event. Geld- bezw. Haftstrafen bis zum Gesammtbetrage von 1500 Mark bezw. 6 Monaten zwecks Erzwingung der Eintragung gegen den Schuldner festgesetzt und vollstreckt werden können, der Eintragungsantrag selbst aber ein Willensakt des Schuldners bleibt, welcher durch Willenserklärungen anderer Personen nicht ersetzt und naturgemäß auch nicht körperlich erzwungen werden kann.

β). Einen durchgreifenderen Rechtsbehelf hat § 6. des neuen Immob.-Zw.-Vollstr.-Ges. dem Gläubiger bei den Exekutionsvormerkungen gegeben.

Danach ist der Gläubiger hier befugt, anstatt des Schuldners die Eintragung desselben als Eigenthümer beim Grundbuchrichter selbst zu beantragen und die zum Zwecke der Eintragung erforderlichen Urkunden von Gerichten und Notaren zu fordern.[43] Daß dies sowohl von der Executionshypothek als auch von den Exekutionsvormerkungen gilt, und zwar von allen, nicht nur von den im § 6. leg. cit. gedachten, unterliegt nach Wortlaut, Sinn und Zusammenhang der betreffenden gesetzlichen Bestimmungen gar keinem Zweifel.

[40a]) Die Bewilligung ist eben in einem solchen Falle weder von einem eingetragenen, noch von einem seine Eintragung gleichzeitig erlangenden Eigenthümer ausgegangen. [41]) Cf. Achilles und Turnau, a. a. O., zu § 56. Grundb.-Ordng. [42]) §§ 773. 774. C.-P.-O. [43]) § 6. al. IV. Ges. v. 13. Juli 1883.

γ). Wir entnehmen aus dieser Vorschrift des neuen Gesetzes ein Argument für unsere Auffassung, daß auch §§ 55. 56. der Grundb.-Ordng. dem nur vormerkungsberechtigten Gläubiger zur Seite stehen. De lege ferenda würden wir es für angezeigt halten, die durch § 6. cit. dem Gläubiger eingeräumte Befugniß auf sämmtliche Pfandrechtsvormerkungen auszudehnen. §§ 55. 56. Grundb.Ordng. erscheinen auch insofern nicht gerechtfertigt, als sie eine Zwangsvollstreckung zulassen, welche einerseits gegen den Willen des Verpflichteten niemals zum Ziele führt, und für welche es andererseits an einem vollstreckbaren Titel als rechtlicher Grundlage fehlt. Zum Mindesten dürfte es sich empfehlen, dem Berechtigten gegen den Verpflichteten eine direkte Klage zu geben, mit dem Antrage, daß derselbe zu verurtheilen, sich als Eigenthümer eintragen zu lassen, diese Verurtheilung aber als Verurtheilung zu einer Willenserklärung zu behandeln und die Eintragung demgemäß auch ohne Antrag des rechtskräftig verurtheilten Schuldners in Anwendung des § 779. C.-P.-O. auf Antrag des Berechtigten zu bewirken, oder aber einen zu ernennenden Sequester anzuweisen, die Eintragung anstatt des Schuldners zu beantragen.

d). In nahem Zusammenhange mit der eben erörterten Frage steht die weitere, ob es nicht gerathen sein möchte, den Gläubiger in den Stand zu versetzen, den Schuldner, welcher berechtigt ist, Eigenthum zu erwerben, zu diesem Erwerbe zu zwingen. Der Fall liegt principiell kaum anders, als der soeben behandelte; denn auch dadurch, daß er einen ihm zustehenden Anspruch auf Eigenthumserwerb nicht geltend macht, hemmt der Schuldner, sei es aus Nachlässigkeit, sei es geflissentlich die Verwirklichung des Gläubigerrechts.

§§ 55. 56. Grundb.-Ordng. aber sowohl als auch § 6. Immob.-Zw.-Vollstr.-Ges. beziehen sich nur auf den Fall, wenn der nicht eingetragene Schuldner dennoch Eigenthümer des Grundstücks ist. Den Beweis hierfür hat der Gläubiger dem Grundbuchrichter selbstredend zu führen. Einen Zwang zur Erwerbung eines ihm noch nicht zustehenden Eigenthums begründen diese Gesetze gegen den Schuldner nicht. Auch ein solcher Zwang aber ist wenigstens bei der Exekutionsvormerkung nach §§ 747. C.-P.-O. 17. Ausf.-Ges. z. C.-P.-O. möglich, und zwar mit mehr praktischem Effekt als die Maßregeln der §§ 55. und 56. Grundb.Ordng. Danach kann der Gläubiger den Anspruch seines Schuldners auf Erwerb des Eigenthums eines Grundstücks durch Auflassung für sich pfänden und sich zur eigenen Geltendmachung überweisen lassen, mit der Wirkung, daß der seinem Schuldner verpflichtete Dritte auf vom Gläubiger erhobene Klage event. verurtheilt wird, das Grundstück einem vom Gericht ernannten Sequester als legitimirtem Vertreter des Schuldners aufzulassen und zu übergeben, der Sequester aber vom Gericht angewiesen wird, an Stelle des Schuldners die Eintragung der Forderung, sei es als Hypothek, sei es als Vormerkung, zu bewilligen. Letzteres ist nach dem Immob.-Zw.-Vollstr.-Ges., und wenn man dieses nicht für anwendbar erachten sollte, doch nach § 22. d. Ges. v. 4. März 1879 eigentlich überflüssig. Möglicherweise hat aber § 17. cit. den vorgedachten § 22. insoweit abändern sollen.

e). Ueber diese Fälle hinaus ist ferner der vormerkungsberechtigte Gläubiger nach Maßgabe der Anfechtungsgesetze und der allgemeinen Grundsätze über Anfechtbarkeit von Rechtsgeschäften event. befugt, eine etwaige von seinem Schuldner vorgenommene Veräußerung des Grundstücks anzufechten und durch eine entsprechende Vormerkung implicite auch die Realisirung des Pfandbestellungsanspruches sicher zu stellen (§ 9. Eigenth.-Erw.-Ges.). Davon wird gehörigen Orts die Rede sein.[43a])

Festzuhalten aber ist, daß wegen einer Forderung gegen Jemanden, welcher nicht als Eigenthümer eingetragen ist, die Pfandrechtsvormerkung schlechterdings unzulässig ist, insbesondere auch dadurch, daß der eingetragene Eigenthümer beim Erwerbe des Eigenthums den älteren Pfandrechtstitel etwa gekannt hat, nicht zulässig wird, da sein dingliches Recht das bloße Recht zur Sache zunächst jedenfalls überwindet.[44])

3. Ist nun aber der Schuldner im Grundbuche als Eigenthümer eingetragen, so schützt die publica fides des Grundbuchs auch den Rechtserwerb des die Pfandrechtsvormerkung erlangenden Gläubigers. In Folge dessen muß der vom Bucheigenthümer verschiedene wahre Eigenthümer des Grundstücks diesen Rechtserwerb in der Regel gegen sich gelten lassen und kann denselben nur nach Maßgabe der §§ 9. und 8. Eigenth.-Erw.-Ges. anfechten, d. h. nur, wenn entweder bei Erlangung der Vormerkung der Gläubiger die Unrichtigkeit des Grundbuchs gekannt hat, oder die dem Pfandrechtstitel zu Grunde liegende Forderung eine unentgeltlich erworbene, oder endlich bereits vor Eintragung der Pfandrechtsvormerkung eine Eigenthumsvormerkung für den nicht eingetragenen wahren Eigenthümer im Grundbuche eingetragen gewesen ist.[I])

Unter den gleichen Voraussetzungen darf Jeder, der ein Recht hat, die Eintragung des Schuldners als Eigenthümers anzufechten, auch die Pfandrechtsvormerkung anfechten.[II])

[43a]) Cap. IV. Abschn. II.

[44]) Cf. oben S. 24. Note 35.

[I]) Cf. auch die Einleitung.

[II]) § 9. Eigenth.-Erw.-Ges.

Wer aber zur Zeit, da die letztere eingetragen wird, nur einen Anspruch auf Auflassung des Grundstücks gegen den Schuldner hat, welcher nicht aus einer Befugniß, die Eintragung des Schuldners anzufechten, entspringt, der kann die Vormerkung nur dann anfechten, wenn er für seinen Auflassungsanspruch eine frühere Vormerkung erlangt hatte.[III])

4. Die Wirkung der erlangten Vormerkung entspricht ihrem Wesen. Sie stellt ein bedingtes Recht dar, mithin schafft sie einen Schwebezustand. Das Recht ist suspensiv bedingt, mithin erlangt der Gläubiger mit der Vormerkung eine Hoffnung auf ein Recht oder, wenn man will, auch mehr als dies: einen rechtsbegründeten Anspruch, in einem gewissen Falle in Zukunft ein Recht zu erwerben.[IV]) Es ist jedoch hier die Obligation für die Betrachtung streng von dem Pfande zu scheiden. Die zu Grunde liegende Geldforderung wird in ihren rein obligatorischen Funktionen durch die Vormerkung nicht berührt, insbesondere durch dieselbe nicht zu einer bedingten[V]) verkümmert. Bedingt ist die dingliche Sicherstellung der Forderung, das event. neben dieselbe tretende Pfandrecht, und nur dieses. Ausdrücklicher gesetzlicher Vorschrift gemäß garantirt die Vormerkung für den Fall des Eintritts der Bedingung den Rechtserwerb mit den Wirkungen ex tunc.[VI]) Die pendente condicione erfolgenden Dispositionen des Schuldners über das Grundstück validiren demgemäß nur unbeschadet der Vormerkung,

---

[III]) Dies ergiebt sich aus dem Princip des § 15. Eigenth.-Erw.-Ges. Cf. auch Note 35. Die bedingte Dinglichkeit des vorgemerkten Pfandrechtstitels überwindet den nicht vorgemerkten, also rein obligatorischen Auflassungsanspruch. [IV]) Windscheid, 3. Aufl. § 89. Bd. I. S. 219. ff. spricht von einer rechtlich geschützten Aussicht mit gewissen rechtlichen Wirkungen, Arndts, 9. Aufl. § 70. S. 89. von der rechtlich nicht bedeutungslosen, begründeten Möglichkeit der in Aussicht genommenen Rechtswirkung, Förster, 3. Aufl. § 36. Bd. I. S. 171. von einem Anspruche, der mehr sei, als eine bloße Hoffnung. Gewiß schafft eine Bedingung mehr als eine bloße Hoffnung, da sie den Verpflichteten event. bereits bindet; dieses Mehr schrumpft nur in der Regel um deshalb sehr zusammen, weil der Berechtigte gewöhnlich keinen Einfluß auf Eintritt oder Nichteintritt der Bedingung hat. Gerade das ist aber hier nicht der Fall. Das bewußte Hinwirken der Parteien auf Existenz bezw. Deficienz der Bedingung liegt hier in der Natur der Sache. Nichtsdestoweniger liegt eine wahre Bedingung vor, deren Wesen u. E. nicht sowohl in der Zufälligkeit als vielmehr in der Ungewißheit des Erfolges zu suchen ist. Daß § 103. I. 4. A.-L.-R. bezw. l. 161. D. L. 17. nicht anwendbar sind, bedarf keiner Ausführung. [V]) Falls sie nämlich eine unbedingte ist. Für eine bedingte Forderung wird eine Vormerkung mit rechtlicher Wirkung nur dann statthaft sein, wenn in praesenti ein unbedingter Pfandbestellungsanspruch begründet ist. [VI]) § 22. al. III. Eigenth.-Erw.-Ges.

so daß in der Zwischenzeit ein Rechtserwerb am Grundstücke nur unter Uebernahme der Gefahr der Vormerkung bezw. der Liquidestellung des vorgemerkten Anspruches möglich ist.

Im Einzelnen ist Folgendes zu bemerken.

a). So lange die Liquidestellung des vorgemerkten Pfandrechtstitels noch nicht gelungen ist, so lange ist die Wirkung der Vormerkung nur eine latente. Die Vormerkung kündet dann an sich nur an, daß zwischen dem eingetragenen Eigenthümer und demjenigen, welcher die Vormerkung erlangt hat, Streit über das Vorhandensein eines Pfandbestellungsanspruches herrsche, und daß der Prätendent des Rechts dasselbe wenigstens einigermaßen klar gestellt und demselben für den Fall zukünftiger Existenz die Priorität gewahrt hat. Derjenige, welcher ein Recht am Grundstücke erwerben will, wird demgemäß in der Regel in der Weise auf die Vormerkung rücksichtigen, daß er die Möglichkeit, dem Prätendenten des Realrechts möchte die Liquidestellung seines Anspruches gelingen, bei seiner Entschließung mit in Betracht ziehen und ihr Einfluß auf dieselbe einräumen wird. Dies ist jedoch, genau betrachtet, keine eigentliche rechtliche Wirkung, sondern mehr ein erfahrungsmäßig eintretender thatsächlicher Effekt.

Aber auch hierüber hinaus ist eine einzelne positive Rechtswirkung zu vermerken.

Bei ausbrechender Subhastation darf ein auf den locus der Vormerkung etwa entfallendes percipiendum an den Kaufgeldern nicht unter die postlocirten Gläubiger vertheilt werden, muß vielmehr zu einer Specialmasse genommen und nach Liquidestellung des vorgemerkten Anspruches dem Extrahenten der Vormerkung ausgezahlt werden. Wollte man die Vertheilung ohne Berücksichtigung der Vormerkung zulassen und den Gläubiger hinterher auf den Weg der Kondiktion gegen die auf seine Kosten bereicherten Gläubiger verweisen, so würde man der Vormerkung die ihr im Gegensatze zu dem ihr unterliegenden obligatorischen Anspruche wesentliche dingliche Wirkung entziehen, die Verwandlung des Rechts zur Sache in ein bedingtes Recht an der Sache leugnen.[44a)]

b). Durch Liquidestellung des Pfandrechtstitels wird das Pfandrecht zu einem unbedingten und gilt als mit dem Tage der Eintragung der Vormerkung entstanden.

α). Was nun die Realisirung dieses mit rückwirkender Kraft ins Leben tretenden unbedingten Pfandrechts anlangt, so sieht das Gesetz

---

44a) Somit finden wir auch in dieser unseres Wissens wenigstens in der Praxis allgemein anerkannten Wirkung der Vormerkung ein Argument für die von uns vertretene bedingte Dinglichkeit.

bezw. die demselben beigefügten Formulare[44b]) eine Umschreibung der Vormerkung in ein definitives Pfandrecht vor, und § 89. Grundb.-Ordng. macht diese Umschreibung von der Bewilligung desjenigen, gegen welchen die Vormerkung gerichtet war, bezw. von einer Requisition des Proceßrichters um Umschreibung abhängig, während das neue Immob.-Zw.-Vollstr.-Ges. betreffs seiner Vormerkungen einen bloßen Antrag an den Grundbuchrichter unter Vorlegung derjenigen Urkunden erfordert, aus denen der Anspruch auf Umschreibung resultirt,[45]) bei der Vormerkung seines § 6. von der Umschreibung aber völlig schweigt. Der bloße Antrag an den Grundbuchrichter genügt auch nach rechtskräftiger Verurtheilung des eingetragenen Eigenthümers zur Bewilligung der Umschreibung (§ 19. No. 2. Eigenth.-Erw.-Ges. § 779. C.-P.-O.).

Nach der herrschenden Ansicht ist die Umschreibung nur eine Formalität von lediglich beurkundender, keineswegs rechtserzeugender Bedeutung, während die Umwandlung des vorgemerkten Rechts in ein unbedingtes Pfandrecht von selbst und auch ohne Umschreibung eintrete.

Diese Auffassung ist in der älteren und ältesten Praxis — in letzterer in Betreff der protestatio pro conservando jure et loco — stets festgehalten und aus der Natur der Vormerkung, deren Eintragung bereits die dingliche Belastung des Grundstücks, wenn auch einstweilen noch bedingt durch die Liquidestellung des Titels, herbeiführe, begründet worden.[46]) Neuerdings hat der dritte Hilfssenat des Reichsgerichts in einer Entscheidung vom 13. März 1880 (Entsch. Bd. I. S. 383. ff.) den entgegengesetzten Standpunkt vertreten und die Umschreibung für einen wirklich konstitutiven Akt erklärt, da die Vormerkung nur die Stelle für das zukünftige Pfandrecht sichere, das Pfandrecht selbst aber nach § 18. Eigenth.-Erw.-Ges. nur durch definitive Eintragung konstituirt werden könne.

Diese Auffassung dürfte vor der älteren schwerlich den Vorzug verdienen, ist auch nicht in so eingehender, das Wesen der Sache in Betracht ziehender Weise begründet worden, wie man dies beim Aufgeben einer so lange und so stetig gehandhabten Praxis zu erwarten berechtigt wäre. In welcher anderen Weise, als durch Begründung eines bedingten event. rückwirkenden Pfandrechts das Kollegium die

---

[44b]) Formular I. Abth. III. No. 7. [45]) §§ 7. 8. 10. Ges. v. 13. Juli 1883.

[46]) Cf. Achilles, a. a. O., Note 1. und Note 2.c. zu § 22. Eigenth.-Erw.-Ges., S. 186. 187. 188. ferner: Note 1.b. zu § 89. Grundb.-Ordng., S. 434. u. 435. und die Allegate beider Stellen. Turnau, 3. Aufl. Note 3.e. zu § 22. Eigenth.-Erw.-Ges. Bd. I. S. 355. 356. Bahlmann S. 104.

Sicherung der Stelle sich denke, ob etwa auf die bei der Eigenthümerhypothek früher oft erörterte Locustheorie zurückgegangen werden solle, wird nicht gesagt, und die Berufung auf § 18. cit. erscheint um deshalb verfehlt, weil § 18. weder von der Wirkung der Vormerkungen handelt noch auch eine ausschließliche Form für die Pfandrechtseintragung statuirt, während gerade in dem Wesen der Vormerkung, in ihrer rechtsverwandelnden Bedeutung der Grund liegt, daß auch durch deren Eintragung, welche doch auch eine Eintragung im Grundbuche ist, unter Umständen ein Pfandrecht entstehen kann. Man wird demgemäß auf dem Standpunkt der älteren Praxis beharren dürfen, zumal in der Folge der zweite Hilfssenat des Reichsgerichts sich derselben zwei Mal angeschlossen hat, indem er ein Mal gelegentlich ausspricht, daß die Vormerkung der Hypothek ein bedingtes durch den Hinzutritt eines Titels — worunter jedoch nicht etwa der Pfandtitel zu verstehen ist, denn dieser ist die Grundlage der Vormerkung — von selbst in Wirksamkeit tretendes Hypothekenrecht begründe (Entsch. v. 3. Jan. 1881, Bd. III. S. 316.), ein anderes Mal des Näheren ausführt, daß die alte protestatio pro conservando jure et loco ein streitiges Realrecht in der Weise gesichert habe, daß das abseiten des Protestanten wirklich behauptete Recht ohne Weiteres an die Stelle der Protestation trat, die heutige Pfandrechtsvormerkung aber genau in derselben Weise das streitige Recht zur Sache dahin sichere, daß nach Feststellung der Existenz des Rechts zur Sache dasselbe als ein bestehendes dingliches Recht anerkannt werde (Entsch. vom 3. März 1881, Bd. IV. S. 268).[46a])

Bedenken gegen die herrschende Auffassung bieten sich allerdings bei der Grundschuld dar, insofern, wenn auch nicht nach dem Wortlaut, so doch nach der erkennbaren Absicht des Gesetzes, die Grundschuld durch den Grundschuldbrief quasi verkörpert, in ihrer Existenz an denselben gebunden sein soll. Man darf dem freilich entgegensetzen, auch die Grundschuld entstehe nur durch die Eintragung im Buche (§ 18. Eigenth.-Erw.-Ges.), nicht durch Bildung des Grundschuldbriefs, insbesondere begründe nur die Eintragung, nicht die Aushändigung des Briefes die dingliche Klage (§ 37. leg. cit.), während der Besitz des Briefes nur zur Verfügung über die Post legitimire (§ 20. leg. cit.), was bei der Hypothek gar nicht wesentlich anders liege (§§ 82. 129. Grundb.-Ordng.). Es ist aber demgegenüber hervorzuheben, daß der Grundschuldbrief trotzdem wesentlich ist, da auf die Ausfertigung desselben, anders wie bei dem Hypothekenbrief, nicht verzichtet werden

[46a]) Der Auffassung des III. Hülfssenats ist beigetreten Eccius in Förster-Eccius § 199. Bd. III. S. 544. in der bereits gedachten Note 40. Seine Gründe sind treffend widerlegt von Turnau Bd. I. S. 357.

darf (§ 122. Grundb.-Ordng.), daß aber der Grundbuchrichter unzweifelhaft nicht in der Lage ist, einen Grundschuldbrief oder Hypothekenbrief auszufertigen, ehe eine Umschreibung der Vormerkung in eine Grundschuld oder Hypothek erfolgt ist.

Für ausschlaggebend können wir diese Formfrage gegenüber dem Wesen der Vormerkung trotzdem nicht halten.

β). Im Zusammenhange mit der eben behandelten steht die weitere Frage, wer die Umschreibung zu bewilligen legitimirt, wer also im Sinne des Gesetzes derjenige sei, „gegen welchen die Vormerkung gerichtet war".

Der dritte Hilfssenat des Reichsgerichts hält in Konsequenz seiner Auffassung von dem Wesen der Umschreibung nur den jeweiligen Eigenthümer des Grundstücks für legitimirt und verweist den Berechtigten event. auf die Hilfe des Proceßrichters. Nach der herrschenden Auffassung aber hat die Umschreibungsbewilligung von dem ursprünglichen Gegner, dem wirklichen Schuldner auszugehen.

Diese Auslegung, welche in dem Wortlaut des § 89. Grundb.-Ordng. unleugbar einen starken Anhalt hat, wird noch damit begründet, daß in der Herbeiführung der definitiven Eintragung zwar eine Bethätigung des bereits durch die Eintragung der Vormerkung entstandenen dinglichen Rechts liege, welche aber ihrerseits nur von dem Nachweise obligatorischer Beziehungen zwischen dem Gläubiger und dem Schuldner abhängig sei.[47])

Das Ganze ist eine Formfrage. Wir möchten in dieser aber uns lieber dem Standpunkte des dritten Hilfssenats des Reichsgerichts anschließen. Seinen materiellen Grund, daß die Umschreibungsbewilligung eine wirklich rechtschaffende Disposition über das Grundstück sei, vermögen wir, wie dargethan, uns freilich nicht anzueignen. Wohl aber erscheint die rein formale Erwägung, es entspreche dem ganzen äußeren System unserer Bucheinrichtung nicht, daß ein im Grundbuche nicht als Eigenthümer Eingetragener eine auf Belastungen des Grundstücks doch immerhin Bezug habende Einschreibung bewillige, ganz berechtigt. Es kommt dazu, daß es der Vormerkung gerade wesentlich ist, die Wirksamkeit der in der Hauptsache ergehenden Entscheidung, entgegen dem § 238. und im Einklang mit § 236. C.-P.-O., auch gegenüber etwaigen Rechtsnachfolgern des Gegners zu sichern; um die Bethätigung einer derartigen Wirksamkeit aber handelt es sich, wenn eine Rechtsnachfolge im Eigenthum des Grundstücks eingetreten ist, bei

---

[47]) Cf. Achilles, a. a. O., S. 435., und die dortigen Allegate.

Herbeiführung der in Rede stehenden Umschreibung.[47a]) Uebrigens wird der Erwerber des Grundstücks, wenigstens wenn eine Hypothekenvormerkung in Frage steht, vermöge § 41. des Eigenth.-Erw.-Ges. in der Regel sogar direkt in die vorhandene Obligation eingetreten sein.

γ). Die Herbeiführung der Umschreibung empfiehlt sich übrigens aus praktischen Rücksichten, einmal damit der Berechtigte nicht bei jeder Bethätigung des Pfandrechts die Liquidestellung seines vorgemerkten Titels erst besonders nachzuweisen hat, sodann um die Möglichkeit, die Post auf den Namen Dritter umschreiben zu lassen, zu erlangen. An sich aber bleibt die Umschreibung eine Formalität. Die Wirkung dieser Auffassung zeigt sich wesentlich in der Zulassung der dinglichen Klage und der Herbeiführung der Subhastation bezw. des Auftretens in der Subhastation als Pfandgläubiger auf Grund der bloßen, nicht umgeschriebenen Vormerkung. Hierbei wollen wir noch bemerken, daß wir keinen Grund sehen, wenn man die dingliche Pfandklage aus der Vormerkung zuläßt, die Anwendbarkeit des § 38. Eigenth.-Erw.-Ges. betreffend Einschränkung der zulässigen Einreden auszuschließen.

VI.

Es sei nunmehr noch den gesetzlichen Pfandrechtstiteln eine nähere Betrachtung gewidmet.

1. Der gesetzliche Hauptpfandtitel ist, wie bereits erwähnt, die Vollstreckbarkeit; sie gewährt einen Titel lediglich zur Hypothek, nicht zur Grundschuld.

a). Die nicht mehr anfechtbare Vollstreckbarkeit, d. h. nach Maßgabe des Immob.-Zw.-Vollstr.-Ges. die durch rechtskräftiges Urtheil, richterlich abgeschlossenen Vergleich oder durch sonstige nicht mehr anfechtbare richterliche Entscheidungen begründete Vollstreckbarkeit giebt einen Pfandrechtstitel auf sämmtliche Immobilien des Schuldners, mit der-

---

[47a]) Cf. hiergegen Eccius, die mehrgedachte Note 40. Bd. III. S. 544., und gegen Eccius: Turnau Bd. I. S. 356. 357. und Note 2. zu § 89. Grundb.-Ordng. S. 454. Bd. I. Der Hinweis von Eccius, daß der gewesene Eigenthümer sich zu Unrecht verurtheilen lassen könnte, dürfte gegen jede Exekution wider Rechtsnachfolger zutreffen. Stellt man sich aber auf den Standpunkt von Eccius, so kann, was die vorliegende Frage anlangt, andererseits die Umschreibung durch stets erneuerte Veräußerung stets vereitelt werden. Das erscheint nicht haltbar. Was hätte die Vormerkung, gerade bei der Eccius'schen Auffassung der Umschreibung, überhaupt noch für einen Sinn? Der Nachfolger im Eigenthum mag sich gegen drohende Kollusion im Processe durch Intervention schützen.

artig intensiver Wirkung, daß die Forderung nicht erst in der Form der Vormerkung eingetragen zu werden braucht, sondern sofort als Hypothek eingetragen werden kann.[48])

Es liegt hierin eine Durchbrechung des Konsensprincips, die jedoch nicht neu ist, sondern bereits dem älteren Rechte bekannt war (§ 22. Verordnung vom 4. März 1834), und den prägnantesten Ausdruck der bereits gedachten gegenseitigen Durchsetzung von Exekutionsrecht und Pfandrecht bildet. Zwangspfand ist heute das Charakteristikum der Zwangsvollstreckung in Mobiliar-[49]) wie Immobiliarvermögen. In der Mobiliarvollstreckung realisirt sich der gewährte Pfandrechtstitel in Form der Pfändung, sei es von körperlichen Sachen, sei es von Geldforderungen und sonstigen Ansprüchen, und setzt sich durch die Pfändung ohne Weiteres in ein wirkliches Pfandrecht um, welches seinerseits durch Zwangsveräußerung realisirt wird.[50]) Der Pfändung entspricht in der Immobiliarvollstreckung die Zwangseintragung; nur schließt sich hier nicht nothwendig Zwangsveräußerung an, vielmehr ist es dem Gläubiger unbenommen, sich mit der durch die Hypothek erlangten Sicherstellung zu begnügen, bezw. über die Hypothek zu verfügen, insbesondere dieselbe zu veräußern. Die Zwangseintragung erscheint demnach gegenüber der Subhastation als die mildere Form der Immobiliarvollstreckung.

Diese neuere Ausbildung des Immobiliarvollstreckungsrechts ruft gegen den vom Reichsgericht[51]) in Auslegung der Anfechtungsbestim-

---

[48]) § 6. Ges. v. 13. Juli 1883. [49]) § 709. C.-P.-O. [50]) C.-P.-O. 8. Buch. [51]) Cf. insbesondere Urtheil der vereinigten Civilsenate v. 6. December 1883, Entsch. Bd. X. S. 33. flgd. Danach verschafft ein vollstreckbarer Titel lediglich die *bloße Möglichkeit*, die durch die Proc.-Ordng. gewährte *Aussicht*, durch das Vorgehen des Gerichtsvollziehers ein Pfandrecht zu erlangen, *keinen Anspruch* auf ein Pfandrecht. Cf. ferner: Bd. VII. S. 37.: Urtheil ein *Titel zur Pfändung, nicht zum Pfandrecht*; Recht auf Sicherung in dem Rechte auf Befriedigung weder an sich enthalten noch durch Hinzutritt selbst eines rechtskräftigen Urtheils demselben hinzugefügt; Bd. VI. S. 368.: Wer in *der Lage* ist, auf Grund der Proc.-Ordng. zur Sicherstellung seiner Forderung einen Arrest auszubringen und sich das mit diesem verbundene Pfandrecht zu verschaffen, hat deshalb doch noch *keinen Anspruch* auf Sicherung; Bd. III. S. 398.: Die gesetzliche Befugniß, einen Arrest zu erwirken, ist kein Anspruch auf Sicherung. Uns scheint alles dies in einem tiefgehenden Widerspruche mit dem 8. Buche der C.-P.-O. und mit dem 2. Titel des ersten Abschnittes des Ges. v. 13. Juli 1883 zu stehen, der auch durch die eingehenden Erörterungen der vereinigten Civilsenate nicht gehoben wird. Speciell der letztgedachten Thesis möchten wir die Frage entgegensetzen: „Was ist die gesetzliche Befugniß, einen Arrest zu erwirken, denn, wenn nicht ein Anspruch auf Sicherung?" Wir wissen es nicht.

mungen der Konkursordnung wiederholentlich vertretenen Standpunkt, daß der Gläubiger, welcher einen vollstreckbaren Titel erlangt habe, allerdings „in der Lage sei", sich Sicherstellung zu verschaffen, jedoch kein „Recht" auf Sicherstellung habe, da ihm ein klagbarer Anspruch auf Sicherstellung nicht zustehe, die lebhaftesten Bedenken wach.

Von dem Eigenth.=Erw.=Ges. hat diese rechtliche Gestaltung des Exekutionsrechts wohl die äußeren Formen entlehnt, an sich aber steht das Zwangspfand in scharfem Gegensatze zu dem gewillkürten Pfande, welches die Gesetzgebung vom 5. Mai 1872 vorzugsweise im Auge hat. Der Gegensatz tritt auch äußerlich nicht ganz zurück. Die früher erforderlich gewesene Vermittelung des Proceßrichters (§ 22. al. 2. Verordnung vom 4. März 1834) war bereits durch § 22. d. Ges. vom 4. März 1879 beseitigt worden. Nach § 12. des neuen Gesetzes hat es hierbei sein Bewenden behalten. Es bedarf heute lediglich eines Antrages an den Grundbuchrichter unter Vorlegung einer vollstreckbaren Ausfertigung des Schuldtitels.[52]) Wird ein Hypothekenbrief gebildet, so wird der Schuldtitel als Schuldurkunde mit demselben verbunden,[53]) andernfalls wird die erfolgte Eintragung auf dem Schuldtitel vermerkt (§§ 8. 9. Ges. v. 13. Juli 1883.).

b). Originirt die Vollstreckbarkeit der Forderung aus einer sogenannten exekutorischen Urkunde[54]) oder aus einem nicht vor Gericht abgeschlossenen vollstreckbaren Vergleiche, so ist die Wirksamkeit des Pfandrechtstitels abgeschwächt, es darf keine Hypothek, nur eine Vormerkung eingetragen werden (§ 6. al. 3. leg. cit.). Diese Bestimmung war in dem ursprünglichen Gesetzentwurfe nicht enthalten, ist vielmehr eine Einfügung der Kommission des Herrenhauses,[55]) welche in der Folge bei allen drei Faktoren der Legislative Anklang und Billigung gefunden hat. Die Einfügung ist unter Hinweis auf die Gefahren motivirt worden, welche dem Schuldner bei der leichten Begebbarkeit der Hypothek und bei der Beschränkung der Einreden gegen die dingliche Klage eines etwaigen Cessionars derselben in Betreff der ihm gegen die Forderung etwa zustehenden Einwendungen[56]) drohen. Neben den sogenannten exekutorischen Urkunden kommen nur noch die schiedsmännischen Vergleiche (§ 32. Schiedsm.=Ordng. v. 29. März 1879) in Betracht. Nach §§ 705. al. 4. 686. C.=P.=O. und 32. al. 2. Schiedsm.=Ordng. hat der Schuldner gegenüber diesen Zwangsvollstreckungstiteln das Recht, auch noch während des Zwangsvollstreckungsverfahrens alle und jede ihm gegen den geltend gemachten Anspruch

---

[52]) § 8. Ges. v. 13. Juli 1883. [53]) § 9. ibidem. [54]) § 702. ad. 5. C.=P.=O. [55]) Cf. Dorendorf, Kommentar, S. 20. [56]) § 705. al. IV. C.=P.=O.

etwa zustehenden Einreden im Wege einer besonderen Klage wider den Gläubiger geltend zu machen, und es ist richtig, daß dieses ihm gesetzlich gewährleistete Recht durch Zulassung der Eintragung einer Hypothek bedenklich gefährdet werden würde. Freilich kann der Gläubiger dieser Abschwächung des ihm gewährten Pfandrechtstitels durch Herbeiführung der Subhastation die Spitze abbrechen (§§ 13. 14. des Ges. v. 13. Juli 1883). An sich entspricht die in Rede stehende Abschwächung des Pfandtitels gewiß der Natur der Sache, welcher es zuwider sein dürfte, aus noch anfechtbaren Titeln eine zunächst definitive Zwangsrealisirung der streitigen Forderung zuzulassen und den später etwa obsiegenden Schuldner auf den Weg der Kondiktion zu verweisen. Dennoch ist letzteres in der Mobiliarvollstreckung, wo auch der aus den hier zur Erörterung stehenden Urkunden originirende, ebenso wie der nur vorläufig vollstreckbare Titel die sofortige zwangsweise Herbeiführung der Befriedigung ermöglicht, die Regel. Diese Regel ist auch hier in der Immobiliarvollstreckung, angesichts der ungeschmälerten Distraktionsbefugniß des Exekutionssuchers, durch die Abschwächung des Pfandrechtstitels im Grunde nur scheinbar durchbrochen.

Ist somit gegen letztere an sich füglich nichts einzuwenden, es sei denn der Umstand, daß sie nicht im Einklange mit den sonstigen Grundsätzen des Exekutionsrechts steht und der Gläubiger, gestützt auf diese, sie paralysiren kann, so entsteht doch die Frage: wodurch ist das durch die hier in Rede stehende Vormerkung repräsentirte und geschaffene Pfandrecht bedingt? bezw. wie stellt der Gläubiger im vorliegenden Falle seinen Anspruch völlig liquide? Mit Rücksicht auf die klar zum Ausdruck gekommene legislatorische Absicht wird man diese Frage dahin beantworten müssen, daß die Entstehung der unbedingten Hypothek von dem rechtskräftigen Ausschlusse der Einreden des Schuldners abhänge. Wird also der Schuldner auf erhobene Klage mit den geltend gemachten Einwendungen rechtskräftig abgewiesen, so wird der Gläubiger wirklicher hypothecarius, da der Schuldner nunmehr weitere Einwendungen gegen das ergangene rechtskräftige Urtheil nur noch mit der beschränkenden Maßgabe des § 686. al. 2. C.-P.-O. geltend machen kann, diese Einwendungen aber nicht mehr durch eine Abschwächung des Hypothekentitels geschützt sind (§ 6. al. I. Ges. v. 13. Juli 1883). Da aber der Gläubiger den Schuldner nicht ad agendum provociren kann, wird man auch dem Gläubiger eine eigene Klage auf Bewilligung der Umschreibung der Vormerkung in eine Hypothek geben und dem Schuldner anheim stellen müssen, seine Einreden excipiendo oder im Wege der Widerklage geltend zu machen. Auch in diesem Falle wird aber die definitive Hypothek nicht sowohl durch die Umschreibung selbst als durch die Verurtheilung des Schuldners zur Bewilligung derselben und den in dieser Verurtheilung zum Ausdruck gelangenden Ausschluß der ihm bis dahin wider den exekutionsfähigen Anspruch zustehenden Einreden ins Leben treten.

Bemerkt ist bereits, daß ein Schuldner auch gegen rechtskräftige Urtheile und gerichtliche Vergleiche eventl. noch Einwendungen geltend zu machen in der Lage ist, soweit sie nämlich später entstanden sind, daß diese Einreden aber nicht durch eine Abschwächung des Hypothekentitels sicher gestellt sind. Selbstredend ist es jedoch dem Schuldner unbenommen, in solchen Fällen nach Maßgabe der Vorschriften der C.-P.-O.[57]) durch Glaubhaftmachung der Einreden oder durch Sicherheitsleistung die Zwangsvollstreckung abzuwenden. Der Rückgriff auf diese processualen Bestimmungen wird sich auch gegenüber den exekutorischen Urkunden, wenngleich sie nur eine Vormerkung geben, empfehlen.

c). Originirt die vollstreckbare Forderung aus einem Wechsel, Inhaber-, Ordre- oder indossablen Papier, so ist behufs Eintragung der Exekutionshypothek neben Vorlegung des vollstreckbaren Titels noch die Vorlegung der eigentlichen Schuldurkunde erforderlich, auch ist dieselbe mit dem etwa zu bildenden Hypothekenbriefe zu verbinden. Wird diese Urkunde nicht vorgelegt, so darf nur eine Vormerkung eingetragen werden (§ 8. Gesetz vom 13. Juli 1883). Das Pfandrecht ist bei dieser Vormerkung selbstredend durch die Beibringung der bezeichneten Papiere bedingt.

Im früheren Recht wurde weitergehend die Beifügung jedes über den Anspruch etwa vorhandenen Instrumentes erfordert (§ 22. al. 2. Verordnung vom 4. März 1834). Es entsprach dies auch den Grundsätzen des Landrechts (§§ 125. flgd. I. 16.), wonach der zahlende Schuldner neben der Quittung in allen Fällen Rückgabe des über die Schuld etwa ausgestellten Instruments, eventl. Ausstellung eines Mortifikationsscheins vom Gläubiger zu fordern befugt ist. § 8. cit. involvirt somit eine Aenderung des materiellen Rechts. Der Darlehnsschuldner beispielsweise kann heut genöthigt werden, nachdem die Darlehnsschuld im Wege der Zwangsvollstreckung hypothekarisch auf sein Grundstück radicirt worden ist, dieselbe an einen Cessionar der Hypothek zu bezahlen, ohne seinen Schuldschein zurück zu erhalten, bezw. ohne eine Mortificirung des letzteren fordern zu dürfen, er müßte denn gerade nach Tilgung der Schuld auf Herausgabe oder Mortificirung des Scheins besonders klagen, wobei er aber gewöhnlich nicht wissen wird, wer passiv legitimirt ist.

---

[57]) §§ 686. 688. C.-P.-O.

Freilich ist dies im Gesetze vom 13. Juli 1883 nirgends mit bestimmten Worten ausgesprochen. Es ist nirgends gesagt: „der Schuldner darf seinen Schein nicht fordern, § 125. I. 16. A.L.R. ist außer Kraft gesetzt, wenn der Schuldner von einem gutgläubigen Rechtsnachfolger, der die Hypothek gegen Entgelt erworben hat, aus derselben belangt wird".

Unsere Behauptung dürfte sich aber bei eingehender Erwägung der dem § 8 innewohnenden Tragweite gleichwohl als gerechtfertigt herausstellen.

Die Hypothek wird eingetragen ohne Vorlegung des Schuldscheins. Dem Schuldschein wohnt die Kraft der Schuldurkunde im Sinne der §§ 19. Eigenth.-Erw.-Ges. und 122. Grundb.-Ordnung für die Hypothek nicht bei. Dies ist das Wesentliche. Alles andere folgt daraus von selbst.

Der Schuldschein bleibt dem Grundbuche und, wenn er in dem mit dem Hypothekenbriefe als Schuldurkunde zu verbindenden vollstreckbaren Titel nicht besonders erwähnt ist, auch der Hypothekenurkunde fremd. Die Eintragung der Hypothek aber begründet die dingliche Belastung des Grundstücks oder, nach den Worten des Gesetzes, die dingliche Klage gegen den Eigenthümer (§ 37. Eigenth.-Erw.-Ges.). Die Durchführung der dinglichen Klage wiederum stellt den Schuldner vor die Wahl, zu zahlen oder die Subhastation des Grundstücks zu dulden (§ 43. Eigenth.-Erw.-Ges.). Die rechtliche Stellung der etwaigen Cessionarien der Hypothek ist lediglich nach den Grundbuchgesetzen vom 5. Mai 1872 zu beurtheilen. Hiernach bleibt keine rechtliche Möglichkeit, gegenüber einem gutgläubigen Cessionar, der die Hypothek gegen Entgelt erworben hat, die Zahlung von der Aushändigung eines Schuldscheins abhängig zu machen, von dessen Existenz derselbe keine Ahnung hat. Für diesen Cessionar ist Schuldurkunde der vollstreckbare Titel. Zahlt der Schuldner, so kann er nur Löschungsbewilligung oder Abtretung der Post von dem Cessionar fordern. Wegen des ihm fremden Schuldscheins bleibt letzterer außer Haftbarkeit. Wir wüßten wenigstens nicht, wie man ihm, angesichts der Bestimmungen der §§ 37. 38. Eigenth.-Erw.-Ges., eine solche, auch in sich nicht gerechtfertigte Vertretung fremder, doloser oder kulposer Handlungen oder Unterlassungen aufnöthigen wollte. Dies würde, ganz abgesehen von der Frage der Billigkeit, an den Grundlagen des öffentlichen Buchglaubens rütteln.

Es soll hiermit nicht gesagt sein, daß die Aenderung des § 125. I. 16. A.L.R. so weit geht, daß dem Schuldner das dort gewährleistete Recht, den Schein zurückzuverlangen, schlechtweg genommen wird. Der Schuldner behält dieses Recht an sich sehr wohl; dasselbe geht aber nur gegen denjenigen, der den Schein etwa hat, während der Schuldner andererseits gezwungen wird, an Jemanden zu zahlen, der den Schein nicht hat. Hierin müssen wir eine Abänderung oder doch wesentliche Modificirung eines materiellen Rechtssatzes erblicken.

Wenn es auch richtig sein mag, daß hieraus Gefahren in der Regel nicht entstehen werden, da eine vor Erlangung der Hypothek stattgehabte Uebertragung der Forderung den trotzdem vom Schuldner gegenüber dem Cedenten bezw. dessen späteren hypothekarischen Cessionaren gethätigten Rechtshandlungen nur, insoweit und nachdem sie dem Schuldner bekannt gemacht ist, den liberatorischen Effekt nimmt,[58]) während eine nach der Zwangseintragung erfolgende Cession für den Schuldner gleichgültig ist,[58a]) so ist doch damit immerhin eine unseres Dafürhaltens aus dem Wesen der Sache fließende Garantie für den Schuldner beseitigt.

Die im § 8. hervorgehobenen Urkunden, bezüglich derer das Gesetz im Einklang mit den Grundsätzen des Landrechts geblieben ist, zeichnen sich vor sonstigen Schuldinstrumenten durch ihre leichte Uebertragbarkeit und die Beschränktheit der Einreden aus, weshalb man sie geradezu als die Träger der Forderung zu bezeichnen pflegt. Hätte man auch bezüglich ihrer sich von den Bestimmungen des Landrechts entfernen wollen, so würde man die Gefahr der Doppelzahlung für den Schuldner geradezu gesetzlich konstruirt und gutgeheißen haben. Neu ist auch hier immerhin gegenüber § 22. Verordnung v. 4. März 1834 die Zulassung der Vormerkung.

Das Gesetz schweigt über die Löschung dieser Vormerkung. Unbedenklich ist sie, als Zwangsvollstreckungsakt, nach Aufhebung der erfolgten Vollstreckungsmaßregeln zu löschen. Außerdem aber ist der Schuldner befugt, auf Kosten des Gläubigers das öffentliche Aufgebot der Schuldurkunde zu betreiben,[59]) und man wird, wenn ein Dritter mit Erfolg Rechte geltend macht, die Löschung der Vormerkung nicht verweigern dürfen, ebensowenig, wenn etwa, ob mit oder ohne Aufgebot, der Schuldner selbst die Urkunde producirt. Sollte es in solchen Fällen, was ja denkbar ist, dem Schuldner nicht gelingen, die Aufhebung der vollzogenen Vollstreckungsmaßregeln zu erwirken, so wird eine Requisition des Proceßrichters erforderlich sein; überhaupt wird man nicht gut umhin können, dem Schuldner eine eigene Klage auf Löschung[59a]) dieser Vormerkung zu geben. Andererseits erscheint es zulässig, auch dem Gläubiger eine Klage auf Umschreibung der Vormerkung in eine Hypothek wenigstens nicht principiell abzuschneiden; es ist doch beispielsweise nicht unmöglich, daß der Gläubiger

---

[58]) §§ 413—417. I. 11. A.L.R. [58a]) §§ 407. 408. I. 11. A.L.R.
[59]) § 130. I. 16. A.L.R. [59a]) Eine solche ist sonst ausgeschlossen.

selbst oder in seiner Vertretung ein Dritter die Urkunde versehentlich dem Schuldner ausgehändigt hat.

d). Im Gegensatze zur endgültigen Vollstreckbarkeit gewährt die nur vorläufige oder von einer Sicherheitsleistung abhängig gemachte Vollstreckbarkeit keinen Anspruch auf Eintragung einer Hypothek, sondern nur auf eine Vormerkung. Bezüglich des hiermit geschaffenen Unterschiedes von der Mobiliarvollstreckung sowie der dem Gläubiger offenstehenden Möglichkeit, diesen Unterschied durch Herbeiführung der Subhastation zu beseitigen, sei auf die gelegentlich der Vormerkungen aus exekutorischen Urkunden gemachten Bemerkungen zurückverwiesen.

Eine wesentliche Abweichung von der Mobiliarvollstreckung liegt aber darin, daß auf Grund eines nur gegen Sicherheitsleistung vollstreckbaren Titels die Vormerkung eingetragen wird, ohne daß die Sicherheit geleistet zu werden braucht[60]).

Es ist dies eine Anomalie, insofern hier eine Zwangsvollstreckung ins Werk gesetzt werden darf, ohne daß die Voraussetzungen, an welche der Richterspruch und entsprechend die Vorschriften der C.-P.-O.[61]) die Zulässigkeit derselben knüpfen, erfüllt sind. Die Ausführung der Motive,[62]) ein Widerspruch mit der C.-P.-O. liege nicht vor, weil die C.-P.-O. die Eintragung in das Grundbuch überhaupt nicht als Zwangsvollstreckung ansehe und erst die Landesgesetzgebung der ihr überlassenen Maßregel diesen Charakter beigelegt habe, kann für zutreffend nicht erachtet werden. Richtig ist nur, daß die hier in Rede stehende Bestimmung trotz ihrer offenbaren Gegensätzlichkeit zu § 672. C.-P.-O. nach § 757. ibid. dennoch giltig ist. Innerlich gerechtfertigt erscheint sie, da bei allen diesen Zwangseintragungen doch nicht ein vorhandener Pfandtitel Streitgegenstand ist, der Pfandtitel vielmehr erst aus der Vollstreckbarkeit entspringt, keineswegs. Sie schafft eine Verschiedenheit zwischen Mobiliar- und Immobiliarvollstreckung, die um so weniger begründet sein dürfte, als die Möglichkeit, das Exekutionsobjekt zu hinterziehen, doch bei Mobilien eine ungleich leichtere und bequemere als bei Immobilien ist, der Gläubiger übrigens auch gegen diese Gefahr durch die Möglichkeit des Arrestschlages bezw. der Anfechtung ausreichend geschützt erscheint.

Zudem sind die Konsequenzen der Vorschrift zweifelhaft.

Nach § 652. C.-P.-O. hat das Gericht im Falle der vorläufigen Vollstreckbarkeit dem Schuldner auf Antrag nachzulassen, die Zwangsvollstreckung durch Sicherheitsleistung oder Hinterlegung abzuwenden,

---

60) § 7. al. II. Ges. v. 13. Juli 1883. 61) § 672. al. II. C.-P.-O.
62) Cf. Dorendorf, Kommentar S. 21.

was der Gläubiger seinerseits nur durch Sicherheitsleistung vor der Vollstreckung paralysiren kann. Die Frage, inwieweit die in Rede stehende Bestimmung des Immob.-Zw.-Vollstr.-Ges. auf diese Vorschriften influire, bleibt eine offene. Interpretirt man § 7. des neuen Gesetzes konsequent, so ist auch das beneficium des § 652. C.-P.-O. dem Schuldner gegenüber der Zwangseintragung entzogen. Das dürfte zu weit gehen und war wohl nicht beabsichtigt, da doch eine Sicherheitsleistung des Schuldners durch Hinterlegung von baarem Gelde oder geldwerthen Papieren, wo hier stets nur eine Geldforderung zur Zwangsvollstreckung steht, den Anspruch auf die Hypothekenvormerkung vernünftigerweise jedenfalls hinfällig macht[63]).

Bemerkt sei noch, daß die Subhastation in den in Rede stehenden Fällen jedenfalls nur durch Sicherheitsleistung ermöglicht werden kann[64]).

Im Uebrigen bedürfen die Fälle der Vormerkung aus nur vorläufig oder nur gegen Sicherheitsleistung vollstreckbaren Titeln einer Erörterung nicht. Mit Eintritt der definitiven bezw. unbeschränkten Vollstreckbarkeit gilt der Pfandbestellungsanspruch als liquide gestellt, und verwandelt sich das bedingte demgemäß in ein unbedingtes Pfandrecht.

e). Endlich hat das Immob.-Zw.-Vollstr.-Ges. in § 10. eine alte, bekannte, durch den Zwiespalt des ehemaligen Obertribunals zu einer gewissen Berühmtheit gelangte Streitfrage, Natur und Vollziehung des Immobiliararrestes anlangend, autentisch zum Austrag gebracht, und zwar im Einklange mit den Bestimmungen der C.-P.-O. über den Mobiliararrest, dagegen im Widerspruche mit der überwiegenden Mehrzahl der Theoretiker und mit den bekannt gewordenen Entscheidungen des Reichsgerichts.

Die Wirkung des Immobiliararrestes war von jeher kontrovers[65]).

Der vierte Senat des Obertribunals hat in einer großen Anzahl von Entscheidungen konsequent daran festgehalten, daß die sogenannte Arrestprotestation lediglich eine species der Hypothekenvormerkung sei,

---

[63]) Wollte man das Gegentheil annehmen, so würde § 7. al. II. im denkbar schärfsten Gegensatze zu der Note 51. gedachten Judikatur des Reichsgerichts stehen. [64]) Wenigstens ergiebt § 14. Ges. v. 13. Juli 1883 nicht, daß § 672. al. II. C.-P.-O. auch für die Subhastation außer Kraft gesetzt sein soll. Cf. auch Dorendorf, Kommentar, S. 28. und 29. [65]) Cf. Achilles, a. a. O., Note 3. zu § 22. Eigenth.-Erw.-Ges., S. 188—191., und die dortigen Allegate.

daß der Arrest demgemäß sich nur in seinen Voraussetzungen von der Vormerkung, bezw. früher von der protestatio pro conservando jure et loco unterscheide, während die Wirkungen dieselben seien.

Dieser Standpunkt hat stets die lebhafteste Anfechtung erfahren, insbesondere ist der dritte Senat des Obertribunals demselben mit der gleichen Konsequenz entgegengetreten und hat behufs deutlicher Differenzirung von Arrest und Pfandrechtsvormerkung sogar Eintragung des Arrestes in der zweiten Abtheilung des Grundbuchs gefordert, die Arrestprotestation als etwas der früheren protestatio de non amplius disponendo Aehnliches, als eine Art von Verfügungsbeschränkung mit eigenartigen Wirkungen gekennzeichnet.

Die Schriftsteller standen zum weitaus größeren Theile auf der Seite des dritten Senats, dessen Auffassung sich späterhin auch das Reichsgericht[66]) angeschlossen hat. Eine Einigung wurde jedoch vor Emanirung des neuen Gesetzes nicht erzielt.

Der Standpunkt des vierten Senats mag ja im Lichte der maßgebenden Bestimmungen der A.=G.=O.,[67]) welche sowohl in der C.=P.=O.[68]) als in dem Gesetze betr. die Immobiliarzwangsvollstreckung vom 4. März 1879[69]) zunächst ausdrücklich aufrecht erhalten worden sind, als ein gewagter erscheinen; es ist aber bezeichnend, daß die Gegner es niemals zu einer klaren Umschreibung der wirklichen positiven Wirkungen, welche nach ihrer Auffassung eigentlich der Arrest habe, gebracht haben, sich vielmehr stets mit der Bemerkung begnügten, der Arrest wirke vorzugsweise negativ, prophylaktisch, indem er den Arrestaten hindere, zum Nachtheile des Arrestanten durch Veräußerung oder Belastung über das Grundstück zu verfügen. Das thut aber, wie insbesondere gegenüber den Ausführungen des Reichsgerichts (Entsch. Bd. IV. S. 265. flgd.) nachdrücklichst hervorgehoben werden muß, die Vormerkung g a n z g e n a u e b e n s o, man müßte denn gerade die Arrestprotestation als Sperrvermerk betrachten und weitere Verfügungen überhaupt ausschließen wollen, was unseres Wissens niemals verlangt worden ist und im Effekt nicht nur weit über die Wirkungen der Vormerkung, sondern offenbar auch über das Maß des Billigen und des durch den Arrestzweck zu Gunsten des Arrestanten Gebotenen hinausschießen würde. In den Einzelnheiten waren zudem die Gegner in hohem Grade uneinig. Die Stellung des Arrestgläubigers in der Subhastation gegenüber den nacheingetragenen Gläubigern, im Konkurse gegenüber diesen und der Konkursmasse selbst, das Ver=

---

[66]) Cf z. B. Entsch. Bd. III. S. 315. flgd., Bd. IV. S. 265. flgd. u. a. m.
[67]) §§ 1. 80-87. I. 29. A.=G.=O. [68]) § 811. C.=P.=O. [69]) § 24. Ges. v. 4. März 1879.

hältniß des Arrestanten zu einem etwaigen von dem Bucheigenthümer verschiedenen wahren Eigenthümer, die Wirkung einer etwaigen Justificirung des Arrestes bezw. einer Durchführung des unterliegenden Anspruchs, alles dies und noch mehr, was sich bei der Theorie des vierten Senats leicht und glatt löste, war mehr oder weniger umstritten. Der eine ließ den Arrest wohl in der Subhastation gelten, aber nicht im Konkurse; hier trete die Konkursmasse in die Rechte des Arrestanten, der letztere in die Reihe der nicht bevorrechtigten Konkursgläubiger; verzichte freilich die Masse auf die Rechte aus dem Arreste, so verblieben sie dem Arrestanten. Ein anderer wollte in diesem Falle den Arrest überhaupt eliminirt sehen und die postlocirten Gläubiger vorrücken lassen, auch in der Subhastation den Arrestanten den nacheingetragenen Berechtigten nur gleich-, nicht vorstellen, so daß die Qualität, nicht die Priorität der Forderungen entscheide, eventl. quotenweise Befriedigung aus den Kaufgeldern zu gleichem Recht eintrete; daß bei solcher Auffassung der Arrestat ganz offenbar in der Lage war, zum Nachtheile des Arrestanten über das Grundstück zu verfügen, sei nur nebenher bemerkt. Der eine gab eine eventuelle Umschreibung des Arrestes in eine Hypothek als möglich zu, negirte aber die Wirksamkeit des Arrestes, falls der Bucheigenthümer nicht wahrer Eigenthümer sei, da in der Erlangung eines Arrestes ein entgeltlicher Rechtserwerb im Sinne des § 9. Eigenth.-Erw.-Ges. nicht erblickt werden könne, gänzlich; der andere wollte zwar § 9. cit. auch auf eingetragene Arreste angewandt wissen, perhorrescirte aber die Fortentwickelung des Arrestes zu einer Hypothek unbedingt. Es würde zu weit führen, wollten wir alle aufgetauchten Kombinationen wiedergeben.[70]) Das neben den aus § 87. I. 29. A.-G.-O. geschöpften Gründen mit Vorliebe geltend gemachte Hauptargument, der Arrest sichere eine persönliche Forderung und könne dieselbe nicht zu einer dinglichen machen, da ihr nicht einmal ein Titel zum Pfandrecht innewohne, dürfte die Thesis zur Hypothesis machen; die Frage war eben, ob das Gesetz nicht gleich den exekutionsfähigen, die doch im Großen und Ganzen auch nur rein persönliche sind, auch die arrestfähigen Forderungen mit Pfandrechtstitel versehe, neben der Vollstreckbarkeit nicht auch in der glaubhaft gemachten Gefährdung der Geldforderung einen Titel zum Pfandrecht erblicke und anerkenne.

Nachdem die C.-P.-O. letzteres zunächst für den Mobiliararrest durch Schaffung des Arrestpfandes autentisch bejaht hatte,[71]) ist nun-

---

[70]) Besonders eingehend ist die Frage behandelt von Behrend in dem mehrgedachten Aufsatze in seiner und Dahn's Zeitschrift Bd. 7. S. 116. flgd.
[71]) § 810. C.-P.-O.

mehr das Immob.-Zw.-Vollstr.-Ges. im § 10. bezüglich des Immobiliar-arrestes gefolgt und hat bestimmt, daß Arreste durch Eintragung einer Hypothekenvormerkung zu vollziehen sind. Damit sind die früheren Kontroversen sammt und sonders erledigt, und der vierte Senat des Obertribunals ist nachträglich gerechtfertigt. Einen besonderen neuen Pfandrechtstitel neben den von uns genannten vermögen wir hierin nicht zu erkennen; es handelt sich um eine species des gesetzlichen Hauptpfandtitels, der Vollstreckbarkeit; der Arrestschlag macht eben die Forderung bis zu einem gewissen Grade vollstreckbar, insofern er den Arrestgläubiger befugt, Sicherstellung seiner Forderung zu suchen, bei Mobilien durch Gewährung eines an sich perfekten Pfandes mit Besitzentziehung, dem in der Regel nur die Veräußerungsbefugniß fehlt, bei Immobilien durch Gewährung eines vorläufigen, in seiner Existenz durch Liquidestellung des unterliegenden Anspruchs suspensiv bedingten Pfandrechts. Ein Analogon bot schon vor dem Immob.-Zw.-Vollstr.-Ges. die gefährdete Wechselforderung.[72])

Mit Bezug auf diesen Rechtszustand haben wir unter III. betonen zu sollen geglaubt, es sei zwar richtig, daß der Gläubiger im Sinne des § 22. Eigenth.-Erw.-Ges. nur der Inhaber einer mit Pfandrechtstitel versehenen Forderung sei, das heutige Recht sei aber mit Pfandrechtstiteln so freigebig, daß die Vormerkung des § 22. cit. im Effekt fast für jeden Gläubiger erlangbar ist, insofern nur seine Forderung Gefahr läuft. Erneut sei bei diesem Punkte hervorgehoben, daß nach der Auslegung, welche das Reichsgericht den Anfechtungsgesetzen zu Theil werden läßt,[73]) zwischen letzteren und diesen Bestimmungen des Exekutionsrechts eine Antinomie obwaltet.

Einer Erörterung bedarf noch die Rolle der Sicherheitsleistung. Die C.-P.-O. kennt Fälle, in welchen die Anordnung des Arrestes von einer Sicherheitsleistung abhängig gemacht wird,[74]) und läßt außerdem dem Arrestschuldner ganz allgemein nach, durch Sicherheitsleistung die Vollziehung des angeordneten Arrestes abzuwenden, bezw. die Aufhebung des bereits vollzogenen Arrestes herbeizuführen.[75]) Daß die letztere Bestimmung auch gegenüber der Arrestvormerkung Platz greife, erscheint nach den voraufgegangenen Erörterungen zu § 7. Immob.-Zw.-Vollstr.-Ges. bezw. § 652. C.-P.-O. nicht zweifelhaft, wohl aber entsteht die Frage, ob ein unter der Bedingung der Sicherheitsleistung angeordneter Arrest die Eintragung der Arrestvormerkung gestatte, ohne daß die Sicherheit geleistet zu werden brauche. Wir möchten

---

[72]) Art. 29. Wechsel-Ordng. [73]) Cf. Note 51. [74]) § 801. C.-P.-O.
[75]) § 803. C.-P.-O.

diese Frage verneinen, da nach der C.=P.=O. in solchen Fällen nicht nur die Vollziehung, sondern die Anordnung des Arrestes von der Leistung der Sicherheit abhängt, der Arrest also ohne die Sicherheitsleistung gar nicht existent wird. Es kommt dazu, daß die Sicherheitsleistung unter Umständen nach dem Ermessen des Richters selbst den Arrestgrund ersetzt, welcher seinerseits wiederum derart wesentlich für den Arrest ist, daß nach seiner Erledigung die Aufhebung des Arrestes verlangt werden kann. (§ 807. C.=P.=O.). Demnach erscheint die Sicherheitsleistung, wo sie bei Arrestschlägen gefordert wird, für die Existenz des Arrestes ungleich wesentlicher als bei den in § 7. des Gesetzes vom 13. Juli 1883 gedachten gegen Sicherheitsleistung vollstreckbaren Titeln, hinsichtlich derer sie nur auf die Vollstreckbarkeit influirt. Eine analoge Anwendung des § 7. cit. auf den Arrest erscheint deshalb um so weniger gerechtfertigt, als § 7. eine Abweichung von der C.=P.=O. repräsentirt, während der vom Arrest handelnde § 10. gerade frühere Streitfragen im Sinne der C.=P.=O. erledigt.

f). Bemerkt sei zum Schluß, was schon mehrfach angedeutet ist, daß alle diese Exekutionspfandrechte und exekutivischen Pfandrechtstitel an sich ein fremdes Element in das Pfandrechtssystem der Gesetze vom Mai 1872 hineintragen, welches dem Grundbuchrechte zwar die äußere Form der Vormerkung entlehnt hat, innerlich aber doch insofern wesentlich verschieden von ihr ist, als die eigentliche Vormerkung des Grundbuchrechts zweifellos nicht bestimmt ist, als Mittel der Vollstreckung von Geldforderungen zu dienen, vielmehr wesentlich dazu, Rechte auf individuell bestimmte Leistungen ohne förmlichen Proceß vor den Gefahren der Grundbucheinrichtung als solcher zu schützen. Die äußerliche Einfügung des Exekutionspfandes in den Rahmen des Grundbuchrechts ist durch die gesetzliche Verknüpfung des ursprünglich auf eine Leistung vertretbarer Sachen gerichteten Anspruches mit einem Anspruche auf Individualleistung in tadelloser Weise bewirkt. Es bleibt doch aber auch äußerlich ein gewisser Unterschied bestehen, insofern hier nicht wie nach § 70. Eigenth.=Erw.=Ges. die Glaubhaftmachung des Pfandtitels genügt, vielmehr der Nachweis desselben durch Vorlegung des vollstreckbaren Schuldtitels erforderlich ist.

g). Als eine species dieser Exekutionspfandrechte erscheinen auch die einzelnen Behörden, insbesondere der Gerichtskassenverwaltung in Ansehung der Gerichtskosten, beigelegten Befugnisse um direkte Nachsuchung der Eintragung von Hypotheken bezw. Vormerkungen; man wird §§ 6. flgd. des Immob.=Zw.=Vollstr.=Ges. hier analog zur Anwendung bringen, insbesondere auch hier alle Male Vorlegung des vollstreckbaren Titels erfordern dürfen; eine Erörterung im Einzelnen würde zu weit führen.

h). Zu erwähnen ist ferner, daß die aus der Vollstreckbarkeit erfließenden Pfandrechtstitel den gesammten Grundbesitz des Schuldners ergreifen, der Gläubiger also die Eintragung der ungetheilten Schuld auf allen seinem Schuldner etwa gehörigen Grundstücken beanspruchen darf.[76])

Die dem Schuldner im Falle der Uebermäßigkeit der entstandenen Sicherheit hiergegen gegebene Klage auf Vertheilung der Forderung bezw. Liberirung einzelner Grundstücke von der Last erscheint als ein Rechtsbehelf von sehr problematischer Bedeutung, sowohl was das Fundament der Klage anbetrifft, insbesondere aber gegenüber der alle Grundstücke ergreifenden Distraktionsbefugniß des eine Korrealhypothek erlangenden Gläubigers. Die an die Korrealhypothek als solche[77]) anknüpfenden Kontroversen fallen aus dem Rahmen unserer Erörterungen heraus.

2. Von den nicht exekutivischen Pfandtiteln des Gesetzes hat derjenige des gefährdeten Wechselgläubigers (Art. 29. Wechsel-Ordng.) den legislatorischen Grundgedanken mit dem Arrestpfandtitel völlig gemein. Auch die anderen[78]) beruhen auf einer gewissen Fürsorge des Gesetzgebers für einzelne, theils durch ihre Qualität, mehr noch durch die sociale Schwäche ihrer Inhaber gegenüber den Schuldnern, besonders gefährdete Forderungen. Der Unterschied vom Arrest liegt darin, daß die Gefahr hier gesetzlich präsumirt wird, dort besonderer Glaubhaftmachung bedarf. Es repräsentiren diese letztgedachten Titel die letzten Reste der einst, besonders im römischen Rechte, das ganze Pfandrecht überwuchernden und entstellenden sogen. Legalhypotheken. Als bloße Pfandtitel sind sie im Großen und Ganzen unschädlich.

3. Für den eigentlichen, dem Sinne der Gesetze vom Mai 1872 entsprechenden Titel halten wir in erster Linie den kontraktlichen, überhaupt den gewillkürten; denn nur bei ihm entspringt die Verpflichtung zur Individualleistung unmittelbar dem Willen bezw. der Willenseinigung der Parteien; bei den Legaltiteln ist sie eine äußere Zuthat des Gesetzes.

---

[76]) § 6. Ges. v. 13. Juli 1883. [77]) § 42. Eigenth.-Erw.-Ges. [78]) Cf. die Aufzählung unter IV. dieses Cap.

Cap 3.

Die Vormerkung zum Schutze des Rechts auf Eintragung sonstiger dinglicher Rechte an fremder Sache.

Diese Vormerkung hat mit der Pfandrechtsvormerkung große Aehnlichkeit. Der Unterschied zwischen beiden liegt einerseits in dem unterliegenden Anspruche, andererseits fallen die aus der Verknüpfung von Pfandrecht und Zwangsvollstreckung herstammenden Besonderheiten hier fort.

I.

Basis dieser Vormerkung ist ein Recht auf Eintragung eines dinglichen Rechts an fremder Sache (abgesehen von Hypothek und Grundschuld).[1])

Die Gesetzgebung vom 5. Mai 1872 hat die Lehre vom Erwerbe bezw. der Begründung dinglicher Rechte an fremder Sache in ihrem bisherigen Bestande unberührt gelassen, nur die Wirksamkeit des dinglichen Rechts gegen Dritte, aber unter Zulassung weitgehender Ausnahmen, an die Eintragung des Rechts im Grundbuche geknüpft.[2])

Es ist nicht zu verkennen, daß hierdurch ein gewisser Widerspruch in die Begriffe gebracht worden ist.[3]) Die Dinglichkeit eines gegen Dritte nicht wirksamen, also durch Veräußerung des Grundstücks verloren gehenden Rechts am Grundstücke ist eine mehr als prekäre.

Unter Berücksichtigung der umfassenden Ausnahmen des maßgebenden § 12. Eigenth.-Erw.-Ges. interessirt die Eintragung als wesentlich nur beim Nießbrauch, bei den auf einem privatrechtlichen Titel beruhenden Reallasten und bei dem gewillkürten Vorkaufsrecht.

Nur bei diesen wird in Folge dessen die Vormerkung in Frage kommen.

---

[1]) § 16. Eigenth.-Erw.-Ges. [2]) § 12. ibidem. [3]) Dies tritt besonders drastisch zu Tage, wenn man die vielen Varianten in den Auffassungen der Schriftsteller über § 12. ins Auge faßt. Man vergleiche z. B. Turnau, 3. Aufl. Bd. I. S. 651. flgd., besonders Note 10. S. 665. flgd. Achilles, 3. Aufl. S. 130. flgd., bes. S. 131. und S. 134. 135. Förster, Theorie und Praxis, 3. Aufl. Bd. III. S. 280. flgd. Eccius, ebenda, 4. Aufl. Bd. III. S. 338. flgd.

1. Der Nießbrauch beruht entweder auf Gesetz,[4]) oder er ist gewillkürt.[5])

Im ersteren Falle (Ehemann, Vater, Pfarrer?)[5a]) bedarf er der Eintragung zu seiner Entstehung nicht,[6]) er ist auch uneingetragen ein dingliches, nur gegen Dritte nicht wirksames Recht.

Im anderen Falle bedarf er zur Begründung der Eintragung.[7])

2. Die auf privatrechtlichem Titel beruhenden Reallasten entstehen als dingliche Rechte ohne Eintragung.[8])

3. Dagegen bedarf das kontraktliche Vorkaufsrecht der Eintragung als Begründungsaktes.[9])

Somit bildet entweder, analog dem Pfandbestellungsanspruche, der obligatorische Anspruch zur Sache, das Recht auf Begründung eines dinglichen Rechts (Nießbrauch, Vorkaufsrecht) durch Eintragung, oder aber das dingliche Recht selbst (Nießbrauch, Reallast), welches nur der Wirksamkeit gegen Dritte ermangelt, die Grundlage der Vormerkung.

Da für die sonstigen dinglichen Rechte die Eintragung völlig indifferent ist, wird, obwohl ihnen der Anspruch auf Eintragung immanent ist, ein Interesse, sie vorzumerken, dennoch niemals vorliegen, weil sie nicht gefährdet sind, eines Schutzes also weder bedürfen noch durch die Vormerkung theilhaft werden können.

II.

Die Vormerkung wird in der zweiten Abtheilung des Grundbuchs,[10]) und zwar, worin ihre Aehnlichkeit mit der Pfandrechtsvormerkung zu Tage tritt, an bereitester Stelle unter der laufenden Nummer eingetragen.

Sie begründet je nach der Lage des Falles eine bedingte Dinglichkeit des vorgemerkten Rechts zur Sache oder eine bedingte Wirksamkeit des vorgemerkten dinglichen Rechts gegen Dritte.[11])

Die Bedingung ist auch hier die Liquidestellung des zu Grunde liegenden Anspruchs auf definitive Eintragung, nach deren Eintritt das vorgemerkte Recht sofort ipso jure mit rückwirkender Kraft entweder

---

[4]) §§ 231. II. 1. 168. II. 2. A. L. R. [5]) §§ 1. ff. I. 21. A. L. R. [5a]) §. 778. II. 11. A. L. R. [6]) Cf. z. B. Eccius a. a. O. S. 339. [7]) Cf. ebenda. Die Bedeutung des Besitzes (§ 2. I. 21. A. L. R.) ist fortgefallen; ob auch die Ersitzung, ist allerdings streitig. Cf. diesbezüglich die Citate von Note 3. [8]) Cf. Eccius, a. a. O. S. 425. [9]) § 570. I. 20. A. L. R. Eccius, a. a. O. Note 62. zu § 189. S. 441. [10]) § 88. Grundb.=Ordng. [11]) Wir verweisen behufs Begründung dieser Auffassung auf die ausführlichen Erörterungen Cap. 2. unter V. 1. zurück.

als dingliches Recht ins Leben tritt oder unbedingt gegen Dritte wirksam wird.

Spätere Verfügungen über das Grundstück sind demnach auch hier unschädlich für den vorgemerkten Anspruch.

Eine Umschreibung ist, genau wie bei der Pfandrechtsvormerkung, möglich,[12]) aber nicht erforderlich.

Wir verweisen diesbezüglich auf die Ausführungen des vorigen Capitels, denen vielleicht noch hinzuzufügen sein dürfte, daß ein Interesse, die Umschreibung wesentlich zu machen, hier schon deshalb gar nicht vorliegt, weil die in Rede stehenden Rechte unveräußerlich sind.[13])

Aus demselben Grunde erscheint auch eine Veräußerung der Rechte aus der Vormerkung ausgeschlossen.

Da diese Rechte, besonders im Rahmen des heutigen Rechtslebens, an die Bedeutung des Pfandrechts und des Eigenthums auch nicht entfernt heranreichen, erscheinen weitere Erörterungen nicht angezeigt.

Cap. 4.

Die Eigenthumsvormerkung.

Einleitung.

Arten.

Die von uns sogenannte Eigenthumsvormerkung erscheint im Gesetze in dreifacher Gestalt, als Vormerkung zur Erhaltung des Rechts auf Eintragung eines Eigenthumsüberganges (§ 8. Eigenth.-Erw.-Ges.), zur Erhaltung eines Rechts auf Auflassung (ibidem), zur Erhaltung des Rechts auf Anfechtung der Eintragung eines Eigenthumsüberganges und deren Folgen (§ 9. leg. cit.). Das zu Grunde liegende Recht ist demnach entweder ein außerhalb des Grundbuchs erworbenes und bestehendes Eigenthum am Grundstücke, oder aber ein obligatorischer Anspruch auf Erwerb des Eigenthums durch Auflassung, oder endlich ein Recht, die erfolgte Eintragung des Eigenthumsüberganges und deren Folgen anzufechten. Das letzterwähnte Recht kann

---

[12]) § 89. Grundb.-Ordng. [13]) Cf. § 110. I. 21. A. L. R. (Nießbrauch). Eccius, a. a. O. S. 425. 426. 428. (Reallast). § 594. I. 20. A. L. R. (Vorkauf).

verschiedene Grundlagen haben. Es wurzelt entweder in einem trotz der Eintragung eines Eigenthumsüberganges im Grundbuche außerhalb des Grundbuchs bestehen gebliebenen wahren Eigenthume, richtet sich auf dessen Anerkennung und buchmäßige Publicirung, hat also Grundlage und Richtung mit dem ersterwähnten der drei Fälle gemein; oder aber es wurzelt in einem obligatorischen Anspruche auf Rückerwerb eines veräußerten Eigenthums durch Auflassung und bezweckt dessen Realisirung, insofern Grundlage und Richtung im Wesentlichen mit dem zweiten unserer Fälle theilend; oder endlich es entfernt sich in Grundlage und Richtung von diesen beiden Fällen ganz und gar, resultirt aus einem bis zu einem gewissen Grade liquide gestellten Gläubigerrechte und zielt darauf hin, diesem Gläubigerrechte die Möglichkeit der Exekution in das Grundstück zu erhalten, bezw. wenn dieselbe verloren gegangen sein sollte, sie wieder herbeizuführen.

Wir werden in den folgenden Erörterungen von einer gesonderten Betrachtung des Anfechtungsanspruches als solchen absehen, weil eben dieser Anspruch von verschiedener rechtlicher Natur sein kann. Wir werden uns in der Anordnung des Stoffes lediglich an die rechtliche Natur des der Vormerkung zu Grunde liegenden und durch sie geschützten Anspruches halten und demgemäß für unsere Darstellung die Fälle in der Weise sondern, daß wir unterscheiden, ob ein wahres, außerhalb des Buches bestehendes Eigenthum, oder ein obligatorischer Anspruch auf Erwerb des Eigenthums durch Auflassung, oder endlich ein mit einem liquide gestellten Gläubigerrechte verknüpfter Anspruch auf Anfechtung einer Rechtshandlung des Schuldners in Frage steht. Hierbei fassen wir die beiden ersten Fälle, in welchen der Extrahent der Vormerkung entweder bestehendes Eigenthum anerkannt sehen oder Eigenthum erwerben will, jedenfalls also als Eigenthumsprätendent erscheint, als sogenannte echte Eigenthumsvormerkung gegenüber dem dritten Falle, in welchem die Eigenthumsverhältnisse freilich gleichfalls wesentlich und entscheidend sind, der anfechtende Gläubiger aber nicht das Eigenthum, sondern nur die Möglichkeit der Zwangsverwerthung des Grundstücks erstrebt, zusammen.

Erster Abschnitt.

Die echte Eigenthumsvormerkung.

I.

Die Grundlage.

Die Grundlage der echten Eigenthumsvormerkung ist also entweder Eigenthum außerhalb des Grundbuchs oder ein Anspruch auf Auflassung.

A. Eigenthum außerhalb des Grundbuchs.

Alles nicht eingetragene, sondern außerhalb des Grundbuchs bestehende Eigenthum ist entweder ohne Eintragung erworben worden und noch nicht eingetragen, oder eingetragen gewesen und trotz des inzwischen erfolgten Scheidens des Eigenthümers aus dem Grundbuche außerhalb desselben bestehen geblieben, also nicht mehr eingetragen.

1. Die Eintragung im Grundbuche ist heut ein zwar weit greifender, vielleicht der wesentlichste, aber doch nicht der ausschließliche Modus des Eigenthumserwerbes an Immobilien. Andererseits ist die Eintragung im Grundbuche aber auch nur der Modus des Erwerbes, nicht selbst der Erwerbsakt, und schafft deshalb nicht immer und nicht unter allen Umständen wirklich Eigenthum.

Es ist zwar bei der Reform unserer Grundbuchgesetze als Ziel hingestellt und angestrebt worden, die unleidliche Duplicität des Grundeigenthums, wie sie, nicht unähnlich dem quiritarischen und bonitarischen Eigenthum der Römer, in unserem früheren Rechte bestanden hatte, wenn möglich, zu beseitigen. Eine völlige Beseitigung dieser Duplicität haben aber die neuen Gesetze nicht gebracht. Eine solche ließe sich nur erreichen, wenn die Eintragung einerseits zum ausschließlichen Modus des Erwerbes gemacht, andererseits als ein formaler, unabhängig von seinen nicht buchmäßigen Voraussetzungen, lediglich aus sich selbst heraus Recht schaffender Akt hingestellt würde, eine Rechtsgestaltung, welche neben unleugbaren Nachtheilen auch unleugbare Vortheile im Gefolge haben würde, bei uns aber eben nicht besteht.

2. Ausschließlicher Modus des Eigenthumserwerbes ist die Eintragung nach den maßgebenden Gesetzen vom 5. Mai 1872 nur im Falle der sogenannten freiwilligen Veräußerung.[1]) Außerhalb dieses Falles wird das Eigenthum auch heut noch nach dem bereits vor dem 5. Mai 1872 geltend gewesenen Rechte,[2]) d. h. insbesondere völlig außerhalb des Grundbuchs, ohne daß Eintragung hinzuzutreten brauchte, erworben.

Um über Umfang und Bedeutung dieses eintragungslosen Eigenthumserwerbes klar zu werden, erscheint es erforderlich, Begriff und Wesen der sogenannten freiwilligen Veräußerung festzustellen, und zwar dahin, daß unter derselben diejenige Uebertragung des Eigenthums zu verstehen ist, welche, einen Ausfluß der Privatautonomie der Parteien darstellend, auf einem zwischen dem Erwerber und dem Veräußerer gethätigten Rechtsgeschäfte beruht. Demgegenüber ist dem eintragungslosen Erwerbe das Fehlen einer durch Vertrag fixirten

---

[1]) § 1. Eigenth.=Erw.=Ges. [2]) § 5. Eigenth.=Erw.=Ges.

Willenseinigung der Parteien, insbesondere der Mangel des Veräußerungswillens wesentlich, so daß man denselben füglich als einen Eigenthumserwerb ohne oder gegen den Willen des gewesenen Eigenthümers kennzeichnen darf.

3. Der Hauptfall dieses von einer auf Veräußerung gerichteten Willenserklärung des bisherigen Eigenthümers abstrahirenden Eigenthumserwerbes ist der Erwerb durch Erbgang. Der Erbe erwirbt das Eigenthum an den Nachlaßgrundstücken mit dem Erwerbe der Erbschaft, nach gemeinem preußischen Recht also mit dem Tode und durch den Tod des Erblassers.[3]) Ebenso erwirbt der Legatar das Eigenthum an einem ihm vermachten Nachlaßgrundstück bereits mit und durch den Tod des Testators,[3a]) so daß, wie Förster[3b]) bemerkt, die testamentarische Anordnung gewisser Maßen die Auflassungserklärung des eingetragenen Eigenthümers, des Testators, darstellt. Hieran knüpfen sich weitere Fälle eines Eigenthumserwerbes, der sich theils an Naturereignisse, theils an Rechtshandlungen bezw. Rechtsereignisse, welche entweder gar kein oder aber ein vom Gesetze unabhängig vom Willen der Parteien *erfordertes* Veräußerungsgeschäft darstellen, ohne Weiteres anschließt. Wir erwähnen in ersterer Richtung die insula in flumine nata,[4]) die alluvio[5]) und den alveus derelictus,[6]) in letzterer den Eintritt in die eheliche Gütergemeinschaft, sei es durch Eingehung der Ehe,[7]) sei es durch Errichtung eines bezüglichen Vertrages,[8]) die Besitzergreifung durch inaedificatio,[9]) die Gemeinheitstheilungen,[10]) die Zusammenlegung von Grundstücken,[10]) die Ablösung von Reallasten durch Landabfindungen.[10]) Als drittes genus schließt sich die im Wege des Zwanges, unter Brechung des Willens des bisherigen Eigenthümers, erfolgende Enteignung im Expropriations-[11]) und Subhastationsverfahren[12]) an. Endlich ist viertens noch der Eigenthumserwerb durch später erlassene Gesetze zu erwähnen, beispielsweise nach § 1. des Gesetzes vom 25. Mai 1873, auf Grund dessen das Reich ohne Weiteres Grundeigenthum erworben hat. Was den

[3]) §§ 367. 368. I. 9. A.L.R. [3a]) § 288. I. 12. A.L.R. [3b]) Grundbuchrecht S. 97. [4]) §§ 242—262. I. 9. A.L.R. Nach § 246. wird das Eigenthum mit der Besitzergreifung erworben. Für das gemeine Recht cf. § 22. J. de rerum divisione II. 1. [5]) §§ 225. flgd. I. 9. A.L.R. Nach § 227. bedarf es keiner Besitzergreifung. [6]) § 270. I. 9. A.L.R. [7]) § 361. II. 1. A.L.R. [8]) § 362. II. 1. A.L.R. [9]) § 332. I. 9. A.L.R. Cf. auch Obertribunal, Entsch. Bd. 80. S. 51. [10]) § 1. Ges. v. 26. 6. 1875. Cf. ferner: *Johow*, Jahrbuch für endgültige Entsch. der preußischen Appellationsgerichte, Bd. VI. S. 355. *Turnau*, 2. Aufl., Bd. I. S. 204. Bd. II. S. 307. [11]) § 44. Ges. v. 11. Juni 1874. [12]) § 97. Ges. v. 13. 7. 1883.

Erbschaftskauf anlangt, so haben wir uns nicht überzeugen können, daß die herrschende Auffassung,[13]) wonach, da nicht die einzelnen Bestandtheile der Erbschaft, sondern das Erbrecht als solches den Gegenstand des Rechtsgeschäftes bilde, eine freiwillige Veräußerung der Nachlaßgrundstücke nicht vorliegen, das Eigenthum vielmehr durch den bloßen Abschluß des Vertrages erworben werden soll, die richtige sei. Das Erbrecht hat sich u. E., was die Grundstücke anlangt, bereits durch den bloßen Tod des Erblassers in Eigenthum umgesetzt,[14]) und betreffs dieses Eigenthums dürfte sich der Verkauf der Erbschaft nach gemeinem preußischen Recht als freiwillige Veräußerung darstellen.

Man hat wohl als charakteristisches Merkmal der freiwilligen Veräußerung hinstellen wollen,[15]) daß sie nach früherem Rechte zum Erwerbe des Eigenthums die Uebergabe erfordert habe, der heutige eintragungslose Erwerb somit der frühere übergabelose sei. Das mag an sich zutreffen, dürfte sich aber vom Wesen der Sache entfernen.

4. Das Gesetz hat nun den nicht buchmäßigen Eigenthumserwerb in möglichsten Einklang mit dem leitenden Grundsatze der Publicität der dinglichen Rechte zu bringen gesucht und hat deshalb die Befugniß, das Grundstück zu veräußern und zu belasten, ausschließlich dem buchmäßigen Eigenthümer vorbehalten.[16]) Hierdurch wird neben dem Volleigenthum eine Art Mindereigenthum geschaffen bezw. aufrecht erhalten, und die Duplicität des Eigenthums, die man thunlichst einschränken wollte, scheinbar gesetzlich bestärkt; andererseits aber wird durch diesen Rechtssatz auf den nicht eingetragenen Eigenthümer in wirksamster Weise ein indirekter Zwang, die Eintragung seines Eigenthums herbeizuführen und die vorhandene Duplicität damit zu beseitigen, ausgeübt. Eine einzige Ausnahme zu Gunsten von Miterben, denen die Veräußerung, aber nicht die Belastung gestattet wird, auch ohne daß ihr Eigenthum eingetragen ist, ist statuirt.[17])

5. a). Was nun die Eintragung eines solchen außerhalb des Buches erworbenen und zunächst auch außerhalb des Buches bestehenden Eigenthums im Grundbuche anlangt, so erfolgt dieselbe in der Mehrzahl der Fälle auf einseitigen Antrag des nicht eingetragenen Eigenthümers, wobei er den stattgehabten Erwerb des Eigenthums dem Grundbuchrichter nachweisen muß.[18])

---

[13]) Cf. Achilles, Note 2. zu § 5. Satz 1. Eigenth.-Erw.-Ges. S. 90. und 91. und die dortigen Allegate. [14]) §§ 367. 368. I. 9. A.L.R. [15]) Cf. Turnau, neueste Auflage, zu § 5. Eigenth.-Erw.-Ges. Bd. I. S. 187. [16]) § 5. Satz 2. Eigenth.-Erw.-Ges. [17]) § 5. al. II. Eigenth.-Erw.-Ges. [18]) Wir folgern diese Rechtssätze aus §§ 56. 46. Grundb.-Ordng. Cf. für einzelne Fälle §§ 50.—52. Grundb.-Ordng, cf. auch Turnau, neueste Aufl., Note 5. zu § 5. Eigenth.-Erw.-Ges. Bd. I. S. 189.

Unter welchen Voraussetzungen und auf welchem Wege[19]) auch ein Anderer anstatt des Eigenthümers auf die Eintragung hinwirken könne, ist in Cap. 2. erörtert worden.

Der Legatar bedarf der Eintragungsbewilligung des Erben.[19a]) Diese Eintragungsbewilligung, welche event. im Proceßwege durch rechtskräftige Verurtheilung des Erben dazu beschafft werden muß, hat nicht die Natur der Eigenthumsübertragung; denn einerseits hat der Erbe kein Eigenthum, das er übertragen könnte, andrerseits hat der Legatar das Eigenthum bereits mit dem Tode des Testators erworben,[19b]) so daß es einer Uebertragung desselben nicht mehr bedarf. Die Bestimmung findet ihre legislatorische Erklärung vielmehr in der eventuellen Haftung des vermachten Grundstücks für die Passiva des Nachlasses.[19c])

Im Falle der nothwendigen Subhastation geht der Eintragungsantrag von dem Subhastationsrichter aus, der ihn ex officio zu stellen hat.[20])

Durch die dem Eigenthümer eingeräumte Befugniß, aus sich selbst heraus, ohne Bewilligung seines Voreigenthümers, seine Eintragung und damit das Volleigenthum zu erlangen, erledigt sich das oben angeregte Bedenken wegen der Schaffung eines Voll- und Mindereigenthums im Wesentlichen. Erwägt man zudem, daß es in den beiden in der Praxis bei Weitem häufigsten Fällen des nicht buchmäßigen Eigenthumserwerbes, wir meinen den Erwerb durch Erbgang und im Wege der nothwendigen Subhastation, da entweder der Voreigenthümer gar nicht mehr existirt, oder aber das Grundstück durch das Zwangsverfahren beschlagnahmt ist, ausgeschlossen erscheint, daß der Voreigenthümer die Zwischenzeit zwischen Erwerb und Eintragung des neuen Eigenthümers durch Verfügungen zum Nachtheil seines Rechtsnachfolgers ausfüllen möchte, so erscheint diese Nichtpublicität des Eigenthumserwerbes und des Eigenthums im Allgemeinen mit Gefahren, welche der publica fides bezw. dem Konsensprincip entfließen könnten, für den Eigenthumserwerber nicht verknüpft.

b). Immerhin ist es denkbar, wenn die Erlangung der Eintragung durch die Schwierigkeit des Nachweises des Ewerbes sich verzögern sollte, daß entweder auf Grund gefälschter oder sonst nicht durchgreifender Urkunden ein Pseudoerwerber die Eintragung erlange, oder aber der Bucheigenthümer zum Nachtheile des nicht eingetragenen

---

19) §§ 55. 56. Grundb.-Ordng 6. Ges. v. 13. 7. 1883. 19a) § 53. Grundb.-Ordng. 19b) Cf. oben unter 3. und Note 3a. 19c) Cf. Achilles zu § 53. Grundb.-Ordng. Abs. 1. S. 400. Turnau zu § 53. cit. Note 2. Abs. 2. S. 218

20) § 124. ad 1. Ges. v. 13. Juli 1883.

wahren Eigenthümers oder Miteigenthümers über das Grundstück verfüge, wie denn die erstere Gefahr die letztere mit in sich schließt. Demgemäß steht es dem Eigenthümer frei, wenn der definitiven Eintragung seines Eigenthums irgend welche Hindernisse sich entgegenstellen, falls er sein Eigenthum nur glaubhaft macht,[21]) dasselbe vormerken zu lassen.[22])

6. Neben den Erwerb ohne Eintragung tritt der entgegengesetzte Fall, daß trotz der Eintragung Eigenthum nicht erworben, insbesondere, wenn wir zunächst den Fall der freiwilligen Veräußerung ins Auge fassen, nicht übertragen wird, daß vielmehr der aus dem Buche scheidende und somit sein Eigenthum scheinbar verlierende Eigenthümer dennoch Eigenthümer bleibt, der in das Buch eintretende und somit scheinbar Eigenthum erwerbende Bucheigenthümer in Wahrheit nicht Eigenthümer wird. Die Eintragung ist, wie bereits mehrfach betont, kein abstrakter Formalakt, wie unser Grundbuchrecht deren überhaupt nicht kennt; sie knüpft vielmehr an eine außerhalb des Buches liegende Voraussetzung an, mit der sie in Ansehung ihres rechtlichen Bestandes und Effektes steht und fällt.

a). Voraussetzung ist im Falle der freiwilligen Veräußerung die sogenannte Auflassung.[23])

α). Ihr gegenüber erscheint die Eintragung nur als der modus acquirendi oder, wie man auch gesagt hat,[24]) die Eintragung ist nur die Form des Rechtsgeschäfts, dessen wirklicher Inhalt die Auflassung ist. Auflassung und Eintragung sind, wenn sie auch zeitlich oft nicht unerheblich auseinanderliegen werden, nach der Intention des Gesetzgebers nur die beiden Bestandtheile eines einzigen, zusammenhängenden, dem Wesen nach untheilbaren rechtlichen Aktes (§§ 48. al. III. Grundb.-Ordng., 1. Eigenth.-Erw.-Ges.). Die Eintragung hat im Falle der freiwilligen Veräußerung nur im Hinblick und im Zusammenhange mit der Auflassung Bedeutung, deren rechtlichen Effekt sie zu vollenden und zu konfirmiren bestimmt ist.

Die Auflassung erfolgt durch die mündlich und gleichzeitig vor dem Grundbuchrichter abzugebenden Erklärungen des eingetragenen Eigenthümers, daß er die Eintragung des neuen Erwerbers bewillige, und des letzteren, daß er diese Eintragung beantrage.[24a]) Die Auflassung bringt in knappester Form den auf die Eigenthumsübertragung gerichteten übereinstimmenden Parteiwillen, den animus dominii transferendi einerseits, dominii acquirendi andererseits zum Ausdruck, sie repräsentirt, nach der herrschenden Auffassung, das eigentliche dinglich

[21]) § 70. Eigenth.-Erw.-Ges. [22]) § 8. Eigenth.-Erw.-Ges. [23]) § 1. Eigenth.-Erw.-Ges. [24]) Cf. Achilles, zu § 1. Eigenth-Erw.-Ges. S. 77. u. 78., und zu § 9. Eigenth.-Erw.-Ges., S. 109., und die Allegate beider Stellen. [24a]) § 2. Eigenth.-Erw.-Ges.

wirkende Rechtsgeschäft, den Eigenthumsübertragungsvertrag, die wahre causa der Eintragung oder richtiger des Eigenthumsüberganges.[24b])

β). Wie jedes Rechtsgeschäft, kann auch die Auflassung nichtig sein. Die Nichtigkeit der Auflassung resultirt entweder aus dem Mangel der allgemeinen Erfordernisse eines Rechtsgeschäfts, wie Ernstlichkeit der Willenserklärungen,[25]) Legitimation der handelnden Personen,[26]) Dispositionsfähigkeit derselben,[27]) oder aber daraus, daß sie der besonderen, einem Veräußerungsvertrage wesentlichen Momente, insbesondere der auf Veräußerung bezw. Erwerb des Eigenthums des bestimmten Grundstücks gerichteten Willensvereinigung der Parteien, entbehrt. Das Gesetz hebt besonders hervor, daß auch die Mängel des der Auflassung in der Regel zu Grunde liegenden obligatorischen Veräußerungsgeschäfts die rechtliche Wirksamkeit der Auflassung erschüttern können, daß die Auflassung jedoch etwaige Formfehler dieses Rechtsgeschäfts heilt.[28])

Der zweite Hilfssenat des Reichsgerichts hat hieraus gefolgert, daß, wenn die Auflassung in Erfüllung eines obligatorischen Veräußerungsgeschäfts erfolgt sei,[28a]) eine etwaige Anfechtung sich gegen letzteres, nicht gegen die Auflassung zu richten habe. (Entsch. Bd. V. S. 285.)

Dies mag für den dort zur Entscheidung gestandenen Fall der Anfechtung mit dem Paulianischen Rechtsmittel zutreffen. Im Falle der Nichtigkeit darf der Angriff sich ohne Weiteres gegen die Auflassung richten, weil ein nichtiges Geschäft bekanntlich nullum negotium ist, rechtlich pro non acto gilt.[28b]) Das Argument des Gerichtshofes, daß die Auflassung kein frei gewollter, sondern als Vertragserfüllung ein event. durch Klage erzwingbarer Willensakt sei, trifft im Falle der Nichtigkeit nicht zu; auch ist es in diesem Falle gleichgültig, ob neben der Auflassung auch das obligatorische Geschäft nichtig ist.

γ). Die auf Grund einer nichtigen Auflassung erfolgte Eintragung des Erwerbers im Grundbuche ist nichtig. Es ergiebt sich dies

---

[24b]) Cf. Achilles zu § 1. Eigenth.-Erw.-Ges. S. 78. Abweichend Förster, 3. Aufl., § 178. Bd. III. S. 230. Förster's Begründung, die Auflassung sei kein Vertrag, weil sie dem Richter erklärt werde, steht mit seinen eigenen Ausführungen, a. a. O. S. 225., daß die Umschreibungsbewilligung des Veräußerers eine Verzichtserklärung sei und deshalb der Annahme bedürfe, welche durch den Umschreibungsantrag des Erwerbers erklärt werde, nicht im Einklang. — Cf. übrigens jetzt 4. Aufl. (Eccius) Note 33. S. 267. Bd. III.

[25]) §§ 4. 52. I. 4. A.L.R. [26]) § 2. ibidem. [27]) §§ 20. flgd. ibidem. [28]) § 10. Eigenth.-Erw.-Ges. [28a]) Und dies wird die weitaus überwiegende Mehrzahl der Fälle ein. [28b]) Cf. Achilles zu § 9. Eigenth.-Erw.-Ges. Note 1. und 2. S. 109.—111. Turnau zu § 9. cit. Bd. I. S. 638. 639.

ohne Weiteres daraus, daß die Eintragung nur aus der Auflassung, der Wurzel ihrer Kraft und ihres rechtlichen Bestandes, ihre rechtliche Existenz herleitet, und daß ein korrekter Inhalt wohl eine mangelnde Form heilen, niemals aber eine tadellose äußere Form durch sich selbst einem an sich leeren Inhalte Gehalt geben kann. Die vom dritten Hilfssenat des Reichsgerichts Entsch. Bd. II. S. 228. flgd. vertretene, zum Theil abweichende Auffassung*) erscheint nicht ausreichend begründet; die Thesis, daß trotz einer nichtigen Auflassung die Eintragung ordnungsmäßig erfolgt sein könne, erscheint hinfällig; eine solche Eintragung ist niemals ordnungsmäßig erfolgt. Es kann zwar zugegeben werden, daß die Auflassung nicht zu den „Erfordernissen" der Eintragung gehöre, wie umgekehrt die Eintragung nicht zu den Erfordernissen der Auflassung. Demohngeachtet hat aber im Falle der freiwilligen Veräußerung die Eintragung eine eigene, von der Auflassung abstrahirende Bedeutung ebenso wenig, wie etwa die gerichtliche oder notarielle Beglaubigung eines Vertrages bestehen bleiben könnte, wenn der Vertrag hinfällig würde. Dabei sind bei einer derartigen Beglaubigung doch immer noch gewisse Formalitäten zu beobachten, deren Verletzung dieselbe an sich bedeutungslos macht, ohne den Bestand des Vertrages zu tangiren. Nicht einmal dies ist im Falle der freiwilligen Veräußerung bei der Eintragung der Fall. Wenn das Reichsgericht von einer trotz nichtiger Auflassung ordnungsmäßigen Eintragung spricht, so darf man fragen, was in diesem Falle unter einer nicht ordnungsmäßigen Eintragung zu verstehen sei;**) eine Antwort hierauf wird nicht leicht zu finden sein.[28c])

---

*) Danach soll die Nichtigkeit der Auflassung nur Anfechtbarkeit der Eintragung zur Folge haben. **) Daß das Reichsgericht etwa an die Möglichkeit der Eintragung in einer falschen Abtheilung des Grundbuchs gedacht habe, ist doch kaum anzunehmen. — Das R.-G. citirt für seine Auffassung (S. 232.) die Motive. Dieselben ergeben aber das gerade Gegentheil; denn es heißt in denselben wörtlich: „die Eintragung ist eine falsche, sie hat das Eigenthum nicht erwerben lassen." Hieran knüpfen die Motive den Satz, „daß der außerhalb der Eintragung stehende Eigenthümer die falsche Eintragung anfechten dürfe." Wenn das R.-G. hieraus folgert, daß zur Beseitigung des Bucheigenthums eine besondere Anfechtung erforderlich sei, so erscheint das selbstverständlich; ex officio kann es der Grundbuchrichter doch nicht beseitigen; wenn aber weiter gefolgert wird, daß zu dieser Anfechtung abgesehen von persönlichen Ansprüchen nur der Eigenthümer, aber z. B. nicht der redliche Besitzer, legitimirt sei, so erscheint dies willkürlich. [28c]) Das Reichsgericht huldigt hier anscheinend der Theorie von der absoluten und relativen Nichtigkeit. Cf. hierüber Förster, Theorie u. Praxis, 3. Aufl. Bd. I. S. 193. und dessen Allegate (4. Aufl. völlig übereinstimmend S. 218.). Cf. über das

δ). Nichtig ist selbstredend als gänzlich hohle Form auch diejenige Eintragung, welche im Falle einer freiwilligen Veräußerung ohne vorhergegangene Auflassung erfolgt.

ε). Eine nichtige Eintragung wirkt auf die wirklichen materiellen Rechtsverhältnisse an sich gar nicht ein, sie entzieht und überträgt kein Eigenthum.[28d] Trotzdem entzieht sie dem wahren Eigenthümer zunächst die Möglichkeit wirksamer rechtlicher Verfügungen über das Grundstück, um sie dem Bucheigenthümer zu übertragen.

Dem wahren Eigenthume ist der Anspruch auf Eintragung immanent und kann im Wege der Klage gegen den Bucheigenthümer geltend gemacht werden. Diese Klage ist ein unmittelbarer Ausfluß des Eigenthums als solchen im Hinblick auf die Bucheinrichtung, ihr Fundament ist das Eigenthum, ihr Antrag geht nicht auf Auflassung, da die Auflassung das Mittel der Eigenthumsübertragung ist, eine solche aber gar nicht in Frage steht, sondern auf richterliche Feststellung des klägerischen Eigenthums und Anordnung der Eintragung, richtiger Wiedereintragung desselben.[29]

b). Analog gestaltet sich die Rechtslage außerhalb des Falles der freiwilligen Veräußerung, insofern die außerbuchliche Voraussetzung, mit welcher die Eintragung steht und fällt, hier in dem Erwerbe des Eigenthums liegt, während eine ohne vorhergegangenen Eigenthumserwerb, etwa auf Grund einer gefälschten Erbbescheinigung oder eines durch spätere letztwillige Verfügungen umgestoßenen Testaments, erfolgte Eintragung nichtig ist und den wahren Eigenthümer zu der vorgedachten Klage gegen den Bucheigenthümer legitimirt.[29]

---

im Text besprochene Erkenntniß des R.-G. übrigens auch Förster-Eccius (4. Aufl.) Note 57. zu § 178. Bd. III. S. 277. und Turnau zu § 9. Eigenth.-Erw.-Ges. Note 4. Bd. I. S. 638; Turnau bezeichnet die Entscheidung als nicht recht verständlich. [28d]) Cf. oben Note 28[b]. [29]) Cf. Achilles zu § 9. Eigenth.-Erw.-Ges., S. 109. u. 110., Förster, 3. Aufl., Bd. III. S. 232., und die Allegate beider Stellen, endlich die ausführliche Erörterung in Förster-Eccius (4. Aufl.) Bd. III. S. 278—280; die Frage, ob die Klage vindicatio oder negatoria, oder je nach der Lage des Falles bald vindicatio bald negatorio, oder aber weder vindicatio noch negatoria sei, dürfte für unseren Zweck belanglos sein; wir halten sie, wenn auch der Besitz in lite ist, für die vindicatio sonst für ein Mittelglied zwischen vindicatio und negatoria. Die Praxis läßt übrigens auch die Klage auf Auflassung zu. Das erscheint zwar nicht richtig, aber, da der Bucheigenthümer formell nun doch einmal in der Lage ist, aufzulassen, nicht weiter bedenklich. Ganz unzutreffend dürfte es auch sein, wenn das Ob.-Trib. die hier interessirende Eintragungs-Bewilligung als wesentlich identisch mit der Auflassungserklärung hinstellt. Cf. Turnau I. 638. 639. Achilles 111. 112.

c). Auch in den vorstehend dargelegten Fällen einer auf Grund einer nichtigen Voraussetzung vollzogenen und deshalb gleichfalls nichtigen Eigenthumseintragung ist der außerhalb des Buches stehende wahre Eigenthümer, und hier ist er ja in der That erheblich und aktuell gefährdet, befugt, sein Eigenthum im Grundbuche vormerken zu lassen.[30])

B. Anspruch auf Auflassung.

Der Anspruch auf Auflassung ist, analog dem Pfandbestellungsanspruche, ein an sich rein obligatorisches sogenanntes Recht zur Sache, nicht etwa mit dem Eigenthum identisch, sondern erst auf Erwerbung des dem Berechtigten noch nicht zustehenden Eigenthums durch Auflassung und daran sich knüpfende Eintragung im Grundbuche gerichtet. Der Anspruch auf Auflassung entspringt stets einem Vertrage oder doch einem in Bethätigung der Privatautonomie errichteten Rechtsgeschäfte, er ist stets gewillkürt; ein Analogon der gesetzlichen Pfandrechtstitel giebt es hier nicht.

Das zu Grunde liegende Rechtsgeschäft kann den Anspruch des Berechtigten bezw. die Verpflichtung des eigetragenen Eigenthümers entweder direkt konstituiren, oder aber, analog den vorstehend unter A. a. E. erörterten Fällen, zunächst zur Eintragung des zeitigen Eigenthümers geführt haben, welche aber auf Grund von Mängeln, die ihrer Voraussetzung anhaften, wenn auch nicht nichtig, so doch anfechtbar ist.[31]) Bei solcher Sachlage ist der Erwerber zwar Eigenthümer geworden, der Veräußerer darf aber diesen Eigenthumserwerb in der Weise anfechten, daß er Wiederaufhebung des Rechtsgeschäfts und Rückveräußerung bezw. Rückauflassung beansprucht.

Das Obertribunal hat in ständiger Judikatur den Fall eines wesentlichen Irrthums der Parteien bei der Auflassung für einen Fall der Anfechtbarkeit der letzteren erklärt, während es eine simulirte Auflassung ebenso konsequent für nichtig erachtet hat.[32]) Diese Differenzirung der Simulation vom Irrthum ist vielfach bemängelt worden und jedenfalls nicht zweifelsfrei, da das hauptsächliche Kriterium, daß etwas anderes gewollt, etwas anderes als gewollt erklärt wird, der Simulation und dem Irrthum gemeinsam ist, und da es mit Fug bedenklich erscheinen dürfte, dieser Divergenz von Willensinhalt und Willenserklärung, wenn sie beabsichtigt ist, für den Rechtsbestand des gethätigten Geschäfts eine weiter tragende Bedeutung beizumessen, als

---

[30]) §§ 8. 9. Eigenth.-Erw.-Ges. [31]) Cf. Förster, a. a. O. Bd. I. S. 194. und die dortigen Allegate. [32]) Cf. Achilles, S. 110. 111. und die dortigen Allegate.

wenn sie nicht gewollt ist. Diese Kontroverse darf hier auf sich beruhen, da auch der blos obligatorische Anspruch auf Auflassung, entspringe er nun dem Rechtsgeschäfte direkt oder als Anspruch auf Aufhebung desselben und Rückauflassung indirekt der Anfechtbarkeit des Rechtsgeschäfts, vormerkungsfähig,[33]) die Vormerkung aber, wie wir sehen werden, in ihrem praktischen Effekte mit den unter A. gedachten Vormerkungen zum Schutze eines nicht buchmäßigen Eigenthums identisch ist. Wesentlich ist die Kontroverse freilich für die Frage nach dem Kreise der anfechtungsberechtigten Personen, insofern das nichtige Geschäft von Jedem, auf dessen Rechte es irgend influirt, das anfechtbare dagegen, abgesehen von dem Paulianischem Rechtsmittel, nur von den Kontrahenten angefochten werden darf.

II.
Die Vormerkung.

1). Der leitende Gedanke ergiebt sich auch hier aus dem in der Einleitung dargelegten Zwecke und dem aus diesem Zwecke entwickelten Begriffe der Vormerkung. Es ist auch hier beabsichtigt, das vorgemerkte Recht so, wie es zur Zeit der Eintragung der Vormerkung bestanden hat, zu erhalten, d. h. dasselbe gegen alle nachfolgenden Verfügungen über das Grundstück, gleichviel ob Veräußerungen oder Belastungen, soweit sie an sich geeignet sind, ihm schädlich zu werden, es entweder zu vernichten oder doch zu entwerthen, sicher zu stellen. Auch hier wird dieser legislatorische Zweck, richtiger Auffassung nach, voll und ganz erreicht.

Der Einfluß der Vormerkung auf die nachfolgenden Verfügungen über das Grundstück äußert sich hier jedoch in anderer Weise, als bei den bisher besprochenen Vormerkungen, insbesondere der Pfandrechtsvormerkung. Das Endziel jener war die Schaffung eines definitiven Pfandrechts mit bestimmtem Range; hier wird als Endziel die Anerkennung bestehenden oder die Begründung noch nicht bestehenden Eigenthums erstrebt. Die Verschiedenheit der Einwirkung auf die späteren Verfügungen über das Grundstück entspricht dieser Verschiedenheit der Zielpunkte und ergiebt sich mit Nothwendigkeit aus der inneren Verschiedenheit von Eigenthum und Recht an fremder Sache.

Für das mit bestimmtem Range in's Leben tretende Pfandrecht ist es an sich gleichgültig, wer Eigenthümer des verpfändeten Grundstücks ist, und ebenso gleichgültig, wie viele Belastungen nachfolgen. Weder seine Existenz noch sein Werth werden hierdurch irgend beein-

[33]) §§ 8. 9. Eigenth.-Erw.-Ges.

flußt. Die Pfandrechtsvormerkung läßt alle nach ihrer Eintragung erfolgten Verfügungen über das Grundstück auch nach ihrer Liquidestellung, auch nach ihrem Auswachsen zu einem unbedingten Pfandrecht bestehen; der Eigenthümer mag der zehnte Successor des ursprünglichen Gegners sein, er bleibt Eigenthümer; der nacheingetragene hypothecarius bleibt hypothecarius. Die Wirksamkeit der Pfandrechtsvormerkung richtet sich also nicht gegen den Bestand späterer dispositiones; dieselben sind vielmehr an sich rechtsbeständig trotz der Vormerkung, aber allerdings nur unbeschadet derselben. Das liquide gestellte Pfandrecht und die späteren Verfügungen bestehen neben einander. Freilich übernimmt bei jedem späteren Rechtserwerbe am Grundstück der Erwerber auch dort die Gefahr der Vormerkung; dieselbe gefährdet aber nicht die Existenz seines Erwerbes, sondern nur den Werth des erworbenen Rechts. Ebenso verhält es sich bei sonstigen dinglichen Rechten an fremder Sache.

Anders beim Eigenthum. Wird die Vormerkung liquide gestellt und statt ihrer Eigenthum eingetragen, so ist, wenn anders das erkämpfte Eigenthum ebenso, insbesondere auch mit demselben Werthe in's Leben treten soll, als wäre es bereits zur Zeit der Eintragung der Vormerkung eingetragen worden, ein Bestehen der der Erlangung der Vormerkung zeitlich gefolgten Verfügungen über das Grundstück neben diesem Eigenthum unmöglich. Diese Verfügungen verlieren somit gegenüber der liquide gestellten Vormerkung die Existenzberechtigung, sie werden dem liquide gestellten Recht gegenüber hinfällig und müssen demselben, da die Gefahr der Liquidestellung des vorgemerkten Rechts beim Eingehen jedes späteren Rechtsgeschäfts übernommen wird, weichen.[34]) Inzwischen erfolgte Veräußerungen können gar nicht neben dem erstrittenen Eigenthum bestehen bleiben, inzwischen erfolgte Belastungen könnten wohl neben demselben bestehen, aber nicht unbeschadet desselben.

Bei Veräußerungen ist dies selbstverständlich. Es dürfte aber auch für Belastungen ohne Weiteres einleuchten. Belastetes Eigenthum ist zwar dem reinen juristischem Begriffe nach das nämliche Recht wie unbelastetes, mehr belastetes das nämliche wie minder belastetes. Die Verschiedenheit liegt, da jede Belastung des Grundstücks eine Schmälerung des Eigenthumswerthes darstellt, in dem Geldwerthe des Rechts. Es hieße den Begriffen Gewalt anthun, ein gefährdetes Recht auch in dem Falle als erhalten, als geschützt gegen die ihm drohenden Gefahren zu bezeichnen, wenn nur der abstrakte juristische

---

[34]) Cf. Achilles, S. 105. Turnau, 3. Aufl., Bd. I. S. 257.

Begriff, die Substanz des Rechts im technisch-juristischen Sinne erhalten wird, sein vermögensrechtlicher Werth aber geschmälert, ja erschöpft werden kann. Die Frage, ob die Eigenthumsvormerkung sich nicht nur gegen spätere Veräußerungen, sondern auch gegen spätere Belastungen des litigiösen Grundstücks richte, ist trotz der begrifflichen Identität belasteten und unbelasteten Eigenthums für die praktische Bedeutung der Vormerkung geradezu vital. Wird die Frage verneint, so schafft der widerrechtliche Wille des im Buche Eingetragenen sich durch die Entwerthung des gegnerischen Rechts zugleich die bequemste Handhabe für dessen Vernichtung; es bedarf nur der Kreirung einer einzigen Grundschuld von excessiver Höhe, um den nach Behauptung seines streitig gewesenen Rechts siegreich in das Grundbuch eingezogenen Gegner im Wege der Subhastation alsbald wieder aus demselben zu verdrängen. Ein derartiges Schutzmittel dürfte man mit Recht als problematisch, den gewährten Schutz als illusorisch, das ganze Institut als eine praktisch nicht verwendbare Beschwerung des Rechtssystems bezeichnen.

In Theorie und Praxis wird denn auch überwiegend die Auffassung vertreten, daß, wie die Pfandrechtsvormerkung, so auch die Eigenthumsvormerkung gegen spätere Veräußerungen und spätere Belastungen schütze.[34a])

Diesen Standpunkt hat auch das Reichsgericht wiederholentlich adoptirt (cf. z. B. Entsch. v. 9. 12. 1880, Zeitschr. für Preuß. R. Bd. II. S. 29., u. Entsch. v. 17. 12. 1881, Entsch. Bd. VII. S. 177. flgd., insbesondere S. 179.).

Derselbe ist, soweit eine Vormerkung aus § 9. Eigenth.-Erw.-Ges. in Frage steht, d. h. insoweit der streitige Anspruch auf Eintragung oder auf Auflassung rechtlich auf der Nichtigkeit oder der Anfechtbarkeit der bestehenden Eintragung beruht, nach dem klaren Wortlaut des Gesetzes, wonach die Vormerkung ohne jedwede Exemtion gegen „die in der Zwischenzeit von dritten Personen erworbenen Rechte" sichert, der allein mögliche.

Er ist ebenso der allein mögliche, insoweit überhaupt, sei es auch aus § 8. Eigenth.-Erw.-Ges., ein außerhalb des Grundbuchs bestehendes Eigenthum geschützt werden soll. Die Belastungsbefugniß wurzelt nicht lediglich, sondern nur formell in der Eintragung, materiell im Eigenthum. Die materielle Wirkung der Belastung des nur formell, aber nicht materiell, also nur scheinbar Berechtigten, des als Eigenthümer eingetragenen Nicht-Eigenthümers wurzelt ihrerseits in

34a) Cf. Note 34.

der publica fides und reicht an sich nur so weit, als sie nicht durch mala fides des Dritten beseitigt wird. Die Vormerkung aber ist bestimmt, auch dem gutgläubigen Dritten gegenüber der publica fides des Buches entgegenzuwirken, und ihrem Wesen nach kann sie dies; denn wenn sie auch nicht gerade malam fidem schafft, so erregt sie doch buchmäßigen Zweifel an der Richtigkeit des Buchs. Man darf verlangen, daß der Dritte diesen Zweifel in Betracht ziehe; er braucht nicht zu wissen, daß das Buch unrichtig ist, aber er muß wissen, daß die Richtigkeit des Buchs streitig ist, und man thut ihm kein Unrecht, wenn man ihm die hierin liegende und ihm somit bekannte Gefahr in vollem Umfange aufbürdet.[34b]) Daß aber der Gesetzgeber dem vorgemerkten Recht, wenn es durchgefochten wird, in der That für den nachfolgenden Rechtserwerb die nämliche Wirkung wie der mala fides des Dritten hat beilegen wollen, unterliegt nach dem oben erwähnten Wortlaut von § 9. keinem Zweifel. Der Annahme aber, es habe das nicht mehr eingetragene Eigenthum (§ 9.) ausreichender und wirksamer geschützt werden sollen, als das noch nicht eingetragene (§ 8.), oder letzteres schlechter gestellt werden, als ein an sich nur obligatorischer Anspruch auf Rückerwerb anfechtbar veräußerten Eigenthums (§ 9.), fehlt es an jedem äußeren und inneren Halt. Folgerichtig müßte mit der Richtung der Vormerkung gegen die Belastungen auch die Richtung gegen die Veräußerungen negirt werden, so daß nur ein harmloser Bucheintrag ohne praktischen Effekt übrig bliebe; denn für den Bestand der einen wie der anderen spricht der formelle Buchglaube, dagegen die Erschütterung desselben durch die Vormerkung; daß aber Belastungen neben Eigenthum an sich bestehen können, nicht aber Eigenthum neben Eigenthum an derselben Sache, ist doch für die vorliegende Frage ein rein äußerlicher und zufälliger Umstand.

Bis hierher herrscht unseres Wissens in der Literatur kein ernstlicher Streit.

Kontrovers ist die Frage dagegen bei der Vormerkung aus § 8. Eigenth.-Erw.-Ges., soweit ein von den Parteien direkt konstituirter Anspruch auf Auflassung in Frage steht. Hier wird von Groẞe[35]) der entgegengesetzte Standpunkt vertreten, daß die trotz der Vormerkung

---

[34b]) Das Gesetz (§ 9. al. II.) fordert „redlichen Glauben an die Richtigkeit des Grundbuchs." Von einer solchen wird gegenüber der Vormerkung selten oder nie die Rede sein können. Die Redlichkeit erfordert sorgfältige und gewissenhafte Erkundigung im Falle des Zweifels. Cf. Bruns, das Wesen der bona fides bei der Ersitzung, Berlin 1872, bes. §§ 4.—7., S. 11. flgd. und sonst.

[35]) Gruchot, Beiträge, XIX. 79. flgd.

erfolgten Belastungen trotz Liquidestellung des vorgemerkten Auflassungsanspruches und trotz an die Vormerkung sich anschließender Eigenthumseintragung bestehen bleiben. Hiergegen spricht, abgesehen von den vorstehend entwickelten sachlichen Gegengründen, die Analogie des in § 9. gedachten Auflassungsanspruches; daß dieser ein Anspruch auf Rückauflassung ist, ändert an der Natur der Sache nichts und kann eine unterschiedliche Behandlung gewiß nicht rechtfertigen. Aber auch abgesehen von allen positiven Gegengründen, erscheint Große's eigene Begründung seiner abweichenden Auffassung nicht durchgreifend. Dieselbe gipfelt in dem unbestreitbaren und unbestrittenen Satze, daß der Eigenthümer trotz der Auflassungsvormerkung des Gegners eben Eigenthümer bleibt. Selbst Große wird doch aber nicht behaupten wollen noch können, daß der Eigenthümer nach Eintragung der Vormerkung genau so dastehe, wie vorher. Wozu sonst die Eintragung? Entweder engt die Vormerkung die Rechtssphäre des Eigenthümers ein oder nicht; wird ersteres zugegeben, was Große, indem er die Wirkung gegen Veräußerungen koncedirt, doch thut, so kann es sich nur noch um Ziehung der Grenze, um die Bestimmung handeln, wie weit die Einengung reiche, und bei dieser Begrenzung darf mit der Belastungsbefugniß des Eigenthümers als solcher füglich ebenso wenig mehr operirt werden, wie mit seiner Veräußerungsbefugniß; welche Gesichtspunkte für die Begrenzung vielmehr die richtigen sind, ist vorstehend ausführlich dargelegt. Diese Erwägungen beseitigen u. E. auch den von Große mit besonderer Beziehung auf die Vormerkung des Parcellenerwerbers (§ 64. Grundb.-Ordng.) angezogenen ferneren Grund, Pfandrechte ergriffen, nach § 30. Eigenth.-Erw.-Ges., „das ganze Grundstück mit allen seinen, zur Zeit der Eintragung nicht abgeschriebenen Theilen (Parcellen, Trennstücken)", also auch die veräußerte Parcelle, wenn sie noch nicht abgeschrieben sei. § 30. cit. ist sicherlich weder bestimmt, der wesentlichen Wirkung der Vormerkung entgegenzuwirken, noch überhaupt nur mit Rücksicht und in Erwägung der hier interessirenden Vormerkung redigirt worden. Trotz § 30. ergreifen neu kreirte Pfandrechte das Grundstück nur unbeschadet der Vormerkung, d. h. wenn und soweit der vorgemerkte Anspruch liquide gestellt wird, gar nicht. Dieses letztere Große'sche Argument wäre übrigens eventl. selbst noch nach erfolgter Auflassung verwerthbar, was Große selbst doch sicherlich nicht will.

Im Anschluß an die Große'sche Auffassung haben Dernburg und Hinrichs sich dahin ausgesprochen, daß die Auflassungsvormerkung des § 8. Eigenth.-Erw.-Ges. nur soweit wirke, als im einzelnen Falle aus dem Inhalte der Eintragung klar erhelle.[36]) Der Inhalt der Eintragung ist aber in den wesentlichen Punkten stets derselbe, nämlich der einer Vormerkung zur Erhaltung eines Rechts auf Auflassung; darüber hinaus darf lediglich der Name des Berechtigten, und wenn der Anspruch nicht das ganze Grundstück betrifft, die genaue Bezeichnung des dem Anspruche haftenden Grundstücktheiles eingetragen werden. Jeder weitere Eintragungsinhalt erscheint ohne Anhalt im Gesetze, also ungesetzlich oder doch ohne besondere, über die Wirkung der normalen Eintragung hinausgehende rechtliche Wirkung. Würde demnach in der Eintragung noch über den angegebenen Inhalt hinaus auch der Richtung der Vormerkung gegen nachfolgende Belastungen gedacht, so würde die entsprechende Wirksamkeit der Eintragung jedenfalls nicht aus dieser reicheren Fassung derselben folgen. Es ist zudem nicht abzusehen, wovon Dernburg und Hinrichs die Wahl des vollkommneren oder unvollkommneren Eintragungsinhalts im einzelnen Falle abhängig gemacht wissen wollen, und ob sie etwa gar dem Proceßrichter die Befugniß beimessen, nach seinem Ermessen auch eine Eintragung des Inhalts anzuordnen, daß zwar das Recht auf Auflassung erhalten bleiben solle, aber unbeschadet der weiteren Belastungsbefugniß des Eigenthümers. Endlich dürften Dernburg und Hinrichs, insoweit sie davon ausgehen, daß die erschütterte und in Frage gestellte Belastungsbefugniß des Eigenthümers aus der Vormerkung an sich nicht klar erhelle, mit einer petitio principii operiren; ob die Wirksamkeit der Vormerkung gegen die Belastungen aus dem nackten und unerweiterten Bucheintrag erhelle oder nicht erhelle, ist eben die zur Entscheidung stehende Streitfrage.

Fassen wir das gewonnene Resultat in rechtlicher Formulirung kurz zusammen, so ergiebt sich, daß die Vormerkung den eingetragenen Eigenthümer in seiner freien Dispositiou über das Grundstück zwar nicht sichtbar beschränkt, irgend welchem Rechtserwerbe am Grundstücke also zunächst nicht hinderlich ist, daß aber jeder spätere Erwerber sei es des Grundstückes sei es eines neu konstituirten Rechts an demselben ipso jure die Gefahr der Liquidestellung des vorgemerkten Anspruches übernimmt, und daß diese Gefahr sich gegen die Existenz des neu erworbenen Rechts richtet, so daß der Erwerb mit einer Resolutivbedingung behaftet ist. Mit der buchmäßigen Liquidestellung des vorgemerkten Anspruches tritt die Bedingung ein, mit dem definitiven Unterliegen des Eigenthumsprätendenten und der in Folge davon eintretenden Löschung der Vormerkung fällt sie aus. Der bis dahin latente Einfluß der Vormerkung äußert sich also nach Behauptung des streitig gewesenen Eigenthums dahin,

[36]) Das preußische Hypothekenrecht I. 379. flgd.

daß sie auf alle späteren rechtlichen Verfügungen über das Grundstück resolvirend wirkt, gleich als wäre ursprünglich nicht eine bloße Vormerkung, sondern alsbald Eigenthum eingetragen worden.

2. Die Einwirkung auf das vorgemerkte Recht, theoretisch betrachtet.

a). Eigenthum außerhalb des Grundbuchs. Die Einwirkung der Vormerkung auf das vorgemerkte Eigenthum als solches bietet der Betrachtung nichts Besonderes dar. Das Recht wird eben in seiner Substanz erhalten, aber nicht umgewandelt oder irgendwie verändert.

α). Es wird auch durch die Vormerkung nicht zu buchmäßigem Eigenthume gemacht, so daß der vorgemerkte Eigenthümer das Grundstück etwa veräußern oder belasten könnte. Ebenso wenig giebt die Erlangung der Vormerkung dem Berechtigten die dem Eigenthümer zustehenden, an sich aus dem Eigenthume fließenden, durch § 7. Eigenth.-Erw.-Ges. aber an die Eintragung geknüpften Klagerechte. Das vorgemerkte Eigenthum zeichnet sich vor dem nicht vorgemerkten außerbuchlichen Eigenthum lediglich durch seinen suspensiv bedingten Resolutiveffekt gegenüber schädlichen Verfügungen des Bucheigenthümers aus, bleibt aber hiervon abgesehen dem Begriffe, der rechtlichen Natur und den innewohnenden Befugnissen nach das gleiche.

β). Es erscheint nicht angebracht, mit Turnau die Vormerkung als eine durch die Liquidestellung des Rechts bedingte Eintragung des Eigenthums zu bezeichnen.[37]) Namentlich darf man dabei nicht, wie Turnau, von bedingtem Eigenthume sprechen; denn die materielle Grundlage der Vormerkung ist gerade unbedingtes Eigenthum, welches durch die Vormerkung gewiß nicht zu einem bloß bedingten verkümmert werden soll. Der ganzen Formulirung dürfte weder ein klarer, noch insbesondere ein praktischer Gedanke zu Grunde liegen. Die Eintragung ist in der That nur eine vorläufige, die definitive erfolgt an anderer Stelle. Das Moment der Bedingung betrifft, wie wir beim Pfandrecht gesehen haben und beim Auflassungsanspruch wieder sehen werden, nur die dingliche Natur eines provisorisch in das Buch gebrachten, an sich obligatorischen Rechts zur Sache. Hier handelt es sich aber um ein an sich dingliches Recht, welches nicht erst sub condicione dazu gemacht zu werden braucht.

γ). Eine Cession des vorgemerkten Rechts erscheint unzulässig, da Immobiliareigenthum nicht cessibel, sondern nur durch Auflassung übertragbar, die Uebertragbarkeit durch Auflassung aber von der Ein-

[37]) Note 4. zu § 8. Eigenth.-Erw.-Ges. Bd. I. S. 256.

tragung des Auflassenden abhängig ist. Die Cession wird auch durch die Bezeichnung als Cession der Rechte aus der Vormerkung nicht ermöglicht. Das Eigenthum entspringt allerdings nicht aus der Vormerkung; es ist vielmehr richtig, daß aus der Vormerkung nur der Anspruch auf Eintragung des Eigenthums und auf Beseitigung der Nachbelastungen sich ergiebt. Diese Ansprüche können aber aus dem Eigenthum nicht herausgenommen und abgesondert von demselben übertragen werden.[38]

δ). Fehlt der Vormerkung das materielle Substrat, weil der Vorgemerkte in Wahrheit nicht Eigenthümer ist, so ist sie wirkungslos und macht ihn nicht etwa aus sich selbst heraus zum Eigenthümer; denn sie steht und fällt, wie jeder andere Bucheintrag, mit ihrer außerhalb des Grundbuchs liegenden Voraussetzung, deren Mangel sie nicht zu ersetzen vermag.[39]

ε). Wenn in Wahrheit nur ein Anspruch auf Auflassung begründet, im Grundbuche aber ein angebliches, in Wirklichkeit nicht bestehendes Eigenthum vorgemerkt ist, so könnte es fraglich erscheinen, ob die zur Erhaltung des angeblichen Eigenthums eingetragene Vormerkung nicht den wirklichen Auflassungsanspruch erhalte. Das Reichsgericht hat Bd. IV. S. 269., indem es von der früheren Annahme aus, die Arrestprotestation sei etwas sachlich Anderes als die Pfandrechtsvormerkung, entschieden hat, daß eine ohne unterliegenden Pfandrechtstitel, also zu Unrecht eingetragene Hypothekenvormerkung auch nicht die Wirkung einer Arrestprotestation habe, ausgesprochen: „Die Wirkungen einer Eintragung richten sich danach, was eingetragen ist, und was als Wirkung des Eingetragenen gesetzlich vorgeschrieben ist. Dieses ist die Grundlage des öffentlichen Glaubens des Grundbuchs. Es ist daher unzulässig, einer Eintragung, welcher die für dieselbe gesetzlich bestimmten Wirkungen aus irgend einem Grunde fehlen, Wirkungen beizulegen, welche das Gesetz mit einer anderen, aber nicht bewirkten Eintragung verbindet." Daß die Vormerkung des Auflassungsanspruches eine andere Eintragung ist als die Vormerkung von Eigenthum, ist ebenso unzweifelhaft, wie daß der Auflassungsanspruch eben kein Eigenthum ist, und daß die auf Eigenthum fundirte Klage nicht zum Siege des Prätendenten führen kann, wenn in Wahrheit nur ein Anspruch auf Auflassung besteht. Ungeachtet

---

[38] Achilles, Note 3.k. zu § 8. Eigenth.-Erw.-Ges. S. 108. Turnau, Note 10. zu § 8. cit. Bd. I. S. 264. [39] Turnau, Note 4.b. zu § 8. Eigenth.-Erw.-Ges. Bd. I. S. 257. 258. Die Note handelt zwar vom Anspruche auf Auflassung, enthält aber das allgemeine Princip. Cf. auch das im Text unter *E.* in extenso citirte Erkenntniß des Reichsgerichts, Entsch. Bd. IV. S. 269.

der an sich identischen praktischen Konsequenzen beider Vormerkungen wird man deshalb nicht umhin können, die Frage, ob sie nicht eventl. für einander fungiren, einander ersetzen dürfen, zu verneinen. Der im Processe unterlegene Eigenthumsprätendent wird die Vormerkung ohnehin nicht halten können; eine Umschreibung der einen Vormerkung in die andere ist dem Gesetze unbekannt, eine eventl. zu extrahirende neue und richtige Vormerkung aber wirkt erst vom Zeitpunkt ihrer Eintragung ab.

b). Anspruch auf Auflassung. α). Die Einwirkung der Vormerkung auf den vorgemerkten Auflassungsanspruch entspricht, theoretisch betrachtet, der Einwirkung der Pfandrechtsvormerkung auf den vorgemerkten Pfandbestellungsanspruch. Wie jener, so wird auch dieser in seiner Substanz verändert, aus einem bloßen Rechte zur Sache in ein bedingtes Recht an der Sache umgewandelt. Wie dort, ist auch hier die buchmäßige Liquidestellung des Anspruches, also wie dort die erklärte oder ersetzte Pfandrechtsbewilligung, so hier die erklärte oder rechtswirksam ersetzte Auflassung die Bedingung, von welcher die Entstehung des bis zur Eintragung der Vormerkung rückwirkenden dinglichen Rechts abhängt; die Auflassungsvormerkung verschafft dem Auflassungsberechtigten bedingtes Eigenthum.[40])

Wir beziehen uns zur Begründung dieser Ansicht auf unsere entsprechenden Ausführungen bei der Pfandrechtsvormerkung,[41]) welche durchweg auch hier zutreffen. Die Förster-Eccius'sche Formulirung, welche wir in dem Lehrbuche jedoch nicht finden, müßte hier entsprechend dahin gehen, daß die Vormerkung als vorläufige Eintragung eine definitive Eintragung mit dinglicher Kraft von einem bestimmten, vor Erlangung der definitiven Eintragung liegenden Zeitpunkte ab im Falle der justa causa vorbereite. Wir würden auch hier diese das bedingende Moment in die justa causa, in das objektive Berechtigt- oder Unberechtigtsein des behaupteten Anspruches, also in die von Anfang an objektiv gewisse, nur noch subjektiv ungewisse Qualität des materiellen Substrats der Vormerkung legende Auffassung richtig verstanden für noch weiter gehend erachten, als die unsere, welche einen wirklichen Schwebezustand, eine wahre Bedingtheit annimmt. Daß die Vormerkung aber das Grundstück nicht dinglich ergreife, wäre

---

[40]) Achilles, welcher die Thesis bei der Pfandrechtsvormerkung, S. 186. 188, bestimmt formulirt, läßt eine solche Formulirung hier, S. 105. 106., ganz vermissen. Turnau, Note 4. zu § 8. Eigenth.-Erw.-Ges Bd. I. S. 256. flgd. scheint mit der im Text vertretenen Auffassung übereinzustimmen, ist aber in der Formulirung unklar. Abweichend Reichsgericht, Entsch. Bd. VII. S. 179.

[41]) Cf. Cap. 2. V. 1.

auch hier eine durch diese Formulirung nicht gerechtfertigte und deshalb abzuweisende Konsequenz. Wir abstrahiren von einer Reproduktion der bereits eingehend erörterten Gründe unseres Standpunkts. Wir bemerken nur, daß uns die theoretische Konstruktion der praktischen Konsequenzen ohne die Zuhülfenahme der bedingten Dinglichkeit hier noch unthunlicher dünkt, als beim Pfandrecht, da hier die Resolvirung an sich rechtswirksamer Verfügungen über das Grundstück in Frage steht, welche durch Kollision mit einem entgegenstehenden, blos obligatorischen Anspruche an sich durchaus nicht unwirksam werden oder auch nur an Wirksamkeit einbüßen.

β). Der vorgemerkte und dadurch zu bedingtem Eigenthum gewordene Auflassungsanspruch zeichnet sich vor dem nicht vorgemerkten, ebenso wie das vorgemerkte unbedingte Eigenthum vor dem völlig außerhalb des Buches bestehenden lediglich durch den bedingten Resolutiveffekt gegen die späteren Verfügungen über das Grundstück aus, und zwar verwandelt er auch das zur Zeit der Erlangung der Vormerkung im Buche eingetragene Eigenthum in resolutiv bedingtes, was dort nicht der Fall war, weil der Eingetragene dort gar nicht Eigenthümer ist. So wenig wie dort wird der Vorgemerkte hier durch die Vormerkung zur Ausübung der Eigenthümerrechte legitimirt, und wie dort, so ist auch hier, wenn das materielle Substrat fehlt oder einen anderen als den eingetragenen Inhalt hat, die Vormerkung wirkungslos.[42])

γ). Es ist gefragt worden, ob die Vormerkung auch bestimmt bezw. geeignet sei, einen bedingten Anspruch auf Auflassung, etwa ein bedingtes Rückkaufsrecht, sicher zu stellen.

Die Frage wird von Turnau bedingungslos bejaht, von Achilles theils bejaht, theils verneint.

Turnau[43]) erblickt in der Vormerkung recht eigentlich das Mittel zur Sicherstellung bedingter Rechtsverhältnisse, da die Auflassung den Eigenthumserwerb unter Bedingungen nicht zulasse.

Achilles[44]) ist der Meinung, daß eine solche Vormerkung eines bedingten Rechts, weil sie zugleich eine Beschränkung des eingetragenen Eigenthümers in der Verfügung über das Eigenthum enthalte, zweifellos gegen die später eingetragenen oder vorgemerkten Rechte wirksam sei; weil jedoch das Recht auf Auflassung erst mit dem Eintritt der Bedingung entstehe, so bleibe es gegenüber dem vor Eintritt der Bedingung eröffneten Konkursverfahren über das Vermögen

---

[42]) Cf. Note 39. [43]) Note 8. zu § 8. Eigenth.-Erw.-Ges. Bd. I. S. 263.
[44]) Note 3.ᵉ zu § 8. Eigenth.-Erw.-Ges. S. 104. 105.

des Eigenthümers wirkungslos; demnach sei als Mittel zur Sicherung eines bedingten Rechts auf Auflassung an sich nicht die Vormerkung, sondern die Verfügungsbeschränkung zu erachten.

Man muß u. E. zwischen Resolutiv- und Suspensivbedingung unterscheiden. Ein resolutiv bedingter Anspruch auf Auflassung heischt aktuelle Befriedigung, welche durch die Bedingung nicht abgewendet oder aufgeschoben wird.[45] Derselbe ist demnach unzweifelhaft vormerkungsfähig, und es ist Sache des Gegners, den suspensiv bedingten Gegenanspruch auf Rückerwerb gegenüber der Vormerkung oder der an dieselbe sich anschließenden Eintragung sicher zu stellen. Anders die Suspensivbedingung. Der suspensiv bedingte Auflassungsanspruch ist für die präcise rechtliche Betrachtung gar kein Anspruch auf Auflassung, sondern, wie in Theorie und Praxis namentlich rücksichtlich der Beweislast fast allgemein anerkannt wird, etwas materiell und wesentlich Anderes. Der suspensiv bedingte Anspruch repräsentirt kein wirkliches Recht, sondern nur eine Rechtshoffnung und allenfalls einen Anspruch auf Intakterhaltung dieser Hoffnung und demgemäß auf Sicherung.[46] Darf der unter Suspensivbedingung zur Auflassung Berechtigte somit die Auflassung nicht fordern, so darf er folgerichtig auch die Vormerkung nicht begehren, und wird sie ihm dennoch gewährt, so wird etwas vorgemerkt, was in Wahrheit nicht besteht. Daß in Wirklichkeit möglicher Weise ein Anspruch auf Sicherung begründet ist, und daß diese Sicherung durch die Vormerkung leicht und bequem erreicht wird, ändert nichts. Einer solchen Vormerkung gegenüber greifen u. E. die oben unter a. citirten, vom Reichsgericht Bd. IV. S. 269. entwickelten Grundsätze Platz: sie wäre, mangels des materiellen Substrats, wirkungslos. Die Vormerkung ist, nach den Gesetzen vom 5. Mai 1872, nicht das Mittel zur Sicherstellung bedingter, sondern zur Erhaltung bestehender Ansprüche. Die Auflassung macht auch einen Eigenthumserwerb unter Bedingungen durchaus nicht unmöglich, sondern nur eine bedingte Eintragung. Zur Erhaltung und Sicherstellung des legalen Sicherungsanspruches des bedingt Berechtigten bietet das bürgerliche Recht,[47] und auch das Grundbuchrecht, anderweite Handhaben.

III.

Die praktische Gestaltung.

a). Bei der Erörterung, in welcher Weise die Vormerkung ihre resolvirende Kraft gegen die nachfolgenden Verfügungen über das

[45]) Cf. Windscheid, Pandektenrecht, 3. Aufl., § 86. S. 213. 214. Text und Note 6. [46]) Windscheid, 3. Aufl., §§ 86. 89. [47]) C.-P.-O. § 817. Motive zur C.-P.-O. S. 457.

Grundstück praktisch verwirkliche, bedarf die mit Bezug auf § 8. Eigenth.-Erw.-Ges. aufgeworfene Frage, ob die Vormerkung eine Sperrung des Grundbuches gegen Belastungen und Veräußerungen bewirke, vorweg der Beantwortung. Es ist richtig, daß der Zweck der Vormerkung durch eine solche Sperrung in höchst leichter und einfacher Weise erreicht werden würde. Gar keine Eintragungen sind für den Berechtigten, die Grundbuchbeamten und den Proceßrichter in der That viel bequemer, als Eintragungen mit resolutiv bedingter Wirksamkeit, in Betreff derer sowohl über die materiellen als auch über die formellen Erfordernisse der Löschung und deren Beschaffung mannigfache Zweifel entstehen können. Gegen die Sperrung spricht aber vorweg die Analogie des § 9., dessen Absatz 2. es außer Zweifel stellt, daß ungeachtet der Vormerkung Rechte am Grundstücke an sich begründet werden können, und daß es nur zweifelhaft ist, ob dieselben in Kraft bleiben. Für eine unterschiedliche Behandlung des § 8. wäre ein Grund auch hier nicht zu finden. Trotzdem hat die Sperre ihre Vertreter.

Strützki[48]) will, daß nach Eintragung der Vormerkung des § 8. die Eintragung sowohl von Veräußerungen als auch von Belastungen ex officio verweigert werde. Ihm sind Jäckel[49]) und Neubauer[50]) beigetreten, ersterer nur in Bezug auf Veräußerungen, unter ausdrücklichem Ausschluß von Belastungen, letzterer ohne sich über Belastungen zu äußern. Auch Achilles[51]) bezeichnet die Sperre als wünschenswerth, doch scheint es ihm, als habe der Gesetzgeber diesen Standpunkt nicht eingenommen.

Abgesehen von diesen vereinzelten Stimmen wird eine Sperrung des Grundbuches weder in der Literatur noch in der Praxis gutgeheißen oder als gesetzmäßig angesehen.[52]) Es dürften auch abgesehen von der Analogie des § 9. überwiegende Gründe dagegen sprechen. Jede sofortige greifbare Wirkung ist dem Wesen der Vormerkung an sich fremd; sie wirkt bis zur Liquidestellung des Anspruches nur latent, indem sie jedem späteren Rechtserwerbe die Gefahr dieser Liquidestellung anhaftet. Diese latente Wirkung aber genügt vollkommen, um den vorgemerkten Anspruch allen späteren rechtlichen Verfügungen gegenüber in vollem Umfange intakt zu erhalten. Erfordert das In-

---

48) Gruchot, Beiträge, Bd. XVII. S. 757 flgd. 49) Ebenda, Bd. XVIII. S. 51. 50) Kontroversen, S. 12., litt. p. 51) Note 3.g. zu § 8. Eigenth.-Erw.-Ges. S. 106. 52) Cf. Turnau, Note 4.g. zu § 8. Eigenth.-Erw.-Ges, Bd. I. S. 260. 261. Bahlmann S. 55. Dernburg und Hinrichs I. S. 382. Heidenfeld, das preußische Immobiliarrecht, S. 35. Kunze, Anleitung zu Verfügungen in Grundbuchsachen, S. 33. u. a. m.

teresse des Vorgemerkten die Sperrung des Grundbuches somit offenbar nicht, da seinen berechtigten Interessen auch ohne dieselbe voll und ganz Rechnung getragen wird, so darf andererseits der Gegner beanspruchen, in seiner Rechtssphäre nicht weiter eingeengt zu werden, als es das Interesse des Berechtigten unbedingt erfordert, und dies um so mehr, als über die wirkliche Existenz des Rechts trotz dessen Glaubhaftmachung doch noch Streit herrscht. Es ist nicht einmal richtig, daß die Sperre wünschenswerth sei; sie wäre lediglich bequemer, aber auf Kosten der legalen Rechtssphäre des angeblich Verpflichteten. Die Wirksamkeit der sich jedem späteren Rechtserwerbe mit ihrer Gefahr untrennbar anschmiegenden Vormerkung ist eine viel feinere, als die der gewaltsamen Grundbuchsperre, welche ihr gegenüber, sit venia verbo, geradezu brutal erscheint und gerade durch sie, als einen wohldurchdachten Rechtsakt, in demselben Maße entbehrlich gemacht wird, als bei der Gewißheit ausreichenden Rechtsschutzes der Appell an die Gewalt erübrigt.

b). Unser Standpunkt, welcher die Sperre verwirft, erfordert somit nach Liquidestellung des Anspruches, bestehe er in Eigenthum oder in einem Rechte auf Auflassung, sei er aus § 8. oder aus § 9. vorgemerkt worden, eine direkte Beseitigung der dadurch rechtlos gewordenen Eintragungen.

α). Hierbei wird festzuhalten sein, daß die Eintragung des im Processe behaupteten Eigenthums bezw. die deren nothwendiges Korrelat bildende Löschung der bestehenden Eigenthumseintragung unmittelbar im Wege der Zwangsvollstreckung aus dem den Eigenthumsstreit entscheidenden Urtheile bewirkt werden kann, auch wenn nach der Erlangung der Vormerkung Successionen in die Eintragung stattgefunden haben. Gleichgültig ist es dabei, ob die Rechtsnachfolge im Wege der Universal- oder Singularsuccession erfolgt, durch freiwillige Veräußerung oder anderweit vermittelt worden ist. Die Zulässigkeit der Vollstreckung gegen die Rechtsnachfolger ergiebt sich für das heute geltende Recht aus § 236. C.-P.-O. Die entgegenstehende Bestimmung des § 238. wird durch die Vormerkung paralysirt. Auch hierin offenbart sich, wenn man die Erwähnung der bona fides in § 238. in Betracht zieht, in ähnlicher Weise wie durch die Fassung des § 9. Eigenth.-Erw.-Ges. die Tendenz des Gesetzes, die Wirkung der Vormerkung Dritten gegenüber derjenigen der mala fides gleichzustellen. Formell sind bei der Zwangsvollstreckung die Vorschriften der §§ 665. bis 667. C.-P.-O. zu beachten.[53]).

[53]) Achilles, Note 3.h. zu § 8. Eigenth.-Erw.-Ges. S. 107. Turnau, Note 5. zu § 8. Eigenth.-Erw.-Ges. S. 262. Bd. I.

β). Anders liegt die Sache gegenüber den Belastungen. Man darf den dinglich Berechtigten, wenn er auch sein Recht auf den Konstituenten desselben als seinen Autor zurückführt, dennoch nicht als Rechtsnachfolger des Konstituenten bezeichnen. Die schematische Auffassung, daß das Eigenthum eine nur äußerlich zusammenhängende Summe an sich selbstständig neben einander bestehender Befugnisse sei, von denen einzelne unbeschadet des Begriffes beliebig herausgenommen und veräußert werden könnten, ist nicht richtig. Wie sie beim Pfandrecht schon in sich selbst versagt, so ist auch die Bestellung eines sonstigen dinglichen Rechts keine Uebertragung eines Eigenthumstheils und auf Seiten des Berechtigten keine Succession in einen Theil des Eigenthums.[54]) Läßt sich aber die Thatsache der stattgehabten Belastung nicht als eine auf Seiten des im Buche als Eigenthümer Eingetragenen erfolgte Rechtsnachfolge auffassen, so bietet das im Eigenthumsprocesse gegen denselben ergangene Urtheil eine formelle Grundlage für Beseitigung der Nachbelastungen nicht, da eine Zwangsvollstreckung über den dispositiven Theil, den Tenor des Urtheils hinaus nicht statthaft ist. Es muß vielmehr das Urtheil als Theil des materiellen Klagegrundes verwerthet und auf Beseitigung der Belastungen besonders geklagt werden.[55])

c). Eine besondere Art von Verfügungen über das Grundstück bilden die sogenannten Zwangsverfügungen, d. h. diejenigen rechtlichen Dispositionen, welche unter Brechung des Willens des eingetragenen Eigenthümers oder jedenfalls ohne Rücksicht auf diesen seinen Willen und nicht in Folge desselben im Wege des gesetzlichen Zwanges erfolgen. Es sind auch hier Zwangsveräußerungen und zwangsweise Belastungen des streitigen Grundstücks zu unterscheiden.

α). Die Zwangsveräußerung erfolgt entweder im Wege der Subhastation sei es innerhalb oder außerhalb des Konkurses, oder im Wege der Expropriation, oder endlich im Wege des freihändigen Verkaufes durch den Zwangsverwalter im Konkurse.

aa). Subhastation. I. Zunächst ist man geneigt, das Moment des Zwanges der Vormerkung gegenüber für unwesentlich zu erachten und die Forderung aufzustellen, eine Zwangsveräußerung dürfe auf den vorgemerkten Anspruch in keiner anderen Weise influiren, als eine freiwillige oder als irgend ein anderweit vermittelter Eigenthumsübergang: auf den ersten Blick möchte man der liquide gestellten Vormerkung resolvirende Kraft auch gegenüber inzwischen stattgehabten Zwangsveräußerungen vindiciren. Die Rechtfertigung dieser Auffassung

---

[54]) Cf. Förster-Eccius § 184. Bd. III. S. 336. 337. [55]) Cf. Note 53.

scheint sich aus der Erwägung zu ergeben, daß ein wirksamer und vollständiger Schutz eben Sicherung nicht nur gegen Verfügungen des Bucheigenthümers, sondern gegen alle das Grundstück betreffenden Dispositionen erfordere, mögen sie nun durch und mit dem Willen des eingetragenen Eigenthümers erfolgen, oder ohne und gegen denselben. Ist die Möglichkeit der Vernichtung des vorgemerkten Rechts durch zwangsweise Veräußerung des Grundstücks gegeben, so gewinnt es den Anschein, als vermöge die Vormerkung ihre gesetzliche Funktion, das vorgemerkte Recht so zu erhalten, wie es zur Zeit der Erlangung der Vormerkung bestand, nicht zu erfüllen, ja als vermöge sie nicht einmal, es überhaupt zu erhalten.

Bei eingehenderer Erwägung wird man aber, ganz abgesehen zunächst von der positiven rechtlichen Gestaltung, diesen Gedankengang auch vom Standpunkte der rein logischen Konstruktion der leitenden Grundsätze aus als einseitig und unzutreffend verwerfen müssen.

Die resolvirende Kraft der Vormerkung gegenüber den Verfügungen, speciell den Veräußerungen des eingetragenen Eigenthümers beruht darauf, daß mit Liquidestellung der Vormerkung endgültig festgestellt wird, was durch die Vormerkung vorläufig publicirt war, daß dem Eigenthümer zur Zeit, da er diese Rechtshandlungen vornahm, eine Dispositionsbefugniß über das Grundstück gar nicht mehr zustand: mit der Liquidestellung der Vormerkung wird die rechtliche Grundlage der vom Bucheigenthümer bewirkten Veräußerung beseitigt, und mit ihrer rechtlichen Wurzel fällt diese selbst.

Die rechtliche Grundlage der Zwangsveräußerung ist aber nicht die Veräußerungsbefugniß des Bucheigenthümers, sondern die Zwangsveräußerungsbefugniß desjenigen, welcher die Zwangsveräußerung betreibt. Um ein zutreffendes Resultat zu gewinnen, bedarf es der Prüfung, ob das vorgemerkte Recht, seine Liquidestellung zur Zeit der stattfindenden Zwangsveräußerung vorausgesetzt, auch die Zwangsveräußerungsbefugniß des Subhastationsextrahenten bezw. des Konkursverwalters beseitigt haben würde. Nur wenn und soweit dieses der Fall ist, wird man vom Standpunkte der reinen Theorie aus die Forderung erheben dürfen, daß eine Liquidestellung des vorgemerkten Anspruchs auf eine inzwischen stattgehabte Zwangsveräußerung resolvirend wirke. Wenn und soweit es nicht der Fall ist, wird man umgekehrt verlangen müssen, daß die Zwangsveräußerung, weil auf Grund besseren Rechts erfolgend, die Vormerkung beseitige, den vorgemerkten Anspruch vernichte.

Es bedarf somit der Feststellung des gegenseitigen Verhältnisses des vorgemerkten Rechts und der Zwangsveräußerungsbefugniß.

Die Befugniß zur Zwangsveräußerung wurzelt entweder in einem Realrecht oder in einem gegen den Bucheigenthümer begründeten obligatorischen Anspruche, nämlich einer vollstreckbaren, demnach, wie wir wissen, mit einem Pfandrechtstitel versehenen Geldforderung. Das Realrecht wurzelt seinerseits in der Belastungsbefugniß des zur Zeit seiner Entstehung eingetragen gewesenen Bucheigenthümers, und es ergiebt sich daraus ohne Weiteres, daß es trotz der Vormerkung Rechtsbestand hat, wenn es älter ist als dieselbe, daß es aber der resolvirenden Kraft der Vormerkung unterliegt, wenn es jünger ist. Das persönliche Recht gegen den Bucheigenthümer hingegen kann von der Vormerkung nicht wohl tangirt oder gar resolvirt werden; dasselbe interessirt aber gar nicht an sich, sondern nur in Ansehung des vom Gesetze ihm beigelegten Pfandrechtstitels, denn nur dieser giebt für das Verlangen nach Zwangsveräußerung die Rechtsgrundlage ab. Dieser Pfandrechtstitel aber kann der Vormerkung gegenüber, ihre Liquidestellung vorausgesetzt, überhaupt nur dann in Frage kommen, wenn er seinerseits durch Vormerkung im Grundbuche die Kraft eines bedingten Pfandrechts erlangt hat. Anderenfalls ist er der liquide gestellten Vormerkung gegenüber ohne weiteres hinfällig, da auch er, eine Art Belastungs**pflicht** des Bucheigenthümers darstellend, doch nur ein Ausfluß der Belastungs**befugniß** desselben ist. Ist er aber im Buche vorgemerkt, so ist er zu einem wenn auch einstweilen nur bedingten Realrecht geworden und besteht, seine Liquidestellung vorausgesetzt, trotz der Vormerkung, wenn er früher als dieselbe im Buche vorgemerkt worden ist, zerfällt ihr gegenüber, wenn später.

Als praktisches Resultat würde die rein logische Betrachtung somit nicht sowohl Unwirksamkeit **jeder** Zwangsveräußerung gegenüber der Vormerkung ergeben, als vielmehr dahin führen, daß Zwangsveräußerungen auf Grund persönlicher Ansprüche gegen den Bucheigenthümer und auf Grund jüngerer Realrechte der Vormerkung gegenüber allerdings unwirksam sind, Zwangsveräußerungen auf Grund älterer Realrechte dagegen trotz der Vormerkung bestehen und, anstatt von der Vormerkung resolvirt zu werden, vielmehr ihrerseits resolvirende Kraft auf die Vormerkung äußern.

Dieses Ergebniß ruht im Grunde auf der einfachen Erwägung, daß der Vorgemerkte, selbst wenn er eingetragener Eigenthümer wäre, die Vernichtung dieses seines eingetragenen Eigenthums durch eine auf Grund älteren Realrechts erfolgende Zwangsveräußerung dennoch dulden müßte bezw. nur durch Tilgung oder Erwerbung der Realforderung abwenden könnte, daß er hingegen eine Zwangsveräußerung auf Grund einer jüngeren Realforderung eben deshalb nicht würde zu dulden brauchen, weil er Beseitigung der betreffenden Belastung zu fordern befugt wäre, und daß eine Zwangsveräußerung auf Grund eines obligatorischen Anspruches gegen den vormaligen, seitdem verdrängten Bucheigenthümer gar nicht in Frage kommen könnte.

Hierbei ist der principielle Standpunkt streng gewahrt. Auch die Zwangsveräußerung würde hiernach unter der Gefahr der Vormerkung erfolgen, und auch hier würde die Gefahr sich gegen den Bestand des vollzogenen Rechtsgeschäfts richten; eine Gefahr ist aber nur dann vorhanden, wenn der vorgemerkte Anspruch an sich stärker als die Befugniß zur Zwangsveräußerung und, seine buchmäßige Liquidestellung vorausgesetzt, geeignet ist, dieselbe zu beseitigen. Auch der Zwangsveräußerung gegenüber würde, für die genaue Betrachtung, das Recht hiernach so erhalten, wie es zur Zeit der Erlangung der Vormerkung bestand, oder doch so, wie es sich selbst zu erhalten im Stande gewesen wäre, wenn es, anstatt nur vorgemerkt zu werden, gleich definitiv eingetragen worden wäre. Ein Mehr von Schutz erscheint nicht gerechtfertigt.

Das nämliche Resultat ergiebt sich auch dann, wenn der legislative Zweck des Instituts, welcher die innere Rechtfertigung der praktischen Konsequenzen in sich trägt, zum Ausgangspunkte der Betrachtung gewählt wird. Es ist gar nicht der Zweck der Vormerkung, den vorgemerkten Anspruch gegen alle und jede Gefahr, die ihm aus irgend einem Grunde drohen könnte, zu schützen; sie soll vielmehr nur ein Gegengewicht gegen den rechtswidrig der Verwirklichung des vorgemerkten Rechts widerstrebenden Willen des Verpflichteten bilden; demnach kann und soll sie ihrer Natur und logischen Grundlage nach nur gegen solche Gefahren schützen, welche sich mittelbar oder unmittelbar als ein Ausfluß, eine Manifestation dieses rechtswidrigen Willens darstellen. Das ist aber bei Subhastationen auf Grund älteren Realrechts offenbar nicht der Fall.

II. Die positive Rechtsgestaltung weicht nun jedoch von diesen rein logischen Ergebnissen nicht unwesentlich ab.

1). Eine resolvirende Kraft der Vormerkung gegenüber der stattgehabten Subhastation wird überhaupt nicht anerkannt. Ob die Zwangsveräußerungsbefugniß des Subhastationsextrahenten einem früher oder später als die Vormerkung eingetragenen Realrechte entsprungen war, ob sie gar lediglich in einem persönlichen Anspruche gegen den Bucheigenthümer wurzelte, das ist für die Wirkung der vollzogenen Zwangsveräußerung belanglos. Den vollendenden und abschließenden Akt der Zwangsveräußerung bildet die Ertheilung des

Zuschlags.[56]) Dieselbe erfolgt durch Verkündung des Zuschlagsurtheils. Der Zuschlag verschafft dem Adjudikatar wahres Eigenthum.[57]) Dieses Eigenthum bricht alle entgegenstehenden Rechte Dritter, vorgemerkte wie nicht vorgemerkte.[58]) Das Eigenthum des Adjudikatars wird nach eingetretener Rechtskraft des Zuschlagsurtheils und nach bewirkter Belegung und Vertheilung des Kaufgeldes auf Requisition des Subhastationsrichters im Grundbuche eingetragen.[59]) Schon vor der Eintragung ist der Adjudikatar zweifellos legitimirt, sein durch den Zuschlag begründetes Eigenthum vormerken zu lassen.[60]) Eine solche Vormerkung hat anstatt des Erstehers der Subhastationsrichter selbst nachzusuchen, wenn ausnahmsweise das Kaufgeld vor eingetretener Rechtskraft des Zuschlagsurtheils vertheilt worden ist.[61]) Da das neu entstandene Eigenthum des Erstehers das Recht des Vorgemerkten, sei es nun Eigenthum oder Recht auf Auflassung bezw. bedingtes Eigenthum, beseitigt, so darf der Ersteher von dem Vorgemerkten die Löschung der Vormerkung eventl. im Wege der Klage fordern. Welche rechtlichen Wirkungen eine derartige Beseitigung der Vormerkung auf die Beziehungen zwischen dem Vorgemerkten und dem Subhastaten äußert, interessirt den Ersteher nicht. Der zwischen jenen beiden etwa schwebende Eigenthumsproceß wird als solcher durch den Zuschlag gegenstandslos; von einem Eintritt des Erstehers in diesen Rechtsstreit kann keine Rede sein.

Dieser Standpunkt entspricht nicht demjenigen der früheren Subhastationsordnung vom 15. März 1869,[62]) ist jedoch ein der Mobiliarvollstreckung, in welcher der Zuschlag gleichfalls wahres Eigenthum verleiht,[63]) konformer. Wir müssen hierin, soweit es sich um eine von jüngeren Realgläubigern oder von persönlichen Gläubigern des Bucheigenthümers betriebene Subhastation handelt, im Anschluß an unsere vorstehenden Darlegungen einen Bruch mit der Rechtskonsequenz erblicken. Das Gesetz selbst versagt hier einem Rechtsinstitut ausdrücklich die ihm gesetzlich innewohnende Kraft. Fragen wir nach dem Grunde dieser für den ersten Blick auffallenden Erscheinung, so dürfte er in zwei Erwägungen zu finden sein, welche die positiven Rechtsvorschriften u. E. ausreichend rechtfertigen. Ein Mal erfordert das Interesse der Rechtssicherheit, das nämliche Interesse, welches zu der Einrichtung der Grundbücher einerseits und, soweit es durch eben

---

[56]) § 81. Ges. v. 13. 7. 1883. [57]) § 97. Ges. v. 13. 7. 1883. [58]) § 40. ad 9. ibidem. [59]) §§ 97. al. II. 124. ad 1. ibidem. [60]) §§ 8. 70. Eigenth.-Erw.-Ges. [61]) §§ 126. Ges. v. 13. Juli 1883. 658. C.-P.-O. [62]) Turnau, Note 4.e. zu § 8. Eigenth.-Erw.-Ges. Bd. I. S. 259. 260. [63]) § 42. I. 15. A.L.R.

diese Einrichtung gefährdet erscheint, zur Schaffung der Vormerkung als Gegengewicht andererseits geführt hat, also dasselbe Interesse, dem das gesammte Grundbuchrecht und innerhalb desselben die Vormerkung κατ' ἐξοχήν zu dienen bestimmt ist, daß der unter der Autorität des Richteramtes öffentlich sich vollziehende Eigenthumserwerb durch Richterspruch fest und unantastbar hingestellt werde. Für die Rechte des Vorgemerkten ist, wie wir sehen werden, gleichwohl gesorgt: die Wirkung der Vormerkung ist gegenüber diesem Postulate der Rechtssicherheit nicht aufgehoben, sondern nur wesentlich modificirt. Alsdann aber bewirkt die Subhastation nicht nur einen Eigenthumswechsel, sondern eine mehr oder weniger radikale Revolution in den sämmtlichen das Grundstück betreffenden Rechtsverhältnissen,[64]) deren Rückgängigmachung zum Theil geradezu unthunlich erscheint, und zu deren Resultaten dem den Adjudikatar aus dem Eigenthume verdrängenden, zur Zeit des Zuschlags vorgemerkt gewesenen Eigenthumsprätendenten eine in jeder Beziehung zutreffende und gerechte Stellung zu schaffen, als ein kaum lösbares Problem bezeichnet werden darf.

2). Die Wirkung der Vormerkung ist, wie gesagt, nicht aufgehoben, sondern nur modificirt. Der sonstige latente Einfluß, welcher, ohne sichtbar in das Schicksal des Grundstücks einzugreifen, alle Verfügungen über dasselbe geschehen läßt, jeden sich vollziehenden Rechtserwerb aber oder richtiger jede spätere Begründung eines dinglichen Rechts mit einer Resolutivbedingung behaftet, deren Wirkung erst mit der Liquidestellung des vorgemerkten Anspruches sichtbar ins Leben tritt, entfällt gegenüber der Subhastation. An seine Stelle tritt eine der Vormerkung sonst fremde, offene und sofort sichtbare Wirkung, ein Recht des Widerspruches gegen die Subhastation. Die Vormerkung ist zwar der Eigenthum schaffenden Wirkung der Subhastation an sich unterworfen, sie weicht der vollzogenen Zwangsveräußerung; aber sie erweist sich auf der anderen Seite stärker als das gesetzliche Zwangsverfahren: erst nach dessen Vollziehung bezw. Vollendung erlischt ihre Kraft; dem sich vollziehenden Verfahren steht sie nicht ohnmächtig gegenüber, vielmehr darf der Vorgemerkte, ohne daß es hierzu einer vorherigen Liquidestellung seines Rechts bedürfte, dem Zwangsverfahren widersprechen und dessen Einstellung beanspruchen. Dieses sein Recht kann er in allen Stadien des Verfahrens geltend machen; nur durch den Zuschlag dürfte es, ein Mal verliehen, konsequenter Weise untergehen; in Uebereinstimmung mit dem Grundsatze des Gesetzes, daß nach Schluß des Versteigerungstermins Erörterungen über die Erthei-

[64]) §§ 101.—138. Ges. v. 13. 7. 1883.

lung des Zuschlags nicht mehr zulässig sind, ist jedoch bestimmt, daß es mit dem Schlusse des Versteigerungstermins erlösche.[65])

Es bedarf keiner besonderen Ausführung mehr, daß dieses Widerspruchsrecht gegen die Subhastation nicht mit jeder Vormerkung verbunden, sondern nur dann begründet ist, wenn der vorgemerkte Anspruch im Verhältniß zur Zwangsveräußerungsbefugniß des oder der Subhastationsextrahenten als das bessere Recht erscheint. Demnach erscheinen unsere abstrakt-logischen Erwägungen auch im geltenden Recht verwirklicht, freilich mit dem Widerspruchsrecht des Vorgemerkten an Stelle der resolvirenden Kraft der Vormerkung. Es ist dies ein Versuch des Gesetzes, die rechtlichen Wirkungen des richterlichen Zuschlags, welcher eben mehr zu Stande bringt als eine bloße Nachfolge des Adjudikatars in die Rechte des Subhastaten, mit den legalen Ansprüchen des vorgemerkten Berechtigten zu vereinigen oder doch die letzteren gegen die ersteren zu schützen. Das Auskunftsmittel erscheint aber, gegenüber dem sonstigen, durchaus klaren und bis in die Details konsequent festgehaltenen Wesen der Vormerkung, immerhin als ziemlich gewaltsames. Dieses Widerspruchsrecht des Vorgemerkten ist als eine vollständige Umkehrung der sonstigen leitenden Gesichtspunkte höchst bemerkenswerth. Wie wir vorhin hervorheben mußten, daß das Gesetz selbst der Vormerkung dem Zuschlag gegenüber die ihr gesetzlich innewohnende Kraft versagt, so ist hier zu betonen, daß das Gesetz eben dieser Vormerkung zum Ersatze hierfür gegenüber dem Zwangsversteigerungsverfahren eine Kraft verleiht, welche über die ihr der Natur der Sache nach innewohnende weit hinausgeht. Hierdurch werden zwei der Rechtskonsequenz nicht minder wie der Gerechtigkeit widerstreitende Möglichkeiten geschaffen. Auf der einen Seite erlangt der zu Unrecht Vorgemerkte die Möglichkeit, die Verwirklichung des aktuellen Verkaufs- und Befriedigungsanspruches des Subhastationsextrahenten auf Monate, vielleicht auf Jahre hinaus zu vereiteln: das illiquide Recht erweist sich in praesenti stärker als das liquide, an dessen Begründetheit kein Zweifel ist. Auf der anderen Seite läuft der Vorgemerkte Gefahr, wenn er die Einstellung des Verfahrens nicht rechtzeitig herbeiführt, einem an sich schwächeren Rechte gegenüber sein Recht, der Vormerkung ungeachtet, zu verlieren.

3). Entscheidend für das Widerspruchsrecht ist das Verhältniß der kollidirenden Rechte. Hier entsteht die Frage, ob auch während des Verfahrens noch eine Vormerkung erlangt werden kann, eventl. ob

[65]) §§ 70.—73. Ges. v. 13. Juli 1883.

auch eine solche nach Einleitung des Verfahrens extrahirte Vormerkung unter Umständen das Widerspruchsrecht verleiht, oder ob mit der Einleitung des Verfahrens rechtliche Konsequenzen verknüpft sind, welche das Widerspruchsrecht auf Grund später erlangter Vormerkungen unter allen Umständen ausschließen.

Das Gesetz knüpft an die Einleitung der Subhastation die eigenthümliche Wirkung der Beschlagnahme des Grundstücks zu Gunsten des Subhastationsextrahenten.[66]) Diese Beschlagnahme bewirkt jedoch keine Sperre des Grundbuchs, läßt die Veräußerungs- und Belastungsbefugniß des eingetragenen Eigenthümers vielmehr fortbestehen,[67]) so daß die Möglichkeit der Erlangung von Vormerkungen auch nach Eintritt der Beschlagnahme gegeben ist.

Ist es aber möglich, auf Grund einer solchen Vormerkung eine Einstellung des Verfahrens herbeizuführen?

Soweit eine Subhastation auf Grund eines Realrechts in Frage steht, erledigt sich die Frage, ohne daß es eines Eingehens auf Wesen und Wirkungen der Beschlagnahme bedürfte. Das Realrecht wird hier stets älter und die ihm entspringende Zwangsveräußerungsbefugniß demnach stets stärker sein, als die Vormerkung.

Ist der Beschlagnahmeextrahent aber ein rein persönlicher Gläubiger des Bucheigenthümers, so müßte der Vorgemerkte, nach den bisher entwickelten Rechtssätzen, an sich widersprechen dürfen. Darf nun der Beschlagnahmeextrahent, gestützt auf seine durch die Beschlagnahme gewonnene gestärkte Position, das dingliche oder doch bedingt dingliche Recht des Vorgemerkten als das jüngere und deshalb schwächere abweisen? oder ist der Vorgemerkte auf Grund seines, wenn auch jüngeren, so doch dinglichen Rechts befugt, die Distraktionsbefugniß des Gläubigers, als trotz der erfolgten Beschlagnahme einem rein obligatorischen Anspruche entstammend, mit Erfolg zu bestreiten? Hier entscheidet die rechtliche Bedeutung der Beschlagnahme.

Die Beschlagnahme läßt dem Subhastaten nicht nur, wie die das Thema dieses Kapitels bildende Vormerkung dem eingetragenen Eigenthümer, die formelle, sondern auch die materielle Veräußerungs- und Belastungsbefugniß, so daß der Subhastat das Grundstück auch nach der Beschlagnahme wirksam veräußern und belasten kann. Die Beschlagnahme begründet, wenn wir von der hier nicht interessirenden, übrigens höchst bestrittenen Frage ihrer Wirkung gegenüber physischen Dispositionen über das Grundstück bezw. die von ihr mit ergriffenen Mobilien absehen, für den betreibenden Gläubiger ledig-

---

[66]) § 16. Ges. v. 13. Juli 1883. [67]) §§ 17. al. II. 30. ad 2. ibidem.

lich das Recht, das beschlagnahmte Grundstück in demjenigen Zustande dinglicher Belastung, in welchem es sich zur Zeit des Eintritts der Beschlagnahme befand, zum Gegenstande der Zwangsvollstreckung wegen seiner vollstreckbaren Forderung gemacht zu sehen. Das Grundstück wird mit dem Eintritt der Beschlagnahme, als dem ersten Akte der Zwangsvollstreckung, von letzterer in ähnlicher Weise und mit analoger Wirkung ergriffen, wie eine bewegliche Sache durch die im Wege der Zwangsvollstreckung erfolgende Pfändung. Die Wirkung ist nur dort durch das hinzutretende Moment der Besitzentziehung eine mehr thatsächliche, hier beim Mangel dieses Momentes eine mehr ideale. Durch die Beschlagnahme wird der für die Befriedigung des Gläubigers aus dem Versteigerungserlöse maßgebende Stand der dinglichen Belastung des Grundstücks fixirt. Nachträgliche Verfügungen über das Grundstück, wenn auch durchaus legal und rechtswirksam, können an dieser Fixirung nichts mehr ändern. Veräußert der Subhastat das Grundstück nach eingetretener Beschlagnahme, so hat dies lediglich zur Folge, daß der nach Vertheilung des Subhastationskaufgeldes an die sonstigen berechtigten Interessenten etwa verbleibende Ueberschuß anstatt an den ursprünglichen Subhastaten an dessen Rechtsnachfolger gezahlt wird; belastet er dasselbe, so können neu entstandene Realrechte auf Befriedigung aus dem Kaufgelde erst nach Befriedigung des Beschlagnahmeextrahenten Anspruch erheben; Wirkungen, welche merklich an die Pfandrechtsvormerkung erinnern.[68])

Müßten wir hiernach zur unbedingten Bevorzugung des Beschlagnahmeextrahenten vor dem nach erfolgter Beschlagnahme Vorgemerkten gelangen, so tritt mit den Anforderungen der publica fides des Grundbuchs ein konkurrirendes Moment hinzu, welches einer so einfachen und uniformen Erledigung der Frage entgegensteht. Die nach der Beschlagnahme entstandenen Realrechte stehen gleich allen anderen unter dem Schutze der publica fides und dürfen mithin trotz der Beschlagnahme und gegen dieselbe Berücksichtigung fordern, wenn der erste Erwerber des Rechts bei Konstituirung desselben bona fide gewesen ist. Dies ist zum Ueberfluß im Gesetze ausdrücklich bestimmt,[69])

---

[68]) Das im Text Gesagte ergiebt sich für uns aus §§ 16. 17. 30. Ges. v. 13. Juli 1883. Cf. auch Krech und Fischer, „das preußische Gesetz v. 13. Juli 1883 mit Einleitung, Kommentar 2c." Einleitung II. § 5. S. 108. – 124., ferner Note 9.A., B. und C. a. zu §§ 16. 17. Ges. S. 268. - 270. Eine relative Nichtigkeit, wie Krech und Fischer sie den der Beschlagnahme folgenden Verfügungen des Subhastaten beilegen, giebt es u. E. überhaupt nicht. Auch anfechtbar sind diese Verfügungen, wenn nicht besondere Anfechtungsgründe in concreto hinzutreten, an sich u. E. nicht. [69]) § 17. Ges. v. 13. Juli 1883.

und zwar wählt das Gesetz die negative Form, daß der Erwerber des Rechts sich auf guten Glauben dann nicht berufen dürfe, wenn er beim Erwerbe Kenntniß von der Beschlagnahme gehabt habe, oder, wie man dies mit Rücksicht auf die früher entwickelten allgemeinen Regeln von der publica fides[70]) unbedenklich wird auslegen dürfen, wenn der erste Erwerber des Rechts, derjenige, welcher sein Recht unmittelbar auf den Subhastaten als Autor zurückführt, bei der Entstehung des Rechts die Beschlagnahme kannte. Mala fides superveniens sowie mala fides der Rechtsnachfolger wird auch hier als unschädlich gelten dürfen. Daß der Gesetzgeber sich von diesen Grundsätzen in der hier fraglichen Richtung habe entfernen wollen, wird weder aus den Materialien des Gesetzes ersichtlich noch durch die inkorrekte Fassung desselben mit Nothwendigkeit bedingt.

Aber das Gesetz geht hierüber hinaus und versagt die Berufung auf guten Glauben der Beschlagnahme gegenüber auch dann, wenn der Dritte zwar nicht von der Beschlagnahme, wohl aber vom Versteigerungsantrage Kenntniß gehabt hat,[71]) endlich auch dann, wenn der Beschlagnahmeextrahent zur Zeit der Entstehung des neuen Rechts eine dingliche Verhaftung des Grundstücks wegen seiner zur Zwangsvollstreckung stehenden Forderung erzielt hatte.[72])

Letzteres hätte als selbstverständlich keiner Hervorhebung bedurft; denn mit Herbeiführung einer dinglichen Verstrickung des Grundstücks wird der Beschlagnahmeextrahent Realberechtigter; und wenn das Gesetz den Grundsatz auch nur gegenüber einem neueintretenden Eigenthümer aufstellt, so gilt derselbe deshalb mutatis mutandis gegenüber jüngeren Hypothekariern nicht minder. Es liegt in einem solchen Falle zur Zeit des Rechtserwerbes in Wahrheit gar keine Subhastation auf Grund persönlichen Rechts mehr, sondern eine solche auf Grund dinglichen Rechts vor.

Die Gleichstellung der Kenntniß vom Versteigerungsantrage mit der Kenntniß der Beschlagnahme hingegen erscheint in der That als eine Singularität und führt zu der Frage, ob das Gesetz denn überhaupt für eine buchmäßige Bekanntmachung der Beschlagnahme oder des Versteigerungsantrages Vorsorge trifft, und da ergiebt sich, daß wohl letzteres der Fall ist, ersteres aber nicht.

Die Beschlagnahme spricht der Subhastationsrichter von Amts wegen in dem Beschlusse aus, in welchem er nach Prüfung des Versteigerungsantrages die Einleitung der Subhastation verfügt;[73]) ihre Anordnung stellt sich also mit als die erste richterliche Maßregel des

---

[70]) Caput I. [71]) § 17. al. I. Ges. v. 13. 7. 1883. [72]) a. a. O. al. II
[73]) § 16. al. I. Ges. v. 13. Juli 1883.

ganzen Verfahrens dar. Sie tritt aber nicht mit ihrer Anordnung, sondern erst mit der gleichfalls von Amts wegen erfolgenden Zustellung des Einleitungsbeschlusses an den Subhastaten in Kraft.[74]) Gleichzeitig mit Erlassung des Einleitungsbeschlusses und der damit verknüpften Anordnung der Beschlagnahme aber ersucht der Subhastationsrichter wiederum von Amts wegen den Grundbuchrichter um die Eintragung, daß die Zwangsversteigerung beantragt sei.[75]) Diese Eintragung stellt den Subhastationsvermerk des heutigen Rechts dar und wird nicht weiter ergänzt; ob und wann der Einleitungsbeschluß dem Subhastaten wirklich zugestellt worden und die angeordnete Beschlagnahme somit bewirkt worden ist, das bleibt dem Grundbuche fremd. Eben deshalb verlangt das Gesetz zur Begründung von mala fides nur Kenntniß des Versteigerungsantrages.

Hierbei erachten wir es für selbstverständlich, daß auch diese erweiterte mala fides nur bei wirklich der Beschlagnahme folgendem Rechtserwerbe in Betracht kommt, während die Kenntniß des Versteigerungsantrages gegenüber einem vor Eintritt der Beschlagnahme bewirkten Rechtserwerbe irrelevant ist; denn es wäre ohne jede Analogie im Rechte, daß eine noch nicht bewirkte Beschlagnahme bereits die Wirkungen der Beschlagnahme äußern, oder, da die Frage doch nur im Falle thatsächlich nachfolgender Beschlagnahme praktisch werden wird, daß einer Beschlagnahme rückwirkende Kraft innewohnen sollte. Der schlechteste Glaube ist objektiv gegenstandslos, wenn die Beschlagnahme fehlt. Dies ist übrigens auch im Gesetze mit ausreichender Deutlichkeit dadurch zum Ausdruck gelangt, daß das Gesetz ausdrücklich nur die nach der Beschlagnahme entstandenen Realrechte hinter dem Vorzugsrechte des Extrahenten zurücktreten läßt,[76]) hierbei freilich wieder jeder Andeutung über die Wirkungen der fides vergessend und damit eine Reihe anderweiter Irrthümer nahelegend, ja fast den Anschein einer Antinomie[77]) erweckend. Die entgegengesetzte Auffassung, nach welcher das gesetzliche Vorzugsrecht des Extrahenten eventl. auch gegenüber vor der Beschlagnahme begründeten Realrechten Platz greifen müßte, würde besten Falles zur civilrechtlichen Ahndung eines putativen dolus führen und könnte u. E. nur an ausdrücklichen Anordnungen des Gesetzes, welche vorliegend fehlen, eine Stütze finden. § 288. Str.-G.-B. ist eventl. nur auf den Subhastaten anwendbar.

---

[74]) § 16. al. III. [75]) § 18. leg. cit. [76]) § 30. ad 2. leg. cit. Die unserer Auffassung entgegengesetzte vertreten Krech und Fischer, Note 9. C. b. α. zu §§ 16. 17. S. 270., ohne Angabe von Gründen. [77]) Nämlich zwischen § 30. und § 17. Im Sinne einer solchen Antinomie interpretiren § 30. Krech und Fischer Note 3. zu § 30. S. 311.

Der Dritte behält gegenüber einer dem Subhastaten drohenden Zwangsvollstreckung an sich Aktionsfreiheit, soweit nicht civilrechtlich die actio Pauliana, strafrechtlich der Thatbestand der Beihülfe zu dem Delikte des § 288. Str.-G.-B. begründet ist. Zudem trifft § 288. Str.-G.-B. schlimmsten Falles nur Veräußerungen, niemals Belastungen. Letzteres dürfte auch von § 137. Str.-G.-B. gelten, dessen Thatbestand zudem ausdrücklich eine erfolgte Beschlagnahme erfordert. Auch die Motive[78]) verlangen von dem Dritten, dem der Versteigerungsantrag bekannt ist, nur, daß er sich vergewissere, ob eine Beschlagnahme erfolgt ist; sie erklären dieses Verlangen für ein über die Anforderungen der Billigkeit nicht hinausgehendes, da die Beschlagnahme die reguläre Folge des Versteigerungsantrages sei, und sie suchen es in dieser Weise zu rechtfertigen, wenn das Gesetz dem Dritten, welcher die bezüglichen Erkundigungen unterläßt, die Gefahr der Beschlagnahme gleich einem Schlechtgläubigen aufbürdet. Die Thatsache der vor dem Rechtserwerbe vollzogenen Beschlagnahme bleibt die Voraussetzung auch der Motive. Fragen wir endlich, weshalb das Gesetz nur den Versteigerungsantrag, nicht auch die Beschlagnahme durch das Grundbuch publiciren läßt, so erscheint bei der der Kenntniß des Versteigerungsantrages beigelegten Wirkung eine doppelte Bekanntmachung überflüssig. Fragen wir aber, warum das Gesetz zum Gegenstande der Bekanntmachung nicht die Beschlagnahme, sondern den Versteigerungsantrag gewählt hat, so ist nach den Motiven[79]) die Rücksicht auf die größtmögliche Beschleunigung der Eintragung des Subhastationsvermerks maßgebend gewesen.

Nach allem dem wird eine nach Eintragung des Vermerks und nach erfolgter Beschlagnahme des Grundstücks erlangte Vormerkung ein Widerspruchsrecht gegen die Subhastation nicht begründen, und zwar selbst dann nicht, wenn der Vorgemerkte bei Erlangung der Vormerkung keine Kenntniß von der Beschlagnahme gehabt hat, eben weil die Kenntniß vom Versteigerungsantrage der erfolgten Beschlagnahme gegenüber malam fidem schafft, dem eingetragenen Vermerke gegenüber aber Unkenntniß des Antrags nicht vorgeschützt werden darf.[80]) Dagegen wird eine nach Eintragung des Vermerks, aber vor Eintritt der Beschlagnahme erlangte Vormerkung das Widerspruchsrecht gegen die von einem rein persönlichen Gläubiger betriebene Subhastation stets begründen, weil eine später erfolgende Beschlagnahme dem vorher erworbenen Rechte des

[78]) S. 72. Cf. Stegemann, Materialien zum Gesetze v. 13. Juli 1883, S. 54. [79]) Cf. Krech und Fischer, Note 1. zu § 18. S. 274. [80]) § 18. al. II. Ges. v. 13. Juli 1883. § 19. I. 4. A.L.R.

Vorgemerkten nicht schädlich werden kann. Endlich wird eine vor Eintragung des Vermerks, aber nach erfolgter Beschlagnahme erlangte Vormerkung das Widerspruchsrecht dann nicht begründen, wenn der Vorgemerkte zur Zeit der Eintragung der Vormerkung von der Beschlagnahme oder dem Versteigerungsantrage Kenntniß gehabt hat; anderen Falls wird der Vorgemerkte widersprechen dürfen. Daß er auch dann nicht widersprechen darf, wenn das Grundstück zur Zeit der Erlangung der Vormerkung dem Beschlagnahmeextrahenten dinglich verhaftet war, ist selbstverständlich. Ebenso zweifellos aber erscheint es uns, daß die Beschlagnahme als solche eine dingliche Verhaftung des Grundstücks nicht begründet.[81])

4). Wie wird das Widerspruchsrecht des Vorgemerkten processual geltend gemacht?

Wie erhält der Vorgemerkte überhaupt Kenntniß von der Subhastation? Kann dieselbe nicht, ohne daß er eine Ahnung davon hätte, vor sich gehen, ihren Abschluß finden und ihn seines vorgemerkten Rechtes berauben? Freilich wird der Subhastationsvermerk eingetragen;[82]) aber die durch denselben vermittelte Kenntniß ist lediglich eine fingirte. Es ist sehr leicht möglich, daß der Vorgemerkte, welcher an sich gar kein Interesse hat, sich, so lange er nur vorgemerkt ist, um spätere Eintragungen zu kümmern, von diesem als ihm bekannt geltenden Vermerke in Wahrheit nichts erfährt. Allerdings wird das Subhastationspatent oder, wie das neue Gesetz, u. E. nicht besonders glücklich, sich ausdrückt: „die Bekanntmachung des Versteigerungstermins" veröffentlicht;[83]) aber wer kontrollirt die Gerichtstafel? wer liest das Amtsblatt?

Der Vorgemerkte gilt, wenn er zur Zeit der Eintragung des Subhastationsvermerks aus dem Grundbuche ersichtlich ist, als Interessent des Verfahrens,[84]) und als solcher erhält er genauere und zuverlässigere Kenntniß. Er wird durch Zustellung des Subhastationspatents von Amts wegen mit zweiwöchentlicher Ladungsfrist zum Versteigerungstermine geladen[85]) und erhält im Laufe der zweiten Woche vor dem Versteigerungstermine gleichfalls von Amts wegen Mittheilung, welche Gläubiger vor Beginn der zweiten Woche vor dem Termin das Verfahren oder die Zulassung des Beitritts zu

---

[81]) Abweichend die Motive. Cf. Krech und Fischer S. 121. flgd. Der Auffassung der Motive tritt bei Jäckel, „Textausgabe mit Einleitung, Parallelstellen 2c. Berlin 1883" Einl. S. 7. Abs. 4. Der Inhalt der Eintragung hat mit dem Inhalte einer Pfandrechtseintragung jedenfalls auch nicht entfernt etwas gemein. [82]) § 18. Ges. v. 13. Juli 1883. [83]) § 46. ibidem. [84]) § 21. al 3. ibidem. [85]) § 47. al. I. ibidem.

demselben beantragt haben, und auf Grund welcher Forderungen die Anträge gestellt sind.[86]) Das ihm zugestellte Subhastationspatent hinwiederum enthält als wesentlichen Bestandtheil „die Aufforderung an diejenigen, welche das Eigenthum des Grundstücks beanspruchen, vor Schluß des Versteigerungstermins die Einstellung des Verfahrens herbeizuführen, widrigenfalls nach erfolgtem Zuschlag der etwaige Anspruch auf das Grundstück erlösche."[87]) Das Gesetz verbindet also mit der autentischen Benachrichtigung des Vorgemerkten eine Art Aufgebot sämmtlicher Eigenthumsprätendenten, welches, nach Analogie des § 824. C.-P.-O.,[88]) insbesondere auch den für den Fall, daß die Herbeiführung der Einstellung des Verfahrens unterlassen werde, eintretenden Rechtsnachtheil bezeichnet.

Die Geltendmachung des Widerspruches selbst erfolgt in Gemäßheit des § 690. C.-P.-O.,[89]) d. h. im Wege der Klage. Die Erhebung dieser Klage ist zum Zwecke der Herbeiführung einer Einstellung des Verfahrens unumgänglich. Die Einstellung selbst erfolgt zwar im Wege einer sogenannten einstweiligen Anordnung.[90]) Für Erlassung dieser Anordnung ist jedoch das Proceßgericht zuständig.[90]) Von einem Proceßgerichte kann aber nur dann die Rede sein, wenn ein Proceß überhaupt anhängig ist. Nur in dringenden Fällen kann der Subhastationsrichter eine einstweilige Einstellung des Verfahrens anordnen, und auch dann nur unter gleichzeitiger Bestimmung einer Frist, innerhalb welcher, bei Vermeidung der Fortsetzung des Verfahrens, die Entscheidung des Proceßrichters nachzubringen ist.[91]) Die Erhebung der Klage ist also auch in den vom Subhastationsrichter für dringlich befundenen Fällen, wenn der Vorgemerkte mehr als eine blos transitorische Maßregel erzielen will, nicht zu umgehen.

Die Klage ist die vielberufene und viel umstrittene Exekutionsintervention. Sie richtet sich, ausdrücklicher gesetzlicher Vorschrift gemäß, gegen den Gläubiger, welcher die Subhastation betreibt.[92]) Sie kann sich gleichzeitig gegen den Subhastaten richten; in diesem Falle liegt eine nothwendige Streitgenossenschaft der beiden Beklagten vor.[93]) Ihr Fundament ist vorliegend das sei es bedingte sei es unbedingte Eigenthum des vorgemerkten Prätendenten.[94]) Gegenstand schwanken-

---

[86]) al. II. ibidem. [87]) § 40. ad 9. ibidem. [88]) al. II. ad 3. [89]) Cf. Krech und Fischer zu §§ 70. 71. S. 401. flgd. [90]) Einstellung des Verfahrens ist allerdings auch Endzweck der Klage; im Text ist hier Einstellung vor Erledigung des Rechtsstreits gemeint. Cf. wegen dieser: §§ 690. al. III. 688. al. I. C.-P.-O. [91]) § 688. cit. al. II. [92]) § 690. al. I. C.-P.-O. [93]) ibidem al. II. [94]) Bezw. die Qualität desselben als ein stärkeres, die Distraktionsbefugniß des Gegners überwindendes Recht.

der und höchst verschiedenartiger Formulirungen ist in der Praxis das Klagbegehren. Es handelt sich nach dem klaren Wortlaut des Gesetzes,[95]) welches insoweit den Kern der Sache getroffen haben dürfte, um einen Widerspruch gegen die Zwangsvollstreckung, gestützt auf ein behauptetes, die Veräußerung des Pfandes bezw. hier des beschlagnahmten Grundstückes hinderndes Recht, im vorliegenden Falle Eigenthum oder Anspruch auf Eigenthum. Es liegt auf der Hand, daß der Proceß sich wesentlich um das Recht des Vorgemerkten drehen, und daß die richterliche Feststellung oder Nichtfeststellung dieses Rechts die Grundlage der Entscheidung abgeben wird und muß. Es dürfte aber nicht minder einleuchtend sein, daß nichts desto weniger nicht etwa dieses Recht des Vorgemerkten im Streite befangen ist, daß nicht über dieses Recht befunden, dasselbe weder aberkannt noch zugesprochen wird. Wird die Klage nur gegen den Gläubiger gerichtet, so bedarf es hierüber keines Wortes; denn daß das Recht des Subhastaten der Gegenstand eines Rechtsstreites zwischen zwei anderen Personen, in welchem der Subhastat an sich gar nicht gehört wird, nicht in dem Sinne sein kann, daß die in einem solchen Rechtsstreite ergehende Entscheidung über Rechte des Subhastaten zu disponiren fähig wäre, ist selbstverständlich; eine Zuerkennung des streitigen Eigenthums an den Vorgemerkten aber bedingt eine Aberkennung desselben gegenüber dem Subhastaten. Die Sache ist aber nicht minder zweifellos, wenn die Klage zugleich gegen den Gläubiger und den Subhastaten gerichtet wird, und zwar deshalb, weil in dem Eigenthumsstreite zwischen Vorgemerktem und Subhastaten für den betreibenden Gläubiger als Partei, und das müßte er, da die Klage gegen ihn gerichtet werden muß, doch sein, grundsätzlich kein Raum ist. Was sollte zudem geschehen, wenn, wie dies häufig der Fall sein wird, der Eigenthumsproceß bei Beginn der Subhastation bereits anhängig ist? Sollte der Subhastationsextrahent dem schwebenden Verfahren etwa beitreten, wo er doch verlangen darf, seinerseits im Wege der Klage in Anspruch genommen zu werden? und sollte er die bisherigen Ergebnisse des vielleicht seinem Abschlusse nahen Verfahrens, auf welche einen Einfluß auszuüben ihm nicht möglich gewesen ist, gegen sich gelten lassen? und mit welchem Recht? Oder sollten vielleicht gar zu gleicher Zeit selbstständig neben einander und unabhängig von einander zwei verschiedene Eigenthumsprocesse von demselben Prätendenten hinsichtlich eines und desselben Grundstücks geführt werden? Und wie sollte sich die Sache wohl erst gestalten, wenn bei Einleitung

---

[95]) § 690. al. I. C.-P.-O.

der Subhastation der Eigenthumsproceß nicht zwischen dem Vorgemerkten und dem Subhastaten, sondern einem Rechtsvorgänger des letzteren anhängig ist? Der Wortlaut des Gesetzes enthält, wie gesagt, die einzig richtige Lösung. Es handelt sich lediglich um einen Widerspruch gegen die Zwangsvollstreckung: nur die Zulässigkeit oder Unzulässigkeit des im Gange befindlichen Zwangsverfahrens bildet den Gegenstand sowohl der Verhandlung als auch der Entscheidung. Als Entscheidung bildet letztere für den wirklichen Eigenthumsstreit, mit dem sie äußerlich in gar keinem Zusammenhange steht, durchaus kein Präjudiz. Wie weit der Spruchrichter in dem einen oder dem anderen Verfahren den in dem anderen getroffenen Feststellungen Gewicht beimessen will, ist Sache der freien richterlichen Beweiswürdigung. In richtiger Formulirung darf der Klageantrag des gegen die Subhastation intervenirenden vorgemerkten Eigenthumsprätendenten demnach nur dahin gehen, „das Verfahren für unzulässig zu erklären und aufzuheben.“[96]) Deutlicher als unser heutiges Proceßrecht brachte es das römische Recht zum Ausdruck, daß die Entscheidung auf die Exekutionsintervention den rechtlichen Beziehungen zwischen dem Intervenienten und dem Exequenden in keiner Weise präjudicire, indem es, die Möglichkeit zweier konkurrirender ordentlicher Proceduren mit wesentlich gleichem Beweisthema ausschließend, nur eine summarische causae cognitio über die Intervention eintreten ließ.[97])

Besondere Voraussetzung der Einstellung der Zwangsvollstreckung, speciell der Subhastation, vor entschiedenem Interventionsprocesse ist die Glaubhaftmachung des Anspruches, auf welchen der Widerspruch gegen die Zwangsveräußerung gestützt wird,[98]) also in dem uns interessirenden Falle die Glaubhaftmachung des vorgemerkten Rechts.[99]) Im Allgemeinen wird schon die bloße Thatsache, daß dieses Recht vorgemerkt ist, eine genügende Glaubhaftmachung desselben enthalten, da Glaubhaftmachung des Anspruches im Allgemeinen auch Vorbedingung der Vormerkung ist.[100]) Formalistische Regeln über diesen Punkt giebt es jedoch nicht; es entscheidet das freie richterliche Ermessen,[101]) dem es auch anheim gestellt ist, von dem einen oder anderen Theile eine Sicherheitsleistung zu erfordern.[102])

---

[96]) Sehr oft wird in der Praxis formulirt: „den Beklagten zu verurtheilen, das Eigenthum des Klägers anzuerkennen.“ Die im Text vertretene Formulirung bei Krech und Fischer, a. a. O., Note 3.a. zu §§ 70. 71. S. 402. 403. [97]) l. 15. §§ 4. 5. D. de re judicata XLII. 1. [98]) §§ 690. al. III. 688. al. I. C.-P.-O. [99]) Die Prüfung, ob dasselbe geeignet ist, die Distraktionsbefugniß des Extrahenten zu beseitigen, ist Sache des Richters. [100]) § 70. Eigenth.-Erw.-Ges. [101]) Ergiebt sich aus § 259. C.-P.-O. [102]) § 688. C.-P.-O.

Die Fortsetzung des ein Mal eingestellten Verfahrens findet, wenn mit derselben die Aufhebung der erfolgten Vollstreckungsmaßregeln verbunden war, überhaupt nicht,[103]) anderenfalls nur auf Antrag statt.[104]) Den Antrag auf Fortsetzung hat der Extrahent zu stellen und zu begründen.[105]) Der Antrag stützt sich darauf, daß die Einstellung nicht mehr zu Recht bestehe. Die Einstellung ist das Mittel, dessen die Vormerkung bedarf, um die Vollstreckung abzuwenden; nur in ihr verwirklicht sich das vom Gesetze verliehene Widerspruchsrecht, und nach ihrem Wegfall wird es praktisch bedeutungslos.[106]) Die vom Subhastationsrichter selbst angeordnete Einstellung wird kraftlos, wenn nicht innerhalb der bestimmten Frist die Entscheidung des Proceßrichters nachgebracht wird,[107]) die vom Proceßrichter verfügte, wenn der Widerspruch des Vorgemerkten durch Urtheil zurückgewiesen wird. Des Fortsetzungsantrages des Extrahenten bedarf es in beiden Fällen.

5). Wird die Herbeiführung der Einstellung des Verfahrens verabsäumt oder mißlingt dieselbe, so geht, wie wir gesehen haben, der vorgemerkte Anspruch durch die Ertheilung des Zuschlags verloren.

Allein das Gesetz begnügt sich nicht, dem Vorgemerkten in dem Widerspruchsrechte ein prophylaktisches Mittel gegen diesen Rechtsnachtheil gewährt zu haben;[108]) es geht weiter und giebt ihm im Falle des Verlustes als Korrektiv desselben an Stelle des verlorenen Rechtes einen Ersatzanspruch. Das vorgemerkte Recht geht schlimmsten Falles nur in seiner für ein dingliches Recht allerdings wesentlichen Individualität verloren, nicht spurlos und ohne Aequivalent, sondern an seine Stelle tritt ein anders geartetes Recht, und bei aller Verschiedenheit in der Erscheinungsform und den mit derselben zusammenhängenden und durch sie bedingten rechtlichen Wirkungen wirkt die Kraft der Vormerkung dennoch unverkennbar auch noch in diesem Reserveanspruche fort, dessen Umfang lediglich aus den für die Vormerkung geltenden Vorschriften sich bestimmen läßt.

a). Welcher Art ist nun dieses Ersatzrecht? Das Gesetz enthält nur eine einzige dürftige, mehr andeutende Bestimmung über dasselbe und hat es der Theorie und der Praxis überlassen, den in derselben etwa verborgenen Grundsatz ans Licht zu fördern und zu seinen praktischen Konsequenzen zu entwickeln. Wie bereits erwähnt, enthält das Sub-

---

[103]) § 50. al. IV. Ges. v. 13. Juli 1883. [104]) ibidem al. I. [105]) ibidem. [106]) Da der Interventionsproceß als solcher den Fortgang der Subhastation eben nicht hemmt. [107]) § 688. al II. C.-P.-O. [108]) Sc. wenn er besser berechtigt ist, als der Extrahent.

hastationspatent als wesentlichen Bestandtheil eine Art Aufgebot sämmtlicher Eigenthumsprätendenten, nämlich die Aufforderung an dieselben, bis zum Schlusse des Versteigerungstermins bei Verlust des etwaigen Eigenthums die Einstellung des Verfahrens herbeizuführen. Die gesetzliche Fassung des Patents lautet genauer, wie folgt: „widrigenfalls nach erfolgtem Zuschlag das Kaufgeld in Bezug auf den Anspruch an die Stelle des Grundstücks tritt".[109]) Es fragt sich nun, wie weit dieser vom Gesetze gewährte Anspruch des präkludirten Vorgemerkten an das Kaufgeld reicht, und in welcher Weise der in thesi anerkannte Anspruch in der Praxis geltend zu machen ist. Ueber beide Fragen, namentlich über die erstere, schweigt das Gesetz so gut wie vollständig.

b). Das Kaufgeld tritt in Bezug auf den Anspruch an die Stelle des Grundstücks. Nun, der Vorgemerkte beanspruchte das Eigenthum des subhastirten Grundstücks. Darf er nun statt dessen das Eigenthum des Subhastationskaufgeldes in Anspruch nehmen? mit anderen Worten: darf er nunmehr das gesammte Kaufgeld für sich liquidiren, weil ihm das Eigenthum des ganzen Grundstücks zustand?

Die Unhaltbarkeit dieser Supposition ergiebt sich nicht minder aus der rechtlichen Stellung des Vorgemerkten als aus der gesetzlichen Bestimmung des Subhastationskaufgeldes.

Der Vorgemerkte, sei er nun wahrer Eigenthümer, sei er nur Eigenthümer sub condicione, erscheint im Grunde als der wahre Subhastat, d. h. als derjenige, dessen Grundstück in Wahrheit im Wege des gesetzlichen Zwanges veräußert, über dessen Eigenthum verfügt wird. Die Verweisung des Vorgemerkten mit seinen Ansprüchen an das Kaufgeld bedeutet lediglich die gesetzliche Anerkennung dieser seiner Subhastatenqualität, welche, mangels seiner Eintragung im Grundbuche, während des Versteigerungsverfahrens nicht zu Tage tritt, für das an die Versteigerung sich anschließende Kaufgelderbelegungsverfahren. Der Vorgemerkte, wenn auch als Eigenthümer nicht eingetragen, darf gleichwohl an der Vertheilung des Subhastationskaufgeldes participiren, gleich als wäre er eingetragener Eigenthümer. Ebenso participiren die anderen Interessenten nur von dieser fingirten Voraussetzung aus, d. h. nur, wenn und soweit sie participiren würden, wenn der Vorgemerkte eingetragener Eigenthümer wäre, darüber hinaus nicht. Die in der konstitutiven Kraft des Zuschlags bisweilen liegende Ungerechtigkeit gegen den Vorgemerkten wird

---

[109]) § 40. ad 9. Ges. v. 13. Juli 1883.

durch diese ihm angewiesene Stellung gegenüber dem Kaufgelde zum Theil wieder gut gemacht. Andererseits würde ein über diese Linie hinausgehender Anspruch des Vorgemerkten an das Kaufgeld offenbar eine Ungerechtigkeit gegenüber den dadurch benachtheiligten anderen Interessenten involviren, während es ebenso sehr auf der Hand liegt, daß, wenn der Vorgemerkte nur dasjenige liquidirt, was er liquidiren dürfte, wenn er eingetragener Eigenthümer wäre, dies ebenso wenig für irgend Jemanden ein Unrecht ist, als es die reguläre Ersetzung der Vormerkung durch eine definitive Eigenthumseintragung sein würde. Auch der Zuschlag selbst enthält übrigens dem Vorgemerkten gegenüber nur dann eine Ungerechtigkeit, wenn er demselben hätte widersprechen dürfen. Anderenfalls handelt es sich bei dem dem Vorgemerkten gewährten Kaufgeldanspruche nicht sowohl um Ausgleichung einer Benachtheiligung, als vielmehr lediglich um die sachgemäße Modifikation des vorgemerkt gewesenen Rechts gegenüber der durch den Zuschlag veränderten Sach- und Rechtslage.[110)]

Somit richtet sich der Kaufgeldanspruch des Vorgemerkten, des wahren Subhastaten, in erster Linie gegen den wirklich als Eigenthümer Eingetragenen, den formellen Subhastaten. Nicht dem Subhastaten gebührt der nach der Vertheilung unter die sonstigen Interessenten etwa sich ergebende Ueberschuß des Kaufgeldes, sondern dem Vorgemerkten. Kann er jenem das Grundstück nicht mehr entreißen, weil ihm ein Anderer hierin zuvorgekommen ist, so entreißt er ihm statt dessen den auf ihn entfallenden Theil des Kaufgeldes. Das Kaufgeld, insoweit es für den Subhastaten selbst an die Stelle des Grundstücks tritt, fällt demnach wirklich voll und ganz dem Vorgemerkten zu.

Aber sein Recht reicht weiter. Er tritt nicht nur an die Stelle des eingetragenen Eigenthümers, sondern er tritt auf, als wäre er zur Zeit der Erlangung der Vormerkung eingetragen worden. Wir wissen, daß die Vormerkung alle ihrer Eintragung folgenden rechtlichen Verfügungen über das Grundstück, Belastungen nicht minder als Veräußerungen, zu resolutiv bedingten macht und eventl. wieder aufhebt. Die Wirkung der durch den Zuschlag vernichteten Vormerkung ist vermöge des vom Gesetze gewährten Kaufgeldanspruches mutatis mutandis die gleiche. Daß sie, indem sie die hyperocha dem Vorgemerkten zuwendet, eine nach ihrer Erlangung etwa stattgehabte

110) Der Kaufgeldanspruch ist an sich nicht nur, wenn der Vorgemerkte der Subhastation hätte widersprechen dürfen, sondern auch im entgegengesetzten Falle begründet.

Veräußerung des Grundstücks beseitigt, als wäre sie nie geschehen, ist die unmittelbare Konsequenz der Subhastatenstellung des Vorgemerkten bei der Kaufgeldvertheilung. Die mittelbare Konsequenz ist die Beseitigung späterer Belastungen bezw. dessen, was in Folge des Zuschlags in Gestalt eines Kaufgeldanspruches etwa an die Stelle eines durch spätere Belastung entstandenen, der Vormerkung gegenüber eben nicht rechtswirksamen Realrechts getreten ist. Wie sie demnach im Falle der Liquidestellung die postlocirten Realinteressenten aus dem Grundbuche verdrängt, die scheinbaren Realrechte derselben in ihr Nichts auflösend, so richtet sich der dem Vorgemerkten im Falle des Zuschlags als Ersatz gewährte Anspruch an das Subhastationskaufgeld mit gleicher Intensität gegen die scheinbaren Befugnisse, welche in Folge des Zuschlags an Stelle jener scheinbaren Realrechte getreten sind, und schließt, die Wirksamkeit der Eintragungen auch in ihrer veränderten Funktion vernichtend, die aus der Eintragung Berechtigten von der Theilnahme am Kaufgelde aus.

Das Recht des Vorgemerkten reicht aber noch weiter. Neben den Ansprüchen des Subhastaten und der postlocirten Realinteressenten nimmt der Kaufgeldanspruch des Vorgemerkten auch diejenigen der rein persönlichen Gläubiger des Bucheigenthümers in sich auf. Ausnahmen hiervon werden sich nur für während des Verfahrens erlangte Vormerkungen nach näherer Maßgabe unserer denselben gewidmeten eingehenden Erörterung, deren Reproduktion an dieser Stelle erübrigt, ergeben. Daß die Beschlagnahme als solche dem Rechte des Vorgemerkten keinen Abbruch thut, geht schon daraus hervor, daß er gegebenen Falles vermöge seines Widerspruchsrechts implicite ihre Beseitigung zu fordern befugt ist. Das Gegentheil wäre auch angesichts der Kraft, welche die Vormerkung gegenüber später entstandenen Realrechten äußert, geradezu unverständlich.

Nach allem dem ergiebt sich als positives praktisches Resultat, daß der Kaufgeldanspruch des Vorgemerkten sich *seinem Umfange nach* gewissermaßen mit dem Widerspruchsrechte deckt: ein Interessent, welcher als Extrahent des Verfahrens dem Widerspruchsrechte des Vorgemerkten unterliegen würde, muß als Kaufgeldliquidant dem Kaufgeldanspruche des Vorgemerkten weichen; nur wer auch ungeachtet der Vormerkung die Subhastation durchzuführen befugt ist, kommt trotz und vor dem Vorgemerkten aus dem Kaufgelde zur Hebung.

Daß dieses Ergebniß eine Konsequenz der *rechtlichen Stellung des Vorgemerkten* ist, dürfte vorstehend dargelegt sein. Hätte das Gesetz dem Vorgemerkten mehr zutheilen wollen, als diese ihm von uns vindicirte Stellung als Subhastat bei der Vertheilung mit der

Maßgabe, daß er rückbezüglich als mit der Erlangung der Vormerkung eingetragen gilt, also alle ihm gegenüber rechtlosen rechtlichen Verfügungen über das Grundstück in ihren im Vertheilungsverfahren zu Tage tretenden Konsequenzen zu seinen Gunsten zu beseitigen befugt ist, so hätte dies u. E. ausdrücklicher gesetzlicher Vorschrift bedurft. Eine solche ist nicht vorhanden. Vermag das solchergestalt sich ergebende Liquidat des Vorgemerkten seinem wahren Anspruche nicht gerecht zu werden, insofern der ihm erwachsende Schade, sei es aus welchem Grunde immer, ein nachweisbar höherer ist, so muß er sein Interesse im Wege besonderer Klage liquidiren. Für diese Klage wird je nach der besonderen Beschaffenheit der konkreten Sachlage bald der Subhastat bald der Extrahent des Verfahrens, unter Umständen vielleicht auch der Ersteher passiv legitimirt sein. Ein Eingehen auf diese Eventualität bezw. diese verschiedenen Eventualitäten würde zu weit führen.

Das gewonnene Resultat entspricht auch auf das Genaueste der legalen Bestimmung des Subhastationskaufgeldes. Die Subhastation, mag sie nun innerhalb oder außerhalb des Konkurses erfolgen, charakterisirt sich materiell stets als ein in seinen Konsequenzen über den Zweck und den Effekt der Befriedigung eines einzelnen Gläubigers bezw. der Konkursgläubiger des Exequenden weit hinausgreifendes Verfahren. Man pflegte sie früher als einen sogenannten Partikularkonkurs aufzufassen und zu bezeichnen. Das heute geltende Recht ist dieser Aehnlichkeit nicht hold und hat die Analogie, soweit thunlich, zu beseitigen oder doch zu verwischen getrachtet. Die Motive sprechen es ausdrücklich aus,[111]) daß die Subhastation kein Partikularkonkurs sei, und daß man bemüht gewesen ist, diesen zunächst nur negativen Gedanken auch in der positiven Gestaltung des Verfahrens und der mit demselben verknüpften materiellen Rechtsverhältnisse, soweit irgend möglich, zum Ausdruck zu bringen. Jener nunmehr verlassene Gedanke hat aber dennoch einen in der Natur der Sache begründeten wahren Kern in sich, dem auch das heutige Recht nichts anzuhaben vermocht hat. Auch die heutige Subhastation ist in gewissem Sinne ein Partikularkonkurs. Diese Konkursqualität äußert sich vornehmlich in der Bestimmung und Vertheilung des Kaufgeldes. Am Kaufgelde participiren sämmtliche Interessenten des Verfahrens in der gesetzlich vorgesehenen Rangordnung und Reihenfolge.[112]) Nach dem Umfange und der Intensität seines Rechts am Grundstücke bemißt

---

[111]) S. 51.—54. Cf. Stegemann, Materialien ꝛc., S. 37.—40. Die Aehnlichkeit des Vertheilungsverfahrens mit dem Konkurse erkennen die Motive übrigens an. [112]) §§ 23.—38. Ges. v. 13. Juli 1883.

sich der Kaufgeldanspruch jedes einzelnen Interessenten. Ganz gleichgültig ist es hierbei, ob der einzelne Interessent das Verfahren beantragt oder auch nur gewollt, ob er sich an demselben irgendwie betheiligt hat, in der Mehrzahl der Fälle auch, ob er den Kaufgeldanspruch geltend macht,[113]) und ob ihm derselbe irgend erwünscht ist. In gewissem Sinne liegt also Zwangsverfahren gegen sämmtliche Interessenten mit Ausnahme des oder der Extrahenten vor. Der Anspruch an das Kaufgeld wird den Interessenten gewisser Maßen oktroyirt. Je nach der Stärke der konkurrirenden Rechte, sei es im Ganzen, sei es in Quoten, den Interessenten zuzufallen, das ist demnach die Bestimmung des Kaufgeldes. Somit erfordert diese Bestimmung des Kaufgeldes für jeden an dasselbe erhobenen Anspruch den genauesten Nachweis der Existenz, des Umfanges und der dinglichen Kraft des zu Grunde liegenden Rechts, und es entspricht dieser Bestimmung, wenn wir auch den Kaufgeldanspruch des Vorgemerkten von diesen Voraussetzungen abhängig machen und nach ihrer Maßgabe bemessen.

Der Kaufgeldanspruch des Vorgemerkten begreift also in sich diejenigen Kaufgeldansprüche, welche, wenn die Vormerkung nicht vorhanden wäre, nach den gesetzlichen Bestimmungen dem Subhastaten und allen im Verhältniß zum Vorgemerkten schwächer berechtigten Interessenten zustehen würden. Die nach Maßgabe des Gesetzes auf diese Personen entfallenden percipienda liquidirt statt ihrer der Vorgemerkte.

Die percipienda bestehen nun aber nur zum Theil in baarem Gelde. Zu einem nicht unerheblichen Theile wird das Kaufgeld nicht baar erlegt, sondern gesetzlicher Vorschrift zufolge durch Uebernahme von Realansprüchen von Seiten des Erstehers berichtigt.[114])

Soweit das percipiendum sich als eine Geldforderung darstellt, gestaltet sich der Kaufgeldanspruch des Vorgemerkten gleichfalls einfach als eine Geldforderung. Nach Maßgabe des Gesetzes wird er genau wie jeder andere aus dem baar zu zahlenden Theile des Kaufgeldes zur Hebung gelangende Interessent Zahlung,[115]) eventl. Ueberweisung eines Theiles des Kaufgeldrückstandes,[116]) Eintragung des letzteren als Hypothek,[117]) Resubhastation[118]) und Zwangsvollstreckung in das gesammte Vermögen des Erstehers[119]) beanspruchen dürfen.

Das Gesetz hat jedoch danach gestrebt, als neue Rechtsregel, soweit es irgend thunlich gewesen ist, den Grundsatz zur Geltung zu

---

113) § 106. ibidem. 114) §§ 57. al. III. 107. al. I. 115. al. I. ibidem.
115) § 117. al. I. ibidem. 116) ibidem. 117) § 124. al. I. ad 4. ibidem.
118) §§ 117. al. II. 128. al. I. ibidem. 119) § 129. ibidem.

bringen, daß eine Subhastation die dem Rechte des Subhastations-extrahenten vorgehenden Realrechte, welche vordem gegen den Willen des Berechtigten nicht etwa nur durch Befriedigung, sondern auch ohne Befriedigung getilgt werden konnten, nur in demselben Maße tangiren dürfe, wie eine freiwillige Veräußerung des Grundstücks. Deshalb ist ein Mal der Gesammtbetrag dieser Rechte, in Geld berechnet, zum gesetzlichen Mindestgebot, d. h. zu demjenigen Gebote erhoben worden, unter welchem der Zuschlag nicht ertheilt werden darf.[120]) Ferner aber ist bestimmt, daß der Betrag des Mindestgebots, soweit es sich nicht um Zinsen, wiederkehrende Hebungen, Kosten und nicht eingetragene, auf den Ersteher nicht von selbst übergehende Realansprüche handelt, und soweit nicht gegen den Ersteher wirksame Kündigungen vorliegen,[121]) nicht baar zu bezahlen, sondern dadurch zu erlegen ist, daß der Ersteher die sämmtlichen bei Feststellung des Mindestgebots berücksichtigten Realansprüche in partem pretii übernimmt,[122]) und zwar Hypotheken mit der eigenthümlichen Wirkung des § 41. Eigenth.-Erw.-Ges.[123]) Es entsteht demgegenüber die Frage, wenn der Kaufgeldanspruch eines innerhalb des Mindestgebots zur Hebung gelangenden Interessenten dem Vorgemerkten zusteht, was dann der Vorgemerkte zu beanspruchen habe. Die Frage entsteht alle Male dann, wenn ein nach Eintragung der Vormerkung entstandenes Realrecht innerhalb des Mindestgebots zur Hebung gelangt. An sich darf der Vorgemerkte das zur Hebung kommende percipiendum für sich beanspruchen. Dieses percipiendum besteht aber in dem Anspruche des Interessenten, daß der Adjudikatar sein Realrecht, bei Hypotheken auch seine persönliche Forderung an den Subhastaten als Schuldner übernehme. Mit der Uebernahme ist das percipiendum erlegt. Wie soll es der Vorgemerkte nun anfangen, dieses percipiendum für sich zu beanspruchen? welchen Inhalt soll dieser Anspruch haben? Mit der Uebernahme des Rechts von Seiten des Erstehers ist dem Vorgemerkten nicht gedient; damit fällt sein eigener Anspruch an das Kaufgeld vielmehr ins Wasser. Eine Möglichkeit aber, dieses percipiendum anstatt dem betreffenden Realinteressenten dem Vorgemerkten zuzuwenden, in demselben buchstäblichen Sinne, wie etwa eine Summe baaren Geldes, ist offenbar nicht vorhanden. Es fragt sich deshalb zunächst, ob er nicht der Berücksichtigung von Ansprüchen, welche schwächer sind als der seinige, bei Feststellung des Mindestgebots widersprechen darf. Diese Frage ist zu verneinen. Er darf eventl. wohl dem Verfahren über-

---

[120]) §§ 22. 53.—56. ibidem. [121]) § 57. al. I. und III. ibidem. [122]) ibidem al. V. [123]) § 115. al. III. ibidem.

haupt widersprechen; niemals aber darf er beanspruchen, daß seinetwegen das Verfahren nach anderen als den aus dem Gesetze sich ergebenden Normen vollzogen werde; ein solcher Anspruch würde im vorliegenden Falle eine ungesetzliche Begünstigung des Subhastationsextrahenten zum Nachtheil eines im Verhältniß zu ihm besser Berechtigten bedingen. Ebenso ist die Frage, ob der Vorgemerkte nicht die Baarzahlung des betreffenden percipiendi verlangen dürfe, zu verneinen, eben weil der Ersteher, so lange nicht etwa die gesetzlichen Kaufbedingungen durch anderweite Privatabmachungen ersetzt bezw. modificirt worden sind,[124]) inhalts des Gesetzes zu baarer Zahlung nicht verpflichtet ist, und die rechtlichen Beziehungen der verschiedenen anderen Interessenten zu einander, die kollidirend auf das Kaufgeld erhobenen Ansprüche ihn nicht interessiren, ihm insbesondere kein Mehr an Verpflichtungen auferlegen können. Die Pflicht des Erstehers beschränkt sich auf die Erlegung des Kaufgeldes, und diese ist mit der Uebernahme hinsichtlich des in Rede stehenden Theiles bewirkt. Vielleicht ist es aber, da die Zuwendung des percipiendi selbst, welche der Vorgemerkte an sich beanspruchen könnte, sich als unmöglich verbietet, eine andere Verpflichtung aber als die Leistung eben dieses percipiendi in Betreff eben dieses Theiles des Kaufgeldes dem Ersteher gesetzlich nicht obliegt, möglich, dem zum Nachtheile des Vorgemerkten bevorzugten Interessenten wenigstens nachträglich die erlangten Vortheile wieder zu entziehen und wo nicht das percipiendum selbst, so doch den dem schwächer Berechtigten durch dasselbe zugefallenen Gewinn dem besser berechtigten Vorgemerkten zuzuwenden. Wir sehen auch eine solche Möglichkeit nicht. Welches sind denn die Vortheile, welche die Uebernahme seitens des Adjudikatars dem Interessenten zuwendet? Dieselben gestalten sich ein klein wenig abweichend, je nachdem die Uebernahme eines rein dinglichen Rechts oder aber die Uebernahme des dinglich-persönlichen Mischrechts, einer Hypothek, in Frage steht. Bei jener liegt der Vortheil einzig und allein darin, daß der Vorgemerkte das Interesse und die Möglichkeit verliert, das Recht aus dem Grundbuche zu beseitigen, das Interesse, insofern eine Löschung des Rechts nunmehr nur noch die rechtlichen Beziehungen zwischen Adjudikatar und eingetragenem Berechtigten tangirt, die Möglichkeit, insofern dieselbe nur für den Fall der Ersetzung der Vormerkung durch Eigenthumseintragung begründet war, dieser Fall aber nach Ertheilung des Zuschlags nicht mehr eintreten kann. An die Stelle des betreffenden Realrechts tritt nichts, was der Vorgemerkte für sich beanspruchen könnte; dasselbe wird vielmehr, indem es den möglichen

[124]) §§ 53. 45. ibidem.

Angriffen des letzteren entzogen wird, nur gewisser Maßen konsolidirt. Daß dieser Vortheil nicht ein solcher ist, welchen der Vorgemerkte dem Realinteressenten, sei es in ureigner Gestalt, sei es in Gelde berechnet, abjagen könnte, dürfte auf der Hand liegen. Aber man könnte fragen, ob der Vorgemerkte ein solches dingliches Recht, beispielsweise eine übernommene Grundschuld, nicht für sich in Anspruch zu nehmen, Cession desselben von dem eingetragenen Berechtigten zu fordern befugt sei. Auch dies dürfte zu verneinen sein. Abgesehen davon, daß man kaum mit Recht sagen darf, der Interessent wäre durch die Uebernahme Grundschuldgläubiger geworden, daß also dieser Ausweg, wenn man dem Vorgemerkten nur die dem Anderen durch die Uebernahme zugeflossenen Vortheile zuwenden will, schon vom rein logischen Standpunkte aus bedenklich erscheint, ist es einerseits eine unserem Rechte fremde Erscheinung, für den Verlust eines individuell bestimmten Anspruches, hier des Eigenthums einer bestimmten Sache, als Ersatz wiederum einen, und zwar anders gearteten individuell bestimmten Anspruch, hier ein jus in re aliena zu gewähren; Ersatzansprüche für verloren gegangene individuell bestimmte Ansprüche pflegen sonst nur in der Gestalt von Ansprüchen auf Leistung einer Quantität vertretbarer Sachen, meist nur in der Gestalt von Geldforderungen aufzutreten. Andererseits verbietet sich diese Lösung, von der Grundschuld abgesehen, mit Rücksicht auf das mangelnde Interesse des Vorgemerkten an diesen Rechten, bei der Grundschuld mit Rücksicht auf den derselben meist zu Grunde liegenden persönlichen Anspruch, auf dessen Cession der Vorgemerkte offenbar gar keinen Anspruch hat, welcher aber, wenn die Grundschuld ohne ihn abgetreten wird, gesetzlicher Bestimmung zufolge ohne Weiteres verloren geht,[125]) ein Rechtsnachtheil für den eingetragenen Berechtigten, für dessen Zufügung es an jeder Rechtfertigung fehlen würde. Etwas anders liegt die Sache, wie gesagt, bei der Hypothek. Hier erlangt der hypothecarius neben dem Vortheile, daß der Vorgemerkte durch den Zuschlag Interesse und Möglichkeit der Herbeiführung der Löschung der vom Ersteher übernommenen Post verliert, den ferneren Vortheil, daß er einen neuen persönlichen Schuldner in dem Ersteher gewinnt.[126]) Die vorstehend an die Grundschuld geknüpften Erwägungen bleiben demgegenüber bestehen: eine Cession verbietet sich hier vorzugsweise im Hinblick auf das persönliche Recht, welches mit der Hypothek zusammen abgetreten werden müßte,[127]) und auf welches der Vorgemerkte auch hier gar keinen Anspruch hat.

---

[125]) § 52. al. II. Eigenth.=Erw.=Ges. [126]) §§ 115. al. III. Ges. v. 13. Juli 1883. 41. al. I. Eigenth.=Erw.=Ges. [127]) § 52. al. I. Eigenth.=Erw.=Ges.

Nach allem dem sehen wir keine Möglichkeit, dem Anspruche des Vorgemerkten an das Kaufgeld, soweit es sich um einen durch Uebernahme eines Realanspruches zu berichtigenden Kaufgeldtheil handelt, einen konkreten Inhalt zu geben, und wir gewinnen somit das befremdende Resultat, daß ein vom Gesetze in abstrakter Fassung gewährter Anspruch sich konkret durchaus nicht gestalten läßt, ein Beleg dafür, daß der Gesetzgeber sich mit Aufstellung lehrsatzähnlicher Bestimmungen [128]) in einer die realen Interessen des praktischen Lebens in Frage stellenden Art und Weise von seinem Berufe entfernt.

Man wird demgegenüber auf dem Vorgemerkten zustehende Kondiktionen verweisen. Aber eine condictio ist kein Anspruch an das Kaufgeld, wie er ihm ausdrücklich gewährt ist, und außerdem hat es mit der condictio doch auch seine großen Bedenken. Gegen den Ersteher erscheint sie so gut wie ausgeschlossen. Gegen die eingetragenen Berechtigten wird sie sich auch nur in den seltensten Fällen substantiiren lassen, da eine wirkliche Bereicherung derselben in der Regel nicht vorliegen wird. Am meisten Chancen wird sie gegen den Subhastaten bieten. Aber auch gegen diesen wird sie unter Umständen nicht statthaft sein; zudem wird derselbe sich gewöhnlich nicht in besonders vertrauenerweckenden Vermögensverhältnissen, welche eine Verwirklichung des Rechts garantirten, befinden.

Bietet aber nicht § 115. al. II. Ges. v. 13. Juli 1883 einen Ausweg dar? Es muß auch dies verneint werden; denn es fehlt in den in Rede stehenden Fällen durchaus an einem Anspruche, der an Stelle des ausscheidenden übernommen werden könnte, wie es die gedachte gesetzliche Bestimmung erfordert. Ein Mal will der Vorgemerkte durchaus nicht einen Anderen an die Stelle des Gegners treten sehen, sondern beansprucht den Kaufgeldtheil für sich selbst; sodann darf ein Anderer schon deshalb nicht vorrücken, weil der Vorgemerkte, sobald sein Kaufgeldanspruch nur erst begonnen hat, naturgemäß alle noch zur Hebung kommenden percipienda für sich liquidirt. Der Kaufgeldanspruch des Vorgemerkten aber kann als ein Realanspruch, der einer Uebernahme durch den Ersteher im Sinne des § 57. al. III. des Ges. fähig wäre, nicht gelten. [129])

---

[128]) Eine solche ist die thesis „das Kaufgeld tritt in Bezug auf den Anspruch an die Stelle des Grundstücks", § 40. No 9. Ges. v. 13. Juli 1883.

[129]) Die Ausführungen von Turnau (3. Aufl.) Note 4.e. zu § 8. Eigenth.-Erw.-Ges. S. 259. 260. Bd. I., denen diese Anschauung zu Grunde liegt, halten wir nicht für zutreffend. § 40. ad 9. spricht dagegen. Der Hinweis auf § 60. erscheint verfehlt. § 60. dürfte nicht anwendbar sein. Seine Beziehung auf die Vormerkung würde den nicht widerspruchsberechtigten Vorgemerkten besser stellen, als den widerspruchsberechtigten.

Es würde vielleicht die Schwierigkeit beseitigen, wenn man den Ersteher an Stelle der wegfallenden Ansprüche der schwächer Berechtigten eine neue Hypothek oder Grundschuld für den Anspruch des Vorgemerkten konstituiren ließe. Aber dafür fehlt es an einem gesetzlichen Anhalt.

Neben der Uebernahme zufolge gesetzlicher Bestimmung bedarf endlich noch die Uebernahme vermöge der Privatautonomie der Interessenten[130]) der Erwähnung. Eine solche Uebernahme wirkt wie eine dem Berechtigten vom Subhastaten aus dem Grundstücke gewährte Befriedigung und entbehrt, wenn Hypotheken in Frage stehen, der specifischen Wirkung des § 41. Eigenth.-Erw.-Ges.[131]) Diese Uebernahme kann der Vorgemerkte verhindern. Soll sie als Kaufbedingung gestellt werden, so darf er vermöge § 45. al. I. widersprechen; wird sie im Vertheilungsverfahren vereinbart,[132]) so liegt der Widerspruch dagegen implicite in der Geltendmachung seines Anspruches.

c). Wir wenden uns nunmehr zu der Frage, in welcher Weise der Vorgemerkte seinen etwaigen Anspruch an das Kaufgeld geltend zu machen habe. Wir bemerken vorweg, daß eine dem Vorgemerkten etwa zustehende condictio gegen einen zu seinem Nachtheil aus dem Kaufgelde zur Hebung gelangten Interessenten, wie gelegentlich schon oben bemerkt, als eine Verwirklichung eines Anspruches an das Kaufgeld u. E. nicht gelten kann, sondern nur als ein schwacher Ersatz eines solchen. Hat der Vorgemerkte in Wahrheit einen Anspruch an das Kaufgeld, wie das Gesetz ihn statuirt,[133]) und wie wir vorstehend, freilich nur mit theilweisem Erfolge, versucht haben, ihm einen konkreten Inhalt zu geben, so muß er ihn auch gegen das Kaufgeld geltend machen, aus dem Kaufgelde liquidiren können, er muß die Möglichkeit haben, die Auszahlung eines Theiles des Kaufgeldes an sich herbeizuführen.

Dieser Geltendmachung des Anspruches im Vertheilungsverfahren selbst stehen anscheinend zwei Schwierigkeiten entgegen.

Ein Mal zählt das Gesetz in §§ 24.—30. eine Reihe von Forderungen bezw. Ansprüchen auf, welche nach § 23. in der in den folgenden Paragraphen festgesetzten Reihenfolge bezw. Umfange aus dem Kaufgelde zu berichtigen bezw. in Anrechnung auf dasselbe von dem Ersteher zu übernehmen sind. Der Kaufgeldanspruch des Vorgemerkten ist in diesen die Richtschnur für die richterliche Aufstellung des Theilungsplanes[134]) abgebenden und die Rangordnung der Participienten fest-

---

130) §§ 45. 116. al. I. Ges. v. 13. Juli 1883. 131) § 116. al. II. ibidem. 132) § 116. al. I. ibidem. 133) § 40. ad 9. ibidem. 134) § 104. ibidem.

stellenden Paragraphen nicht erwähnt. Es wäre u. E. verfehlt, aus diesem Grunde den Vorgemerkten, soweit er mehr als die auf den Subhastaten etwa entfallende ὑπέροχα beansprucht, auf den Weg der Kondiktion zu verweisen. §§ 23.—30. normiren nur die Regelfälle und haben nur diese im Auge. Der Fall, daß ein mit seinem Eigenthume präkludirter Vorgemerkter Ansprüche an das Kaufgeld erhebt, bedurfte als Singularität keiner Berücksichtigung im Rahmen dieser Paragraphen, welche keineswegs die Bedeutung haben, daß die dort genannten Interessenten nun auch immer so, wie dort festgesetzt, zur Hebung gelangen müßten. Die Motive[135]) lassen keinen Zweifel darüber, daß die Anfechtung der nach §§ 24.—30. aus dem Kaufgelde zu deckenden Ansprüche nach den allgemeinen Vorschriften des bürgerlichen Rechts zulässig ist. Wenn die Aufnahme einer dem § 71. der früheren Subhastations-Ordnung analogen Vorschrift unterblieben ist, so geschah es, weil man die Zulässigkeit der Anfechtung, wenn und soweit sie materiell begründet ist, auch gegenüber der Berücksichtigung eines Anspruches im Vertheilungsverfahren für selbstverständlich erachtet hat, Wollte man in den §§ 23.—30. eine schlechtweg und in allen Fällen bindende Norm erblicken, so wäre das jedem einzelnen Interessenten gegebene Recht des Widerspruches zwecklos und unverständlich. Dieses Recht spricht um so mehr für unsere Auffassung, als es heut von intensiverer Wirkung ist, als vordem nach § 72. Subh.-Ordng. Während der frühere Widerspruch die Ausführung des Theilungsplanes nur dann aufhielt, wenn der Subhastationsrichter ihn rechtlich begründet fand und der widersprechende Interessent ihn thatsächlich glaubhaft machte, hemmt heut die bloße Erhebung des Widerspruches die Auszahlung des von demselben betroffenen Kaufgeldtheiles,[136]) und während es früher somit einer Substantiirung der den Widerspruch begründenden Thatsachen bedurfte, genügt heut die bloße Erklärung, daß dem Plane widersprochen werde. Schafft diese bloße Erklärung irgend eines Interessenten die Möglichkeit, eine von den Normen der §§ 23.—30. abweichende Vertheilung des Kaufgeldes durchzusetzen, so ist nicht abzusehen, warum der Kaufgeldanspruch des Vorgemerkten nicht im Stande sein sollte, diese Normen zu durchbrechen. Giebt doch § 113. al. VI. das Widerspruchsrecht mit der Wirkung der Sicherung der Befriedigung aus dem Kaufgelde selbst Personen, die nicht zu den Interessenten des Verfahrens gehören, sofern sie nur einen Anspruch auf das Kaufgeld glaubhaft machen.

---

[135]) S. 115. Cf. Stegemann, Materialieu 2c., S. 88. [136]) § 113. al. II. Ges. v. 13. Juli 1883, § 762. C.-P.-O.

Zum anderen ist zu bemerken, daß der Anspruch des Vorgemerkten nicht von Amts wegen in den Vertheilungsplan aufgenommen wird. Von Amts wegen werden nur Posten, welche eingetragen sind, und Forderungen, für welche das Grundstück beschlagnahmt ist, berücksichtigt (§ 106.). Daß dies so gut wie unschädlich ist, ergiebt sich aus der Möglichkeit, Forderungen behufs Berücksichtigung vor oder in dem Vertheilungstermine anzumelden.[137]

Hiernach erscheint als das dem Vorgemerkten in die Hand gegebene formale Mittel, seinen Anspruch an das Kaufgeld zu verwirklichen, die Anmeldung. Die Anmeldung eines Kaufgeldanspruches soll eine genaue Berechnung der Forderung an Kapital, Zinsen, Kosten und sonstigen Nebenforderungen mit Angabe des beanspruchten Ranges und der beanspruchten Art der Befriedigung enthalten.[138] Wir meinen, daß man den Vorgemerkten hiervon wird entbinden dürfen. Diese verlangte Berechnung stellt sich deshalb als für ihn unmöglich heraus, weil ihm von Hause aus gar keine Geldforderung zusteht, diejenige Geldforderung aber, welche ihm als Aequivalent seines verloren gegangenen Eigenthums gewährt wird, ihrem Betrage nach eben erst durch die Vertheilung ermittelt werden soll. Der Vorgemerkte beansprucht den nach Befriedigung aller besser als er Berechtigten verbleibenden Ueberrest. Es wird ihm deshalb gestattet werden dürfen, seine Anmeldung in der Weise zu bewirken, daß er die Grenze angiebt, bis zu welcher er die Befriedigung Anderer duldet, von welcher ab aber er selbst das Kaufgeld für sich beansprucht, bezw. daß er diejenigen Interessenten, welche er anerkennt, und diejenigen, deren Antheile er selbst liquidirt, bezeichnet.

Soweit der angemeldete Anspruch des Vorgemerkten bei Aufstellung des Planes nicht berücksichtigt wird, muß er, um sich seine Rechte im Vertheilungsverfahren zu wahren, denjenigen berücksichtigten Liquidaten, durch welche er sich beeinträchtigt erachtet, widersprechen.[139] Dasselbe Recht des Widerspruches hat umgekehrt auch jeder zu Gunsten des Vorgemerkten im Plane nicht berücksichtigte Interessent gegenüber der Berücksichtigung des Vorgemerkten bezw. seiner eigenen Nichtberücksichtigung.

Ein erhobener Widerspruch hemmt zunächst schlechtweg die Ausführung des Planes, insoweit derselbe durch den Widerspruch betroffen wird.[140] Das Hemmniß dauert aber an sich nur einen Monat.[141]

---

[137] §§ 104. al. II. 106. al. II. Ges. v. 13. Juli 1883. [138] § 104. al. II. ibidem. [139] § 762. Satz 1. C.=P.=O. [140] § 762. C.=P.=O. [141] § 764. al. I. ibidem.

Binnen einem Monate nach erhobenem Widerspruche muß der Streit vor den kompetenten Proceßrichter gebracht, und daß dies geschehen, dem Subhastationsrichter nachgewiesen sein, widrigenfalls der letztere ohne weitere Rücksicht auf den erhobenen Widerspruch zur Ausführung des Planes schreitet.[142]) Bei rechtzeitiger Klageerhebung hingegen bleibt die Ausführung des Planes bis zur rechtskräftigen Entscheidung des Rechtsstreits sistirt.

In der Regel hat der Widersprechende Klage zu erheben.[143]) Handelt es sich jedoch um den Widerspruch gegen eine im Plane berücksichtigte Forderung, deren Vorhandensein oder Betrag aus dem Grundbuche nicht hervorgeht, so werden die Rollen gewechselt und der berücksichtigte Liquidant ist gezwungen, gegen den Erheber des Widerspruches zu klagen,[144]) widrigenfalls nach einem Monat der Plan in Gemäßheit des Widerspruches berichtigt und alsbald ausgeführt wird.

Da der Kaufgeldanspruch des Vorgemerkten weder seiner Existenz noch insbesondere seinem Betrage nach aus dem Grundbuche hervorgeht, so fällt dem Vorgemerkten im Falle eines Streites über seinen Anspruch stets die Rolle des Klägers zu, gleichviel ob von anderer Seite seiner Berücksichtigung widersprochen wird, oder ob er seiner Nichtberücksichtigung widerspricht. Das Fundament der Klage ist das vorgemerkte Recht und die Qualität desselben als eines stärkeren, das Recht des Gegners überwindenden. Der Nachweis des Rechts wird dadurch, daß dasselbe vorgemerkt worden, noch nicht erbracht, unterliegt vielmehr den gewöhnlichen gesetzlichen Anforderungen. Die Qualität des Rechts im Verhältniß zu dem kollidirend geltend gemachten Rechte des Gegners wird sich stets mit Leichtigkeit aus dem Datum der Vormerkung feststellen lassen. Der Klageantrag geht auf richterliche Feststellung des Kaufgeldanspruches und Anordnung der Auszahlung des streitigen Kaufgeldtheiles an den klagenden Vorgemerkten.[145]) Das Urtheil erscheint insofern als ein judicium duplex, als es in jedem Falle die Feststellung trifft, wem von den beiden streitenden Theilen das percipiendum zusteht.[146]) Weitere processuale Details würden zu weit führen.

d). An die vorstehenden Erörterungen knüpft sich naturgemäß die Frage, ob dem Vorgemerkten an Stelle seines, sei es durch versäumte Klageerhebung innerhalb der einmonatlichen Frist, sei es durch

---

142) ibidem. 143) ibidem. 144) § 114. Ges. v. 13. Juli 1883. 145) § 766. C.-P.-O. 146) ibidem. Der Proceßrichter ist auch befugt, die Anfertigung eines neuen Planes und ein anderweites Vertheilungsverfahren anzuordnen. Sachlich ändert dies, da die Feststellungen des Proceßrichters für das weitere Verfahren vor dem Subhastationsrichter maßgebend sind, nichts.

versäumte Erhebung des Widerspruches, sei es endlich durch versäumte Anmeldung verloren gegangenen Anspruches an das Kaufgeld eventl. sogenannte Kondiktionen gegen die zu seinem Nachtheile aus dem Kaufgelde zur Hebung gelangten Interessenten zustehen, oder ob sein Anspruch buchstäblich **nur** als ein Anspruch an das Kaufgeld aufzufassen, welcher mit Vertheilung des Kaufgeldes ohne jedwedes Acquivalent in Fortfall kommt, so daß eine Versäumniß eine vollständige Präklusion zur Folge hätte.

Hierbei ist vorweg zu bemerken, daß die erfolgte Anmeldung, wenn sich ihr die Aufnahme in den Plan **nicht** anschließt, vermöge gesetzlicher Fiktion als Widerspruchserhebung gilt,[147]) so daß die möglichen Fälle der Versäumung sich auf die beiden der nicht rechtzeitigen Klageerhebung und der gänzlich unterlassenen Anmeldung reduciren.

Für ersteren Fall setzt das Gesetz ausdrücklich fest, daß die Befugniß desjenigen, welcher dem Plane widersprochen hat, ein besseres Recht gegen denjenigen, welcher einen Geldbetrag nach dem Plane erhalten hat, im Wege der Klage geltend zu machen, durch die Versäumung der Frist und durch die Ausführung des Planes **nicht** ausgeschlossen wird (§ 764. al. II. C.=P.=O.). Man hat hieraus vermittels eines argumenti a contrario für den anderen Fall die Unzulässigkeit der Klage folgern wollen, nach der herrschenden Ansicht, der wir uns anschließen, mit Unrecht. Es ist ungerechtfertigt, auf die Worte „welcher dem Plane widersprochen hat" in § 764. irgend welchen gegensätzlichen Accent legen zu wollen. Ein Gläubiger, welcher dem Plane nicht widersprochen hat, kommt für die Klage im Vertheilungsverfahren gar nicht in Betracht; er **kann** die Frist gar nicht versäumen, und § 764. **kann** deshalb gar nicht darüber disponiren wollen, was die Folge sei, **wenn** er die Frist versäume. Erscheint aber eine Disposition **hierüber** ausgeschlossen, so ist es mehr als gezwungen, um aus § 764. durchaus auch etwas für den Gläubiger, der **nicht** widersprochen hat, und von dem der Paragraph gar nicht handelt, zu gewinnen, eine Disposition über die Folgen des **unterlassenen Widerspruches**, der sich in unserem Falle mit der **unterlassenen Anmeldung** deckt, in das Gesetz hineinzutragen. § 764. besagt: die Unterlassung der Klageerhebung im Vertheilungsverfahren schließt die Kondiktion **nicht** aus; aber er sagt **nicht**, was etwas ganz anderes ist und nicht entfernt aus dem Vorstehenden folgt: die Unterlassung des Widerspruches schließt die Kondiktion aus. Sieht man von der erzwungen ausdehnenden Wortinterpretation ab und achtet statt dessen auf die

---

[147]) § 113. al. III. Ges. v. 13. Juli 1883.

ratio legis, so spricht diese eher für die Zulässigkeit der Kondiktion, als für das Gegentheil, da das Gesetz zeigt, daß es ihm fern liegt, mit der Präklusion von Rechten auf bestimmte Vermögensstücke im Zwangsvollstreckungsverfahren einen Eingriff in das Gebiet des materiellen Civilrechts vornehmen zu wollen. Das Richtige ist, daß lediglich die allgemeinen Vorschriften über Zulässigkeit und Unzulässigkeit einer Kondiktion entscheiden.[148]) Hiernach wird eine Kondiktion alle Male begründet sein, wenn zum Nachtheil eines Vorgemerkten ein weniger gut berechtigter Interessent aus dem baaren Kaufgelde zur Hebung gelangt ist.[148a]) Man darf dem nicht entgegenhalten, daß das Gesetz nur einen Anspruch an das Kaufgeld gebe. Mit diesem Anspruche gewährt das Gesetz implicite die aus ihm eventl. sich entwickelnden anderweiten Ansprüche. Das Gegentheil müßte ausdrücklich im Gesetze bestimmt sein. Unter Umständen wird auch eine Kondiktion gegen den Subhastaten oder den Ersteher begründet sein. Die Verfolgung des Materials in die verschiedenen Gestaltungsmöglichkeiten hinein ist im Rahmen dieser Abhandlung nicht möglich.

6). Noch bedarf es der Prüfung, ob die vorentwickelten Grundsätze durchweg auch auf die auf Betreiben des Konkursverwalters stattfindende Subhastation im Konkurse anwendbar sind, eventl. welche Abweichungen das Konkursverfahren und das Wesen des Konkurses bedingen, bezw. ob nicht die nämlichen abstrakten Rechtsregeln in Folge der Eigenthümlichkeiten des Konkursverfahrens für die Subhastation im Konkurse in einer besonderen konkreten Gestaltung ausgeprägt erscheinen.

a). Der Konkurs bezweckt die zwangsweise Verwerthung des gesammten der Zwangsvollstreckung unterliegenden Vermögens des Gemeinschuldners behufs gemeinschaftlicher ratirlicher Befriedigung der sogenannten Konkursgläubiger.[149]) Zu dem der Zwangsvollstreckung unterliegenden Vermögen des Gemeinschuldners gehören auch seine Grundstücke, welche demgemäß gleichfalls der zwangsweisen Verwerthung im Konkurse anheimfallen. Der Gemeinschuldner selbst ist während der Dauer des Konkursverfahrens in Bezug auf die von dem Verfahren betroffene bezw. ergriffene Konkursmasse verfügungsunfähig.[150]) Die Verfügung über dieselbe steht einem gerichtlich bestellten Konkursverwalter zu,[151]) welcher die Verwerthung und die Vertheilung bewirkt.

---

[148]) Cf. Krech und Fischer, Note 4.B. d. β. zu §§ 104.—106. Ges. v. 13. Juli 1883. S. 516.—518. und die dortigen Allegate; ferner Note 4. zu §§ 113. 114. S. 532. Abs. 1. [148a]) A.L.R. I. 13. Abschn. 3. [149]) §§ 1. 2. Konk.-Ordng. [150]) § 5. al. I. ibidem. [151]) § 5. al. II. ibidem.

Grundstücke sollen in der Regel durch Subhastation,[152] nur ausnahmsweise durch freihändige Veräußerung[153] verwerthet werden. Beide Arten der konkursmäßigen Veräußerung erscheinen in unserem Sinne als Zwangsveräußerung, insofern weder die eine noch die andere auf den Willen des eingetragenen Eigenthümers Rücksicht nimmt, vielmehr beide eventl. unter Brechung dieses Willens erfolgen.

Es bedarf keiner Ausführung, daß für die Subhastation im Konkurse das Verfahren nicht nach eigenen Specialregeln geordnet ist, sondern im Allgemeinen nach den regulären gesetzlichen Vorschriften vor sich geht. Es ergiebt sich dies aus § 116. Konk.-Ordng. von selbst und ist zum Ueberflusse in § 180. Ges. v. 13. Juli 1883 noch ausdrücklich ausgesprochen. Eine allerdings wesentliche Abweichung ist für das Mindestgebot statuirt. Dieselbe interessirt für unsere Erörterungen nicht.

Soweit es für unser Thema in Betracht kommt, ist das Verfahren innerhalb und außerhalb des Konkurses das nämliche: Beschlagnahme, Versteigerung und richterlicher Zuschlag hier wie dort, Widerspruchsrecht und Einstellung des Verfahrens einerseits, Anspruch auf das Kaufgeld andererseits unter den nämlichen thatsächlichen und rechtlichen Voraussetzungen und in demselben Umfange, wie vorstehend ausführlich entwickelt. Naturgemäß können aber die Vorschriften über die Subhastation auf Grund eines vollstreckbaren Titels nur entsprechende Anwendung finden. Der Konkurs als solcher entzieht dem Gemeinschuldner die Disposition über das Grundstück. Es trägt diese Dispositionsunfähigkeit des Exequenden ein dem Subhastationsverfahren an sich fremdes Moment in dasselbe hinein, und es leuchtet ein, daß ein Exequende, dem die rechtliche Verfügungsgewalt über das Grundstück fehlt, eine andere Stellung in dem Verfahren einnehmen wird, als ein zur Verfügung über das beschlagnahmte Grundstück befugter. Der Konkurs bedingt zudem eine sehr weit gehende Modifikation der Rechte und Verbindlichkeiten des Gemeinschuldners, welche in Bezug auf das uns interessirende rechtliche Verhältniß zwischen ihm und dem Vorgemerkten nicht unbeachtet bleiben darf.

b). Betrachten wir zunächst die formelle Geltendmachung des Widerspruchsrechts.

Wie wir wissen, erfolgt sie in der gewöhnlichen Subhastation im Wege der Exekutionsintervention. Letztere richtet sich wesentlich gegen den Extrahenten des Verfahrens. Eine Mitbelangung des Exequenden ist zwar nicht ausgeschlossen, aber auch nicht erforderlich. Erforderlich

---

[152] § 116. ibidem. [153] § 122. ad 1. ibidem.

ist jedoch eine besondere Klage. Gegenstand des Streites ist ausschließlich die Zulässigkeit bezw. Unzulässigkeit der Zwangsvollstreckung. Der ergehende Richterspruch schafft ein formelles Präjudiz für den materiellen Eigenthumsstreit nicht. Beide Proceduren können selbstständig neben einander stattfinden.[154])

Eine direkte Anwendung dieser Vorschriften versagt im Konkurse, wenn auch nicht immer, so doch in der Regel. Wer ist hier Extrahent des Verfahrens? zu wessen Gunsten treten die Wirkungen der Beschlagnahme ein? und wer ist Exequende? Materiell sind u. E. die Konkursgläubiger die Extrahenten des Verfahrens. Dasselbe stellt sich als eine derjenigen Maßregeln dar, welche eine Befriedigung ihres von dem Gesetzgeber als theoretische Grundlage des Konkursverfahrens gedachten sogenannten Konkursanspruches bezwecken. Dieser Konkursanspruch ist das Substrat des fehlenden vollstreckbaren Titels. Es liegt insbesondere auf der Hand, daß die Beschlagnahme des Grundstücks zu Gunsten der Konkursgläubiger ihre Wirkung äußert; allerdings nicht insofern, als sie ein in Folge der Beschlagnahme für den Extrahenten derselben etwa zur Hebung gelangendes percipiendum unmittelbar erhielten; aber dasselbe fließt zur Konkursmasse, und diese wiederum ist zur Vertheilung unter die Konkursgläubiger bestimmt. Freilich kommen von der Konkursmasse absonderungsberechtigte Forderungen[155]) und Masseschulden[156]) vorweg in Abzug; aber auch der Subhastationsextrahent außerhalb des Konkurses muß in die vorzugsweise Befriedigung der dinglich Berechtigten und der Staatskasse wegen der Kosten des Verfahrens willigen und die vorzugsweise Befriedigung sonstiger Massegläubiger, welche auf dem Grundsatze beruht, daß der Verwalter selbst eingegangene Verbindlichkeiten auch zu erfüllen habe,[157]) läßt die Grundlage und den Zweck des Konkursverfahrens, die gemeinschaftliche Befriedigung der Konkursgläubiger aus dem Erlöse der gesammten Massenverwerthung unberührt.

Als formeller Subhastationsextrahent tritt dagegen der Konkursverwalter auf.[158]) Daß er hierbei nicht ein Recht des Gemeinschuldners geltend macht, erscheint nicht zweifelhaft. Zunächst hat der Gemeinschuldner gar keinen Anspruch auf zwangsweise Subhasta-

---

[154]) Cf. diesen Abschnitt oben unter 4. [155]) Ein Recht auf abgesonderte Befriedigung aus dem percipiendum ist, wenn man von dem Kaufgeldanspruche des präkludirten Vorgemerkten absieht, gar nicht gut denkbar. [156]) Auch Massekosten. §§ 50.—52. Konk.-Ordng. [157]) § 52. Konk.-Ordng. Die Masseschuld ist überhaupt der Schutz gegen rechtlose Bereicherung der Masse; so wird auch der Anspruch des Vorgemerkten auf das auf die Masse entfallene percipiendum, wenn letzteres nicht mehr unterscheidbar in der Masse vorhanden ist, zu einer Masseforderung. [158]) § 116. Konk.-Ordng.

tion des Grundstücks, und wollte man ihm einen solchen als Konsequenz der Konkurseröffnung selbst zugestehen, so ist doch nicht abzusehen, welchen rechtlichen Grund und welchen Inhalt eine Beschlagnahme des Grundstücks zu Gunsten des Gemeinschuldners haben sollte.

Dahingegen ist der Gemeinschuldner nach der materiellen Rechtslage der von der Subhastation betroffene Exequende. Nicht durch den Konkurs an sich, der ihm nur die Verfügung über die Masse nimmt, das Eigenthum derselben ihm beläßt, sondern erst durch die vom Verwalter betriebene Verwerthung der Masse im Konkurse, hier durch die Subhastation, präciser durch die Ertheilung des richterlichen Zuschlags wird der Gemeinschuldner enteignet. Der Gemeinschuldner wird aber im Konkursverfahren, von verschwindenden Ausnahmen abgesehen, vom Verwalter vertreten, so daß der Verwalter, der formelle Exekutionssucher, gleichzeitig auch formell als Exequende erscheint und auftritt.

Im Subhastationsverfahren im Konkurse sind Exekutionssucher und Exequende somit zwar nicht in Wahrheit, aber doch dem äußeren Scheine nach identisch; die Funktionen beider werden von einer und derselben Person wahrgenommen. Der Verwalter ist im Verfahren, um uns der Ausdrucksweise des Gesetzes vom 13. Juli 1883 bezw. der C.-P.-O. zu bedienen, Gläubiger und Schuldner in einer Person. Von einer Trennung und Gegenüberstellung dieser beiden Parteirollen, wie sie in den citirten Gesetzen vorgesehen ist, kann demnach in diesem Verfahren keine Rede sein; es ist kein Raum für dieselbe. Wer den Exekutionssucher verklagt, verklagt damit auch den Exequenden und umgekehrt; denn beide Klagen richten sich gegen den Verwalter. Der Verwalter aber thut, was er thut, als Verwalter; er sagt nicht, „jetzt bin ich Gläubiger, jetzt bin ich Schuldner", er sagt einfach: „ich bin Verwalter". Die abstrakte Betrachtung mag erörtern, inwieweit er mit einem einzelnen Akte Rechte des Gläubigers oder des Schuldners wahrnimmt; er selbst theilt sich nicht in zwei Theile. Seine Handlungen präjudiciren stets beiden Theilen, auch wenn sie ausschließlich oder vorwiegend im Interesse des einen erfolgen. Am prägnantesten tritt dies freilich dann zu Tage, wenn er, wie hier, die Interessen beider Theile wahrnimmt.

Aus dem Vorstehenden ergiebt sich unmittelbar, daß der Vorgemerkte im Konkurse in der Regel von einer besonderen Exekutionsintervention wird absehen dürfen.

Ein bereits schwebender Eigenthumsproceß [159]) wird durch die

---

[159]) Sc. des Vorgemerkten als Klägers gegen den Gemeinschuldner als Beklagten.

Eröffnung des Konkursverfahrens unterbrochen [160]) und bedarf behufs Fortführung der Aufnahme, aber, gemäß § 9. Konk.-Ordng., wie alle Passivprocesse über die Aktivmasse, nicht gegen den Gemeinschuldner, sondern gegen den Verwalter. Der Anspruch des Vorgemerkten gestaltet sich mit dem Ausbruche des Konkurses zu einem Anspruche auf Aussonderung des Grundstücks aus der Konkursmasse. [161]) § 9. Konk.-Ordng. ergiebt nun, daß die Lage eines schwebenden Passivprocesses über die Actimasse den Konkursgläubigern, wenngleich sie auf den bisherigen Gang des Verfahrens keinen Einfluß nehmen konnten, präjudicirt. Die Geltendmachung etwaiger Anfechtungsansprüche auf Grund der Konkursordnung [162]) wird man dem Verwalter freilich nicht verschränken dürfen. [163]) Aber er wird sie in dem schwebenden Processe vorzubringen haben, und wenn sie unter Umständen auch zu einer anderen Entscheidung des Rechtsstreits führen werden, als sonst zu erwarten gewesen wäre, so bleibt doch als wesentliche Folge des § 9. Konk.-Ordng. zu verzeichnen, daß der Ausgang eines gegen den Verwalter aufgenommenen, vor dem Ausbruche des Konkurses anhängig gewordenen Aussonderungsprocesses nicht nur für den Gemeinschuldner, sondern auch für die Konkursgläubiger Recht schafft und bindend ist. Damit kommt der Grund für ein besonderes Interventionsverfahren in Wegfall. Es genügt, wenn der Vorgemerkte in dem anhängigen Processe eine Einstellung der etwa eingeleiteten Subhastation erwirkt.

Noch einleuchtender erscheint dies, wenn der Proceß erst nach der Eröffnung des Konkursverfahrens angestrengt wird. Er richtet sich dann sofort gegen den Verwalter, d. h. im Grunde gegen Gemeinschuldner und Konkursgläubiger, gegen Exekutionssucher und Exequenden. Die Klage greift weiter als die Exekutionsintervention, insofern sie auf eine materielle Entscheidung über das streitige Eigenthum gerichtet ist, aber sie begreift, mangels eines vom Exequenden verschiedenen Extrahenten, die Intervention, die Funktionen derselben implicite erledigend, in sich.

Nur in dem einen Falle, wenn bei Ausbruch des Konkurses ein Eigenthumsstreit bereits zwischen dem Vorgemerkten und einem Rechtsvorgänger des Kridars anhängig ist, erscheint eine Exekutionsintervention erforderlich; denn in diesem Falle ist eine Einstellung der Subhastation in dem schwebenden Eigenthumsprocesse, dessen Resultat der Konkursmasse nach den Grundsätzen des Grundbuchrechts präjudicirt, [164]) nicht zu erlangen. Andererseits steht dem Verwalter

---

160) § 218. C.-P.-O. 161) § 35. Konk.-Ordng. 162) §§ 22.—34. Konk.-Ordng. 163) v. Wilmowski, Kommentar, zu § 9. Konk.-Ordng. 164) Ein solcher Proceß wird durch die Konkurseröffnung natürlich nicht unterbrochen.

gegenüber einem solchen Processe je nach Lage der Sache sowohl die Haupt- als auch die Nebenintervention nach den bezüglichen Vorschriften der C.-P.-O.[165]) offen.

c). Wenden wir uns nunmehr dem materiellen Recht zu, so ist zu bemerken, daß eine bei Eröffnung des Konkursverfahrens bereits eingetragene Vormerkung den Widerspruch gegen die vom Verwalter betriebene Subhastation stets begründet, weil die Konkursgläubiger durchweg nur persönliche Gläubiger des im Grundbuche als Eigenthümer eingetragenen Gemeinschuldners sind.[166]) Es knüpft sich hieran die Frage, ob nach der Eröffnung des Konkurses noch eine Vormerkung erlangt werden kann, eventl mit welcher rechtlichen Wirkung, bezw. welche rechtliche Wirkung die Eröffnung auf das Grundstück äußere, ob etwa diejenige einer Beschlagnahme im Sinne des Gesetzes vom 13. Juli 1883. Wir schicken voraus, daß die in der Subhastation erfolgende Beschlagnahme, welche mit der Zustellung des Einleitungsbeschlusses an den Verwalter perfekt wird, mit der Subhastationsbeschlagnahme außerhalb des Konkurses in Wesen und Wirkung durchaus identisch ist, und Vormerkungen nach ihr und trotz ihrer, wenn überhaupt, so nur mit der oben[167]) ausführlich beleuchteten Wirkung erworben werden können. Das Interesse der gegenwärtigen Frage koncentrirt sich somit auf den Zeitraum zwischen der Eröffnung des Konkursverfahrens und der Einleitung der Subhastion bezw. dem Eintritt der Subhastationsbeschlagnahme.

Es mag hierbei auf sich beruhen, ob der Konkurs eine Beschlagnahme des Grundstücks mit der specifischen Wirkung der §§ 16. flgd. Immob.-Zw.-Vollstr.-Ges. bedingt bezw. herbeiführt. Es ist nicht zweifelhaft, daß der Konkurs sich von vornherein in einer Generalbeschlagnahme der gesammten Konkursmasse zu Gunsten der Konkursgläubiger äußert. Ein generelles Veräußerungsverbot kann sogar schon vorhergehen.[168]) Eine Beschlagnahme im Sinne des Gesetzes vom 13. Juli 1883 könnte trotzdem und trotz des § 12. Konk.-Ordng. vielleicht nicht mit Unrecht bezweifelt werden.

Entscheidend für unsere Frage ist weniger die Einwirkung der Konkurseröffnung auf das Grundstück, als vielmehr ihr Einfluß auf die gesammten Rechtsverhältnisse des Gemeinschuldners. Demgemäß erscheint für die Frage, ob nach der Konkurseröffnung eine Vormerkung zu gewähren ist oder nicht, wesentlich die Qualität des geltend gemachten Anspruches ausschlaggebend. Behauptet der die

---

[165]) §§ 61. flgd. C.-P.-O. [166]) § 2. Konk.-Ordng. [167]) Cf. diesen Abschnitt unter 3. [168]) § 98. Konk.-Ordng.

Vormerkung Nachsuchende Eigenthümer zu sein, so wird er, wenn die Voraussetzungen einer dem Gemeinschuldner präjudicirlichen Nichtigkeit der Eintragung des letzteren nur in der That gegeben sind, das Grundstück vom Verwalter vindiciren bezw. die Nichtigkeit der Eintragung des Gemeinschuldners im Wege des gegen den Verwalter zu richtenden Aussonderungsprocesses verfolgen dürfen. Der Konkurs greift in die Eigenthumsverhältnisse nicht ein (§ 35. Konk.-Ordng.). Man wird in Folge dessen u. E., wenn das Eigenthum glaubhaft gemacht wird, nicht umhin können, die Vormerkung auch nach der Eröffnung des Konkursverfahrens zu gewähren. Eine Verschränkung der Eigenthumsverfolgung erscheint angesichts der Indifferenz des Konkurses gegenüber den Eigenthumsverhältnissen nicht gerechtfertigt. Schützt der Petent dagegen einen Anspruch auf Auflassung vor, so wird zu unterscheiden sein, ob es sich um eine Obligation des Verwalters oder des Gemeinschuldners handelt. Im ersteren Falle ist die Vormerkung zu gewähren, da die Verfolgung eines Masseanspruches in Frage steht,[169]) in letzterem in der Regel zu versagen, weil die Obligationen des Gemeinschuldners nur Konkursforderungen begründen, es sei denn, daß der Verwalter, bevor irgend ein Theil vollständig erfüllt hat, dem Gegenkontrahenten erklärte, er verlange die Erfüllung; in diesem Falle muß auch der Verwalter erfüllen.[170])

d). Der Anspruch an das Kaufgeld bestimmt sich nach den früher[171]) entwickelten Normen. Der Konkurs bedingt hier keine Abweichung. Der mit dem dinglichen Recht präkludirte Vorgemerkte darf nach den Worten des Gesetzes allerdings formelle Cession des der Masse etwa zustehenden Anspruches auf ein percipiendum des Kaufgeldes fordern.[172]) Dies erledigt sich in der Sache u. E. dadurch, daß der Masse mit Rücksicht auf die Ansprüche des Vorgemerkten in Wahrheit ein Anspruch auf das Kaufgeld, den sie abtreten könnte, gar nicht zusteht. Es empfiehlt sich aber vielleicht trotzdem wegen der formellen Vereinfachung der Sache. Ist das percipiendum gleichwohl zur Masse geflossen, so hat der Vorgemerkte, soweit die Masse zur Hebung gekommen ist, eine Masseforderung.[173])

Analog unserem vorentwickelten Standpunkte in Betreff der Möglichkeit einer Kondiktion,[174]) können wir nicht umhin, auch nach bewirkter Vertheilung der Masse dem Vorgemerkten das Recht zuzu-

---

169) § 52. ad 1. Konk.-Ordng. 170) §§ 15. 52. ad 2. Konk.-Ordng. 171) Cf. diesen Abschnitt unter 5. 172) § 38. Konk.-Ordng. 173) §§ 38. 52. ad 3. Konk.-Ordng. 174) Cf. diesen Abschnitt unter 5. d.

gestehen, das percipiendum von den einzelnen Konkursgläubigern pro rata zu kondiciren.

bb) Expropriation. Neben die Subhastation tritt als zweite Art zwangsweiser Eigenthumsentziehung, bei welcher der Charakter eines Verkaufs des Grundstückes, bezw. einer Succession des Erwerbers in die Rechte des Enteigneten noch weniger festzuhalten sein dürfte, als bei jener, die Expropriation. Die Analogien wie die Abweichungen von der Subhastation ergeben sich unmittelbar aus dem theils gleichartigen, theils verschiedenen Charakter der beiden Institute.

I. Beiden gemeinschaftlich ist neben der Enteignung die Verschaffung von Eigenthum, wie dort für den Adjudikatar, so hier für den Exproprianten, den Extrahenten des Verfahrens, wie das Gesetz ihn nennt, den Unternehmer. An die Stelle des Zuschlagsbescheides tritt hier der Enteignungsbeschluß der Verwaltungsbehörde.[175]) Mit der Zustellung desselben an Unternehmer und Exproprиaten erwirbt der Unternehmer das Eigenthum.[176]) Die Eintragung schließt sich regelmäßig an den Erwerb an,[177]) ist aber für denselben nicht wesentlich.[178]) Irgend ein Rechtsmittel ist gegen den Enteignungsbeschluß nicht gegeben. Derselbe ist unanfechtbar. Er vernichtet somit das Recht des Vorgemerkten, soweit es sich um die Individualität dieses Rechts als Eigenthum des enteigneten Grundstücks handelt. Wenn § 33. Ges. v. 11. Juni 1874 den Enteignungsbeschluß als einem gerichtlichen Erkenntnisse gleichstehend bezeichnet, so ist das zu wenig und unzutreffend. Ein gerichtliches Erkenntniß als solches, es sei denn der im Gegensatze zum Enteignungsbeschlusse mit Beschwerde anfechtbare[179]) Zuschlagsbescheid des Subhastationsrichters, an welchen aber im Gesetze hier offenbar gar nicht gedacht ist, nimmt und verleiht in Wahrheit niemals, wie der Enteignungsbeschluß, Eigenthum. Die Kraft des unanfechtbaren Enteignungsbeschlusses reicht also über die Kraft irgend eines gerichtlichen Erkenntnisses hinaus.

II. Abweichend gestaltet sich die Frage des Widerspruches. Mit der Distraktionsbefugniß des Subhastationssuchers mußte das Recht des Vorgemerkten unter Umständen siegreich in Konkurrenz treten können, gegenüber dem Expropriationsrechte kann davon keine Rede sein. Bezweckt jene die Realisirung eines einer bestimmten Person zustehenden Vermögensrechts im Wege zwangsweiser Verwerthung des Eigenthumsrechts einer anderen bestimmten Person, so daß sie

[175]) § 32. Ges. v. 11. Juni 1874. [176]) § 44. ibidem. [177]) § 33. ibidem. [178]) § 44. ibidem. [179]) §§ 86. flgd. Ges. v. 13. Juli 1883.

je nach den Modifikationen, welche ihre nothwendigen Voraussetzungen durch das grundbuchmäßig gewährleistete Recht des Vorgemerkten erleiden, ins Schwanken geräth bezw. aufgehoben wird, so bezweckt das Expropriationsrecht, welches durch Königliche Verordnung,[180] nur in Ausnahmefällen durch Ausspruch einer Verwaltungsbehörde[181]) verliehen wird, im öffentlichen Interesse[182]) die Beseitigung des einem bestimmten Unternehmen entgegenstehenden Eigenthums. Die Person des Eigenthümers tritt hierbei vollständig zurück. Das Expropriationsrecht ist ein nur die Sache im Auge habendes Recht. Es ergreift das zu enteignende Grundstück. Ein Widerspruch ist ausgeschlossen. Das Expropriationsrecht will und soll eben das wahre Eigenthum an dem zu dem im öffentlichen Interesse für unumgänglich erklärten Unternehmen benöthigten Grundstücke, nicht das Eigenthum einer bestimmten Person brechen. Das vorgemerkte Eigenthum kann in dieser Beziehung nicht besser gestellt werden, als das eingetragene.

III. Analog den für die Subhastation geltenden Vorschriften dagegen gestaltet sich wiederum die Frage des dem mit dem dinglichen Rechte präkludirten Vorgemerkten zu gewährenden Ersatzrechts. Die Stelle des Subhastationskaufgeldes nimmt hier die sogenannte Entschädigung ein. Der Betrag der Entschädigung wird in einem besonderen Administrativverfahren ermittelt und festgestellt.[183]) An diesem Verfahren darf jeder Interessent, d. h. Jeder, der ein Interesse bezw. einen Anspruch auf Entschädigung geltend macht, behufs Wahrnehmung seiner Rechte participiren.[184]) Gegen den Feststellungsbeschluß der Verwaltungsbehörde steht jedem Interessenten mit sechs Monaten präklusivischer Frist der Rechtsweg offen.[185]) Die Enteignung wird, abgesehen von den einer schleunigeren Behandlung unterliegenden für dringlich erklärten Fällen,[186]) erst nach Erledigung des dem Unternehmer gegenüber offen gelassenen Rechtsweges und in jedem Falle erst nach Zahlung oder Hinterlegung der festgestellten Entschädigungssumme ausgesprochen.[187]) Mit dem Moment der Enteignung wird das Grundstück von allen bisher darauf haftenden privatrechtlichen Ansprüchen frei.[188]) In Betreff aller bis dahin bestandener Realrechte tritt die Entschädigung an die Stelle des Grundstücks.[189]) Hafteten auf dem letzteren Reallasten, Hypotheken oder Grundschulden, oder sind neben dem Eigenthümer Entschädigungsprätendenten vor-

---

[180]) § 2. Ges. v. 11. Juni 1874. [181]) § 3. ibidem. [182]) § 1. ibidem. Artikel 9. Verfassungs-Urkunde für den preußischen Staat. [183]) §§ 24. flgd. Ges. v. 11. Juni 1874. [184]) § 25. al. VI. ibidem. [185]) § 30. ibidem. [186]) § 34. ibidem. [187]) § 32. ibidem. [188]) § 45. al. I. ibidem. [189]) § 45. al. II. ibidem.

handen, deren Ansprüche an die Entschädigungssumme noch nicht feststehen, oder aber ist das Grundstück Fideikommiß- oder Stammgut, oder steht es im Lehn- oder Leiheverbande, so wird die Entschädigung nicht ausgezahlt, sondern hinterlegt.[190]) Liberirt von der Pflicht zur Hinterlegung ist jedoch der Fiskus.[191]) Ihre Ansprüche auf den hinterlegten Betrag können die Interessenten nach ihrer Wahl im Wege eines gütlichen Vertheilungsverfahrens oder im Rechtswege zur Entscheidung bringen.[192]) Insbesondere darf der Eigenthümer auch die Vermittelung der Auseinandersetzungsbehörden für Regulirung gutsherrlicher und bäuerlicher Verhältnisse, Ablösungen und Gemeinheitstheilungen anrufen.[193])

Die Entschädigung tritt somit auch für den Vorgemerkten an die Stelle des enteigneten Grundstücks, und er wird analog den oben[194]) entwickelten Grundsätzen so viel von der Entschädigung beanspruchen dürfen, als ihm zustände, wenn er in Wahrheit der Expropriat gewesen, oder mit anderen Worten, wenn er, anstatt vorgemerkt zu werden, alsbald als Eigenthümer eingetragen worden wäre. Er wird demnach ältere Realrechte zu respektiren haben, dagegen der Theilnahme jüngerer Realinteressenten mit Erfolg entgegentreten dürfen. Auch wird man ihm, wie jedem anderen Interessenten, die Beschreitung des Rechtsweges gegenüber dem Feststellungsbeschlusse der Administrativbehörde gestatten müssen. Endlich kann es keinem Zweifel unterliegen, daß er zu Unrecht an andere Interessenten zur Auszahlung gelangte, von Rechts wegen ihm zustehende Quoten der Entschädigungssumme von den zu seinem Nachtheil und auf seine Kosten unrechtmäßig Bereicherten zu kondiciren befugt ist.

cc). Freihändige Veräußerung im Konkurse. Bot der Versuch, das Verhältniß zwischen Subhastation und Eigenthumsvormerkung, den Einfluß und die modificirende Einwirkung der einen auf die andere klar zu stellen, Gelegenheit zu eingehenderer Erörterung einer Reihe unserem Thema für den ersten Blick ziemlich fern liegender Rechtsfragen, so gestaltet sich die Beantwortung der Frage nach der gegenseitigen rechtlichen Beziehung zwischen der Eigenthumsvormerkung und einer freihändigen Veräußerung des Grundstücks von Seiten des Verwalters im Konkurse verhältnißmäßig viel einfacher. Es fehlt hier das Moment des konstitutiven, Eigenthum verleihenden, richterlichen Zuschlags. Die Veräußerung vollzieht sich in den gewöhnlichen Formen der sonstigen freiwilligen

---

190) § 37. ibidem. 191) § 41. ibidem. 192) § 37. al. III. ibidem. 193) § 49. ibidem. 194) Cf. diesen Abschnitt unter aa). II. 5).

Veräußerung mittels Auflassung und Eintragung, und es ist nicht abzusehen, warum ihr eine größere Kraft innewohnen sollte, als irgend einer anderen. Daß statt des Gemeinschuldners der Verwalter veräußert, ist ebenso irrelevant, wie die Stellvertretung für die Wirkung der Rechtsgeschäfte im Allgemeinen. Daß dem Kridar gegenüber ein Zwang vorliegt, ist richtig. Dieser Zwang bezw. die Berechtigung zu diesem Zwange entspringt aber rein obligatorischen Ansprüchen gegen den Gemeinschuldner.[195]) Sie erscheint der Vormerkung gegenüber stets als die schwächere, und zwar nach den vorangegangenen Erörterungen[196]) auch dann, wenn die Vormerkung erst nach der Eröffnung des Konkursverfahrens erlangt worden ist. Die rein logische Betrachtung kann es demnach nicht rechtfertigen, die Veräußerung gegenüber dem Vorgemerkten, der dieselbe, die Liquidestellung seines Rechtes vorausgesetzt, nicht zu dulden brauchen würde, nach der Liquidestellung seines Rechts gelten zu lassen. Eine positive Rechtsvorschrift aber, die zur Annahme dieses a priori sich als unrichtig darstellenden Resultates nöthigte, ist nicht vorhanden. Es ist nirgends ausgesprochen, daß der vom Verwalter vorgenommene freihändige Verkauf in der Masse befindlicher, aber dem Gemeinschuldner nicht gehöriger Sachen nicht den regulären Vorschriften des bürgerlichen Rechts über den Verkauf fremder Sachen unterliege, weder für Mobilien noch für Immobilien. Eine solche Vorschrift ist auch nicht aus § 38. Konk.-Ordng. zu entnehmen. Nach § 38. cit., den wir allerdings unbedenklich auch auf den Vorgemerkten beziehen, hat derselbe, wenn das Grundstück vor der Eröffnung des Verfahrens von dem Gemeinschuldner oder nach der Eröffnung des Verfahrens von dem Verwalter veräußert worden ist, einen Anspruch auf Cession des Rechts auf die Gegenleistung, soweit dieselbe noch aussteht, und einen Masseanspruch auf Herausgabe der Gegenleistung aus der Konkursmasse, soweit sie nach der Eröffnung des Verfahrens zu derselben eingezogen worden ist. Mit keinem Worte ist jedoch gesagt, daß eine solche Veräußerung die Vormerkung beseitige, ihren regulären Effekt annullire. Man wird dies um so weniger in das Gesetz hineinlesen dürfen, als dasselbe nicht nur von Veräußerungen des Verwalters, sondern auch von Veräußerungen des Gemeinschuldners vor Eröffnung des Verfahrens handelt, derartigen Veräußerungen gegenüber aber ein Grund für eine solche Anomalie schlechterdings nicht abzusehen ist. § 38. Konk.-Ordng. verleiht dem Vorgemerkten ein Recht, welches eine gewisse Analogie

[195]) Sämmtliche Konkursgläubiger sind nur persönliche Gläubiger des Gemeinschuldners. § 2. Konk.-Ordng. [196]) Cf. diesen Abschnitt unter aa) II. 6. c.

mit dem Anspruche auf das Subhastationskaufgeld hat; daß aber auch hier das Kaufgeld an die Stelle des Grundstücks trete, daß der Vorgemerkte nur befugt sei, das Recht aus § 38. geltend zu machen, mit seinem dinglichen Rechte aber präkludirt werde, das müssen wir bestreiten. U. E. hat der Vorgemerkte vielmehr die Wahl, ob er sein dingliches Recht oder das persönliche Ersatzrecht aus § 38. verfolgen will. § 38. verleiht ihm nicht sowohl ein Weniger an Recht, als vielmehr ein Mehr an Recht! Anstatt eines individuell bestimmten Rechts erhält er ein Wahlrecht zwischen zwei verschieden gearteten Rechten.

Erstreckt sich somit die resolvirende Kraft der Vormerkung auf freiwillige Veräußerungen des Verwalters im Konkurse, so ist andererseits ein Grund, dem Vorgemerkten ein Widerspruchsrecht gegen derartige Veräußerungen zu gewähren, nicht vorhanden. Die in Folge einer siegreich durchgeführten Eviktion des Vorgemerkten entstehenden rechtlichen Beziehungen zwischen dem verdrängten dritten Erwerber und der Konkursmasse bezw. dem Gemeinschuldner und den einzelnen Konkursgläubigern interessiren hier nicht.

β). Noch einfacher erledigt sich die Frage nach dem Verhältnisse zwischen Vormerkung und zwangsweiser Belastung. Ein Unterschied in der Wirkung der freiwilligen und der zwangsweisen Belastung auf die Vormerkung bezw. der letzteren auf die Belastung ist um deshalb nicht anzuerkennen, weil beide, wenn auch in verschiedener Weise, ein Ausfluß der durch die Vormerkung paralysirten Belastungsbefugniß des Bucheigenthümers sind. Auch die Zwangsbelastung steht und fällt mit dieser Befugniß. Wer gar nicht belasten darf, kann auch nicht verpflichtet sein, zu belasten. Wer nicht belasten wollen darf, darf auch nicht belasten müssen. Eine im Verhältniß zur Vormerkung stärkere Befugniß des Berechtigten, etwa wie die Distraktionsbefugniß des älteren hypothecarius, steht hier niemals in Frage.

d). Einer besonderen Erörterung bedarf endlich die Vormerkung zum Schutze des Parcellenerwerbes wegen seines Rechts auf Auflassung der erkauften Parcelle um deshalb, weil bei der wirklichen Abschreibung der Parcelle vom Stammgrundstücke die Löschung dieser Vormerkung von Amts wegen erfolgt.[197]) Es wird in Folge dessen die Ansicht vertreten,[198]) daß die Nacheintragungen des Hauptgrundstücks auf die Parcelle nicht mit zu übertragen seien, weil sonst nach Löschung der

---

[197]) § 64. Grundb.=Ordng. [198]) Achilles, Note II. 1.c. zu § 30. Eigenth.=Erw.=Ges. S. 215., Note 4. zu § 64. Grundb.=Ordng. S. 412. Turnau, Note 4. zu § 64. Grundb.=Ordng. S. 245. 246.

Vormerkung eine Klage auf Löschung derartiger mitübertragener Posten gegen etwaige gutgläubige Cessionare nicht durchzuführen und somit der Zweck der Vormerkung zu einem guten Theile verfehlt wäre. Die Frage hat ihre Bedenken. Da der Nichtübertragung gesetzlich die Kraft der Löschung innewohnt,[199]) so würde in derselben immerhin ein Entziehen von Rechten abseiten des Grundbuchrichters ohne vorausgegangenes rechtliches Gehör und richterliche Entscheidung liegen. Wir möchten uns aber trotzdem dafür entscheiden, da der Gläubiger sein verloren gegangenes Recht, wenn ein solches bestanden haben sollte, eventl. seinerseits unter Zuhilfenahme einer Vormerkung,[200]) immerhin ziemlich leicht wiederherstellen könnte, und da doch zu präsumiren ist, daß ihm entweder der Vormerkung gegenüber ein Recht gar nicht zustand, oder, wenn dies doch der Fall sein sollte, daß das Grundbuch dies deutlich ergeben und daher jedenfalls die Mitübertragung erfolgen wird. Andererseits hat der Parcellenerwerber nach Löschung der Vormerkung in der That keine Handhabe, die in Rede stehenden Posten, wenn sie gutgläubigen Dritten kompetiren, von seinem Grundstücke zu beseitigen. Das Kammergericht[201]) hat ausgesprochen, die Posten seien zwar zu übertragen, der Grundbuchrichter solle aber das Sachverhältniß bei denselben vermerken. Das dürfte jedoch nicht mehr Rechtsauslegung, sondern mehr oder minder willkürliche Rechtsbildung sein. Die Frage nach Natur und Wirkung eines solchen ohne jeden gesetzlichen Anhalt dastehenden Vermerks bliebe eine offene. Die Entscheidung involvirt zudem einen argen Verstoß gegen die zwingende Vorschrift des § 30. Grundb.-Ordng. Ex officio-Eintragungen darf die Praxis danach neben dem geschriebenen Rechte in keinem Falle schaffen. Das Kammergericht will Satan durch Beelzebub vertreiben. De lege ferenda dürfte sich die Beseitigung der ex officio-Löschung, nicht eine Häufung der ex officio-Eintragungen empfehlen.

Erwähnt sei, daß das Reichsgericht[202]) der Auflassungsvormerkung eventl. Wirksamkeit selbst gegen den Subhastationsadjudikatar zugesprochen hat. Die Richtigkeit dieser Auffassung darf an sich bezweifelt werden; gegenüber dem Gesetze vom 13. Juli 1883 sind die Ausführungen des Gerichtshofs jedenfalls hinfällig.

---

[199]) § 33. Eigenth.-Erw.-Ges. [200]) § 22. Eigenth.-Erw.-Ges. [201]) Bd. I. S. 116. [202]) Entsch. Bd. VII. S. 177 flgd.

Zweiter Abschnitt.

Die Anfechtungsvormerkung.

I.

Die Grundlage.

Eine besondere Art des Rechtsschutzes, bereits im römischen Rechte [1]) ausgebildet, im modernen Rechte jedoch wesentlich erweitert, bildet das gegen Rechtshandlungen seines Schuldners sich richtende sogenannte Anfechtungsrecht des Gläubigers.

1). Dasselbe erstreckt sich ein Mal naturgemäß auf alle den Gläubiger schädigenden Verfügungen des Schuldners über sein Vermögen, soweit dieselben nach allgemeinen Grundsätzen nichtig sind. Es enthält insoweit eine Besonderheit nicht, da nach feststehender Rechtsregel jeder, der an der Feststellung der Nichtigkeit eines Rechtsgeschäfts ein rechtliches Interesse hat, dieselbe betreiben darf. Hier wird jedoch die Frage, ob ein Rechtsgeschäft nichtig oder nur anfechtbar ist, von Bedeutung, da ein anfechtbares Geschäft nur von den Kontrahenten, von außerhalb des Geschäfts stehenden Dritten aber, etwa von einem durch das Geschäft geschädigten Gläubiger eines der Kontrahenten, an sich nicht angefochten werden darf. [2])

Uns interessiren für die vorliegenden Erörterungen nur nichtige Veräußerungen bezw. nur das Recht des Gläubigers, eine nichtige Grundstücksveräußerung seines Schuldners anzufechten.

Dieses Gläubigerrecht bezweckt Ermöglichung der Zwangsvollstreckung wegen der Forderung des Gläubigers in das nichtig veräußerte Grundstück des Schuldners und ist, um den vermöge der Veräußerungs- und Belastungsbefugniß des eingetragenen Eigenthümers ihm drohenden Gefahren Stand halten zu können, vormerkungsfähig. [3])

2). Neben dieser allgemeinen, aus der Nichtigkeit eines Rechtsgeschäfts des Schuldners fließenden Anfechtungsbefugniß und über dieselbe hinaus hat das Gesetz sowohl dem Einzelgläubiger außerhalb des Konkurses [4]) als auch im Konkurse der Gläubigerschaft [5]) in dem sogenannten Paulianischen Rechtsmittel eine Handhabe gegeben, benachtheiligende Rechtshandlungen des Schuldners zum Zwecke ihrer Befriedigung als dem Anfechtenden gegenüber unwirksam anzufechten und

---

[1]) § 6. J. de actionibus IV. 6.; ferner D. XLII. 8. (Quae in fraudem creditorum facta sunt', ut restituantur.). Cf. auch Huschke, in der „Zeitschrift für Civilrecht und Proc." N. F. Bd. XIV. S. 1. [2]) Cf. dieses Cap. ersten Abschnitt unter I. B. [3]) § 9. Eigenth.-Erw.-Ges. [4]) Reichsgesetz v. 21. Juli 1879. [5]) §§ 22.—34. Konk.-Ordng.

damit im weiteren Verfolg gegenüber dem Anfechtenden den früheren Zustand wiederherzustellen, der Rechtshandlung ihm gegenüber den benachtheiligenden Effekt zu entziehen.

a). Ueber die principielle Grundlage dieses singulären Rechtsmittels herrscht in Theorie und Praxis heftiger Streit. Während die einen dasselbe als eine Deliktsobligation konstruiren, wollen die anderen in ihm nur eine obligatio e lege mit rein restitutorischem Charakter erblicken; noch andere sprechen von einem dinglichen Rechte und einer dinglichen Klage; endlich fehlt es auch nicht an solchen, denen die ganze Anfechtung nichts anderes als ein gesetzliches Mittel der Zwangsvollstreckung ist.[6]) Das geltende positive Recht in seiner seltsam kasuistischen Ausgestaltung bietet genügende Anhaltepunkte, um in Bezug auf einen bald größeren, bald kleineren Theil von Specialbestimmungen eine jede der aufgestellten Theorien, ausgenommen u. E. nur diejenige, welche das Anfechtungsrecht zu einem dinglichen stempeln will, mit Aussicht auf Erfolg zu vertheidigen. Der ganze Inhalt des geltenden Rechts dürfte sich jedoch mit keiner einzigen der versuchten logischen Konstruktionen vereinigen lassen, und man wird zugeben dürfen, daß es dem positiven Recht für die in Rede stehende Materie an einer streng festgehaltenen, einheitlich durchgedachten principiellen Grundlage fehlt.

Es mag dahin gestellt bleiben, ob dies ein Mangel oder ein Vorzug des Gesetzes ist. Auch diese Frage wird mit einem knappen Ja oder Nein kaum zutreffend beantwortet werden. Die am Schlusse einer sehr gründlichen Erörterung des ganzen Anfechtungsrechts jüngst de lege ferenda aufgestellte Forderung, die ganzen in Geltung befindlichen, allerdings zu Kontroversen überreichen Stoff darbietenden positiven Rechtssätze bei der Kodificirung des bürgerlichen Rechts für ganz Deutschland durch einen einzigen principiellen Rechtssatz zu ersetzen,[7]) eine Forderung, deren ideologische Natur der Verfasser selbst nicht verkennt, dürfte denn doch zahlreicheren Schwierigkeiten begegnen und bedenklichere Konsequenzen zeitigen, als der Verfasser anzunehmen scheint. Es kann nicht unsere Aufgabe sein, in dem Streite der Meinungen darüber, welche principielle Auffassung der tieferen Grundlage der Paulianischen Anfechtung in Wahrheit durch die Natur der Sache gerechtfertigt werde, uns für die eine oder die

[6]) Cf. Cosack, „das Anfechtungsrecht der Gläubiger, Stuttgart 1884“, § 1. S. 2. und §§ 4.—7., S. 15.—32. — Die Auffassung als eines dinglichen Rechts tritt hervor bei Achilles, Note 4.a. zu § 9. al. III. Eigenth.-Erw.-Ges. S. 118. 119. Cf. dagegen denselben Note 6.b. zu § 9. al. I. S. 113.| [7]) Cosack, § 67., S. 364.—367.

andere theoretische Konstruktion zu entscheiden. Der Zweck der vorliegenden Erörterungen ist beschränkt genug, um auch ohne ein so fragwürdiges Beginnen erreichbar zu bleiben. Uns beschäftigt nicht das Anfechtungsrecht in der Totalität seiner mannigfaltigen Bestimmungen. Unserer Betrachtung unterliegt nur das vom Gesetze[8]) für vormerkungsfähig erklärte Recht des Gläubigers, eine Grundstücksveräußerung des Schuldners anzufechten. Hierfür genügt eine Erörterung des positiven Inhalts und Umfangs dieses aus dem großen Kreise von Anfechtungsbefugnissen herausgenommenen speciellen Anfechtungsrechts.

b). Einer eingehenderen Erörterung der Voraussetzungen des Rechts entschlagen wir uns, da das für die Wirkung der Vormerkung ausschließlich in Betracht kommende Moment nicht sowohl die Voraussetzungen, als vielmehr der materielle Inhalt und die Wirkungen des Rechts sind. Eine kasuistische Besprechung der Voraussetzungen würde zu weit führen. Allgemeine Voraussetzung ist entweder der Konkurs des Schuldners[9]) oder aber außerhalb des Konkurses Zahlungsunfähigkeit des Schuldners einerseits, Vollstreckbarkeit und Fälligkeit der Forderung des Gläubigers andererseits.[10]) Die speciellen Voraussetzungen sind, wie gesagt, überaus kasuistisch geregelt. Das Anfechtungsrecht ist enger begrenzt außerhalb des Konkurses, hat einen weiteren Spielraum im Konkurse. Die einzelnen Fälle, deren Aufzählung erübrigt, sind, was immer man gegen die Dolustheorie der Motive zur Konk.-Ordng. an Argumenten ins Feld führen mag, durchweg von einer unverkennbaren Familienähnlichkeit. Entweder entsprang die anfechtbare Veräußerung der nachweisbaren Absicht, die Gläubiger des Veräußerers durch die Veräußerung zu verkürzen, oder aber die Sach- und Rechtslage oder, wenn man will, die Erfahrungen der Statistik rechtfertigen die Präsumtion einer solchen dolosen Absicht. Hierbei soll nicht verkannt werden, daß der Ausschluß des Gegenbeweises gegen diese Präsumtion für die Fälle unentgeltlicher Verfügungen[11]) und gewisser Verfügungen zu Gunsten des Ehegatten des Schuldners[12]) gerade vom Standpunkte einer Deliktsobligation aus eine auffällige Inkonsequenz enthält, und sind wir der Hereinziehung anderer Gesichtspunkte, insbesondere des Gesichtspunktes, daß das Gesetz die Gefahr der Insolvenz einer Person auch ohne die Nothwendigkeit deliktischer Präsumtionen sicherlich mit mehr Recht dem von der insolventen Person Beschenkten bezw. den vor

---

[8]) § 9. Eigenth.-Erw.-Ges. [9]) § 22. Konk.-Ordng. [10]) § 2. Ges. v. 21. Juli 1879. [11]) § 25. ad 1. Konk.-Ordng. § 3. ad 3. Anf.-Ges. [12]) § 25. ad 2. Konk.-Ordng. § 3 ad 4.) Anf.-Ges.

Transaktionen mit dem Zahlungsunfähigen nicht zurückschreckenden nächsten Verwandten desselben, als seinen Gläubigern auferlegen dürfe, durchaus nicht unzugänglich.

c). Doch nun der Inhalt des Rechts. Auch dieser ist nicht unstreitig. Man versucht die verschiedensten Formulirungen: ein Recht auf Leistung des vollen Interesse, ein Recht auf Wiederherstellung des gewesenen, durch die benachtheiligende Rechtshandlung zum Nachtheil des Anfechtenden beseitigten Zustandes, ein Recht auf Zwangsvollstreckung, ein Recht auf Herausgabe der Bereicherung.[13]) Wir sind auch hier in der vortheilhaften Lage, uns beschränken zu dürfen, da unser Interesse sich auch hier auf eine Einzelfrage koncentrirt. Uns interessirt ausschließlich der Inhalt des Rechts, soweit es sich gegen das veräußerte Grundstück selbst richtet oder präciser ausgedrückt: nur soweit das Anfechtungsrecht eine das Grundstück selbst ergreifende Wirkung zu äußern vermag, werden wir dasselbe in Betracht ziehen; wie weit ihm dieses ohne Vormerkung und wie weit mit Hilfe der Vormerkung möglich ist, nur diese beiden Fragen haben wir zu beantworten. Was aus dem Anfechtungsrechte wird, wenn ihm das Grundstück so zu sagen entgleitet und an Stelle des Grundstücks nur noch vertretbare Werthe zu erlangen sind, das interessirt uns durchaus nicht.

α). Demnach scheidet die Anfechtung gegen einen gutgläubigen Geschenknehmer, deren Inhalt sich sowohl innerhalb wie außerhalb des Konkurses stets auf Herausgabe einer abstrakten Bereicherung beschränkt,[14]) für uns vorweg aus.

β). Im Uebrigen darf der anfechtende Gläubiger außerhalb des Konkurses nach dem klaren Wortlaut des Gesetzes verlangen, daß das veräußerte Grundstück, soweit es zu seiner Befriedigung erforderlich ist, als noch zum Vermögen seines Schuldners gehörig von dem Erwerber zurückgewährt werde.[15]) Der Klageantrag soll bestimmt angeben, in welchem Umfange und in welcher Weise die Rückgewähr seitens des Erwerbers bewirkt werden soll.[16]) Wegen Erstattung etwaiger Gegenleistungen wird der Erwerber lediglich an seinen Veräußerer verwiesen.[17])

Die flüchtigste Betrachtung führt zu dem Resultat, daß diese Rückgewähr zum Mindesten ein nicht glücklich gewählter Ausdruck ist. Das Gesetz sagt nicht, wem das Grundstück zurückgewährt werden solle. Eine Rückgewähr des Grundstücks an den Schuldner

---

[13]) Cf. die Ausführungen von Cosack, §§ 43. 44. S. 238. flgd. [14]) §§ 30. al. II. Konk.-Ordng., 7. al. II. Anf.-Ges. [15]) § 7. al. I. Anf.-Ges. [16]) § 9. ibidem. [17]) § 8. ibidem.

wird den Gläubiger begreiflicher Weise nur dann interessiren, wenn er sicher ist, nach erfolgter Rückgewähr alsbald im Wege der Zwangsvollstreckung seine Befriedigung aus dem Grundstücke suchen zu können. Der Gläubiger bezweckt nicht, seinem Schuldner einen Vermögenszuwachs, sondern sich Befriedigung wegen seiner vollstreckbaren Forderung zu verschaffen. Wenn der Gläubiger zum Zwecke dieser seiner Befriedigung eine Grundstücksveräußerung seines Schuldners, wie das Gesetz an anderer Stelle[18]) es zutreffend ausdrückt, als ihm, dem Gläubiger, gegenüber unwirksam anficht, so geschieht diesem Zwecke nach jeder Richtung hin Genüge, wenn das Grundstück ihm, dem Gläubiger, gegenüber einfach als noch zum Vermögen des Schuldners gehörig betrachtet und ihm die Zwangsvollstreckung in dieses dem Schuldner in Wahrheit nicht mehr gehörige Grundstück der erfolgten Veräußerung ungeachtet gestattet wird. Die Zwischenstation einer Rückgewähr des Grundstücks an den Schuldner, auf welche der Schuldner seinerseits gar keinen Anspruch hat, erscheint nur geeignet, das mühsam gerettete Recht des Gläubigers aufs Neue zu gefährden oder doch zu verschleppen. Andererseits kann das Gesetz nur eine Rückgewähr an den Schuldner gemeint haben; denn von einer Rückgewähr an den Gläubiger darf aus dem doppelten Grunde, weil er das Grundstück nicht zuvor gehabt hat und auf das Haben des Grundstücks schlechterdings keinen Anspruch hat, keine Rede sein.

Die Praxis hat angesichts dieser Sachlage keinen Anstand genommen, die im Gesetze figurirende Rückgewähr über Bord zu werfen. Sie legt den Hauptaccent auf die Unwirksamkeit der stattgehabten Veräußerung gegenüber dem Gläubiger; sie dekretirt nicht die thatsächliche Rückgabe des Grundstücks an den Schuldner, sondern begnügt sich, anzuordnen, daß dasselbe dem Gläubiger gegenüber als noch zum Vermögen des Schuldners gehörig zu betrachten sei. Die Urtheile lauten demnach fast durchgängig nicht sowohl auf Rückauflassung des Grundstücks an den Veräußerer, als vielmehr auf Gestattung der Zwangsvollstreckung in das veräußerte Grundstück. Diese Praxis ist früher vom Ober-Tribunal[19]) und Reichsoberhan-

---

[18]) § 1. ibidem. [19]) Cf. z. B. Entschd. Bd. XLII. S. 103. Diese und viele andere Entscheidungen des Ob.-Trib. betreffen natürlich nicht das Reichsrecht, sondern das frühere preußische Gesetz vom 9. Mai 1855, welches in § 12. al. I. eine dem § 7. al. I. des Reichsgesetzes analoge Bestimmung enthält, in al. IV. aber hinzufügt, „das Znrückgewährte sei zur Befriedigung des Anfechtenden zu verwenden“.

delsgericht, neuerdings vom Reichsgericht ausdrücklich gutgeheißen worden.[20])

Mit dieser Beseitigung der übrigens unseres Dafürhaltens jedem Versuche praktischer Verwirklichung die vollen Schwierigkeiten eines unpraktischen Gedankens entgegensetzenden gesetzlichen Rückgewähr hat die gerichtliche Praxis u. E., was wenigstens den Inhalt des Anfechtungsrechts angeht, den im Gesetze durch das hindernde Beiwerk der Rückgewähr verhüllten Grundgedanken des Instituts klar gestellt und ihm zu seinem aus der Natur der Sache fließenden Rechte verholfen. Das Anfechtungsrecht ist nach unserer Auffassung ein Recht auf Exekution.[21]) Ein dem Schuldnervermögen entfremdeter und damit der Exekution des Gläubigers zunächst entzogener Gegenstand wird dieser Exekution wiederum unterworfen. Weiter will der Gläubiger nichts, weiter darf er nichts wollen, weiter erreicht er nichts, und weiter würde er für sich nichts erreichen, wenn selbst man den Erwerber zu einer Rückauflassung an den Veräußerer nöthigen würde. Dies gilt wohlverstanden nur, so lange der entfremdete Gegenstand noch unterscheidbar vorhanden und in seiner specifischen Gestalt für die Exekution des Gläubigers überhaupt noch erreichbar ist. Der bei Fortfall dieser Voraussetzungen eintretende Rechtszustand mag aus der Auffassung des Anfechtungsrechts als eines Rechts auf Zwangsvollstreckung eben so wenig zu konstruiren sein, als sich aus dieser Auffassung eine tiefere principielle Grundlage des gesammten Anfechtungsrechts gewinnen läßt. Wir möchten zwar beides in Zweifel ziehen, es darf aber für uns auf sich beruhen. Das Vorhandensein dieser Voraussetzungen bildet die Grenze, die Erhaltung derselben den Inhalt unseres Themas. Die Konsequenzen ihres Fortfalls sind für uns ein noli me tangere.

γ). Verfällt der Schuldner in Konkurs, so steht das Anfechtungsrecht ausschließlich dem Konkursverwalter zu.[22]) Eine Anfechtung von Seiten eines Einzelgläubigers ist während des Konkursverfahrens ausgeschlossen. Der Konkursverwalter kann einen bei Eröffnung des Konkurses schwebenden Anfechtungsproceß — derselbe wird durch die Eröffnung des Konkurses unterbrochen[23]) — aufnehmen,[24]) er kann die

---

[20]) Dieselbe findet ihre Rechtfertigung auch in den Motiven zur Konk.-Ordng. Cf. Jäckel, „die Anfechtung 2c." Berlin 1881. S. 146. 147. 180. 181.

[21]) Die Anfechtung erfolgt ja nur zum Zwecke der Befriedigung des Anfechtenden (§ 1. Anf.-Ges.). Wenn aber der Schuldner nicht zahlt, kann der Gläubiger sich nur durch Exekution Befriedigung verschaffen. [22]) § 13. al. I. Anf.-Ges. § 29. Konk.-Ordng. [23]) § 13. al. II. Satz 1. Anf.-Ges. [24]) § 217. al. I. C.-P.-O. § 13. al. I. Anf.-Ges.

Aufnahme ablehnen,[25]) er kann ohne Rücksicht auf den Proceß des Einzelgläubigers einen neuen Anfechtungsproceß bezüglich derselben Rechtshandlung anstrengen,[26]) er kann endlich eine vermöge einer Einzelanfechtung erzielte Sicherstellung oder Befriedigung eines Einzelgläubigers seinerseits anfechten.[27]) Das Anfechtungsrecht der Einzelgläubiger ruht somit während des Konkursverfahrens. Dasselbe lebt nach Beendigung des Konkurses wieder auf,[28]) aber nur, soweit nicht während des Konkurses die Anfechtung vom Verwalter durchgeführt worden ist, bezw. soweit nicht der Anfechtungsgegner dem Anspruche entgegenstehende Einreden gegen den Konkursverwalter erlangt hat.[29]) Uebrigens bezieht sich das Ruhen des Einzelanfechtungsrechts während des Konkurses nicht auf solche Rechtshandlungen, welche der Gemeinschuldner rücksichtlich seines nicht zur Konkursmasse gehörigen Vermögens vorgenommen hat.[30]) Insbesondere also unterliegen Rechtshandlungen hinsichtlich des erst während des Konkursverfahrens erworbenen Vermögens des Schuldners auch während des Konkursverfahrens der Einzelanfechtung von Seiten der Gläubiger.

δ). Die konkursmäßige Anfechtung des Verwalters geschieht im Interesse sämmtlicher Gläubiger und richtet sich auf Rückgewähr des aus dem Vermögen des Gemeinschuldners veräußerten Grundstücks zur Konkursmasse.[31])

Während das Gesetz sich bei der nicht konkursmäßigen Anfechtung restringirt und die vorstehend[32]) von uns gewürdigte Rückgewähr außerhalb des Konkurses nur anordnet bezw. zuläßt, soweit es zur Befriedigung des anfechtenden Gläubigers erforderlich ist, eine Restriktion, welche übrigens bei dem Versuche einer praktischen Verwirklichung der Rückgewähr außerhalb des Konkurses zur Aufwerfung der seltsamsten Fragen führen würde,[33]) fehlt in der Konk.=Ordng. eine derartige Einschränkung. Es wäre jedoch verfehlt, anzunehmen, daß diese Einschränkung, welche u. E. tief in der Natur der Sache begründet ist, nun in Wahrheit im Konkurse nicht gelte, und daraus wiederum auf eine inhaltliche Verschiedenheit des Anfechtungsrechts innerhalb und außerhalb des Konkurses zu schließen. Das Recht bleibt auch im Konkurse lediglich ein Recht auf Zwangsvollstreckung. Es bedarf dies kaum einer weitläufigen Begründung; ist doch das ganze Konkursverfahren nichts Anderes,

---

[25]) § 13 al. II. Satz 4. Anf.=Ges. [26]) § 13. al. II. Satz 5. ibidem. [27]) § 13. al. III. ibidem. [28]) § 13. al. IV. ibidem. [29]) ibidem. [30]) § 13. al. V. ibidem. [31]) § 30. al. I. Konk.=Ordng. [32]) Cf. unter β). [33]) Soll beispielsweise das Grundstück zum Zwecke theilweiser Rückgewähr eventl. parcellirt werden?

als eine zusammenhängende, in der Form allerdings mehrfach von dem gewöhnlichen Gange der Exekution sich emancipirende Zwangsvollstreckung. Wird das Grundstück durch Auflassung zur Konkursmasse zurückgewährt, so fällt es sofort der Zwangsvollstreckung anheim. Der Gemeinschuldner erhält die Verfügung über dasselbe auch nicht einen Augenblick. Es wird entweder subhastirt[34]) oder in Ausnahmefällen vom Verwalter freihändig veräußert.[35]) Dem dritten Erwerber kann es hier ebenso wie außerhalb des Konkurses offenbar gleichgültig sein, ob er das Grundstück zurückgewährt oder nur die Zwangsvollstreckung in dasselbe gestattet. Andererseits ist die Rückgewähr im Konkurse mit Rücksicht darauf, daß dem Gemeinschuldner die Verfügung über die Konkursmasse entzogen ist,[36]) mit Bedenken vom Standpunkte der Gläubiger aus nicht verknüpft. Dennoch darf sie nur verlangt werden, soweit sie zum Zwecke der Befriedigung der Gläubiger erforderlich ist. Eine weitergehende Verpflichtung enthielte eine so große Unbilligkeit gegen den Erwerber, daß es einer ausdrücklichen positiven Gesetzesvorschrift bedürfte, um eine solche als geltendes Recht zu betrachten. Sind sämmtliche Konkurs- und Masseforderungen ohne Zuhilfenahme des Grundstücks aus der Masse zu decken, so ist die Anfechtung u. E. nicht begründet, eben weil die Gläubiger dann durch die Veräußerung nicht benachtheiligt sind und die Rückgewähr in einem solchen Falle auf eine vom Gesetze sicherlich nicht beabsichtigte, völlig rechtlose Bereicherung des Gemeinschuldners auf Kosten des Erwerbers hinauslaufen würde. Dasselbe gilt, wenn der Erwerber den fehlenden Betrag behufs Abwendung der Anfechtung in die Masse einschießt. Dasselbe muß endlich gelten, wenn der Erwerber nur denjenigen Betrag einschießt, welcher unter Zugrundelegung des wahren Werthes des Grundstücks bei einer etwaigen Subhastation als percipiendum auf die Masse entfallen würde. Es handelt sich überall hier nicht um ein Recht des Gemeinschuldners, sondern der Gläubiger. Letztere haben aber einen Anspruch auf das Haben des Grundstücks nicht. Eben deshalb kann der Verwalter auch hier anstatt der Rückgewähr lediglich die Gestattung der Zwangsvollstreckung, und zwar in ihren drei verschiedenen Formen als Zwangseintragung, Zwangsverwaltung und Zwangsversteigerung verlangen; für die Zulässigkeit dieser Abschwächung der im Gesetze vorgesehenen Rückgewähr sprechen logisch dieselben Gründe wie außerhalb des Konkurses. Wird trotzdem außerhalb des Konkurses stets nur

---

[34]) § 116. Konk.-Ordng. [35]) § 122. ad 1. Konk.-Ordng. [36]) § 5. ibidem.

Zulassung der Exekution, im Konkurse fast stets die Rückgewähr beansprucht, so erklärt sich dies aus rein praktischen Erwägungen. Eben deshalb steht der Anspruch auf eine etwaige Subhastationshyperocha nicht ohne Weiteres dem Kridar zu, ebensowenig, wie er etwa das nach siegreich durchgeführter Anfechtung de facto zurückgewährte Grundstück ohne Weiteres behalten darf, wenn er im Wege der Güte eine Aufhebung des Konkursverfahrens erzielt.

Dies führt zu der Frage nach dem Schicksal der Gegenleistung des Erwerbers im Falle der konkursmäßigen Anfechtung. Außerhalb des Konkurses wurde der Erwerber mit seinen diesbezüglichen Ansprüchen einfach an den Veräußerer verwiesen.[37]) Anders hier. Die Gegenleistung ist aus der Masse zu erstatten, soweit sie sich in derselben befindet oder soweit die Masse um ihren Werth bereichert ist.[38]) Darüber hinaus ist dem Erwerber allerdings, analog der nicht konkursmäßigen Anfechtung, nur eine Konkursforderung gewährt.[39]) Diese Abweichung erklärt sich formell daraus, daß Gläubiger und Schuldner hier von der nämlichen Person, dem Verwalter, vertreten werden; es war deshalb nicht wohl angängig, auch hier den Erwerber einfach an den Schuldner zu verweisen, ohne seinem Anspruche wenigstens einen konkreten und konkursmäßigen Inhalt zu geben. Die diesem Gegenanspruche unter Umständen beigelegte Qualität als Masseforderung aber erklärt sich daraus, daß eine unrechtmäßige Begünstigung des Schuldners hier fast immer auch eine solche der Gläubiger involvirt, und aus den Grundsätzen des Gesetzes über rechtlose Bereicherungen der Masse.[40]) Eine Alterirung des materiellen Inhalts des Anfechtungsrechts vermögen wir auch in diesen gesetzlichen Bestimmungen nicht zu erblicken.

d). Es liegt auf der Hand, daß das Anfechtungsrecht in seiner uns allein interessirenden specifischen Gestalt als Recht der Zwangsvollstreckung in ein bestimmtes Grundstück durch die Veräußerungs- und Belastungsbefugniß des Erwerbers aufs Höchste gefährdet ist. Das Gesetz läßt deshalb eine beschränkte Anfechtung auch gegen Rechtsnachfolger des ersten Erwerbers zu. Voraussetzung dieser Anfechtung gegen Rechtsnachfolger ist zunächst, daß die Anfechtung, gleichviel aus welchem gesetzlichen Specialgrunde, gegen den ersten Erwerber begründet gewesen.[41]) Es erscheint dies allerdings logisch, weil andernfalls das Moment der Anfechtung einer Rechtshandlung des Schuldners verloren gehen würde. Ob es praktisch ist und nicht vielmehr

37) § 8. Anf.-Ges. 38) § 31 Satz 1. Konk.-Ordng. 39) Satz 2. ibidem.
40) § 52. ad 3. ibidem. 41) § 11. al. II. Anf.-Ges. § 33. al. II. Konk.-Ordng.

dem dolosen Zwischenschieben unbetheiligter Mittelspersonen Thür und Thor öffnet, ist eine andere Frage. Ist nun aber die Anfechtung gegenüber dem ersten Erwerber begründet, so findet sie gegen Rechtsnachfolger desselben dann statt, wenn entweder der Rechtsnachfolger zur Zeit seines Erwerbes gewußt hat, daß der Schuldner seiner Zeit in der Absicht, seine Gläubiger zu benachtheiligen, veräußert hat,[42]) oder aber wenn der Rechtsnachfolger ein naher Verwandter des Schuldners ist und nicht nachweist, daß ihm die Umstände, welche die Anfechtung gegen den ersten Erwerber begründen, zur Zeit seines Erwerbes nicht bekannt gewesen sind.[43])

Man mag nun die Abgrenzung dieser Fälle eine glückliche oder eine verfehlte nennen, man mag sie principiell begründet oder principlos finden, für billig oder unbillig erachten, so viel steht fest, daß sie dem praktischen Bedürfnisse nicht Genüge thut. Wir wüßten wenigstens nicht, von welchen Gesichtspunkten aus das praktische Bedürfniß sich damit befriedigt erklären sollte, daß, soweit Rechtshandlungen in Frage stehen, welche das Gesetz sonst theils ohne jede Rücksicht auf einen dolus des Schuldners,[44]) theils ohne den Beweis dieses dolus dem Gläubiger aufzuerlegen,[45]) für anfechtbar erklärt, ein mit dem Schuldner nicht verwandter Successor nur, wenn ihm die Kenntniß eines solchen dolus nachgewiesen wird, belangt werden darf. Das erscheint unpraktisch und unzulänglich und verrückt geradezu die gesetzliche Grundlage einzelner Anfechtungsfälle. Gerade bei derartigen Fällen muß doch der Rechtsnachfolger sich sagen, daß die Gefahr der Anfechtbarkeit des Erwerbes seines Autors eine stets naheliegende ist. Ebenso unpraktisch erscheint es, daß der Wortlaut des Gesetzes bei der Anfechtung gegen dem Schuldner nahe verwandte Rechtsnachfolger den Zweifel ungelöst läßt, ob der Successor sich durch den Nachweis der Unkenntniß auch nur eines oder nur der Unkenntniß sämmtlicher erheblicher Umstände liberiren könne. Letztere Auslegung würde u. E. eine unpraktische Verschärfung der Haftung des verwandten Successors gegenüber der Haftung des verwandten Kontrahenten ergeben, von welchem ein so exorbitant schwieriger Beweis nirgend erfordert wird. Resultat der anderen Auslegung wäre eine nicht minder unpraktische Milderung der Haftung des verwandten Rechtsnachfolgers. Unpraktisch erscheint auch die gleichzeitig eines inneren Grundes entbehrende Gegensätzlichkeit, wonach bei nicht verwandten Successoren

---

[42]) ibidem No. 1. [43]) ibidem No. 2. [44]) § 3. ad 3. und 4. Anf.-Ges. §§ 23. ad 1. 25. Konk.-Ordng. [45]) § 3. ad 2. Anf.-Ges. §§ 23. ad 2. 24. ad 2. Konk.-Ordng.

auf die Kenntniß eines dolus des Schuldners, also eines rein subjektiven Moments, bei verwandten dagegen auf die Kenntniß der objektiven Anfechtbarkeit Gewicht gelegt wird. Wer aber eine Anfechtung will, muß eine praktisch wirksame Anfechtung wollen. Eine lahme und leicht zu vereitelnde Anfechtung nutzt dem Gläubiger nichts und schädigt die Autorität des Gesetzes.

Es kommt dazu, daß diese Bestimmungen einen Schutz gegen konstitutive Rechtshandlungen des Erwerbers, Hypothekbestellungen und sonstige Belastungen, nicht gewähren. Das Reichsgericht hat Bd. IX. S. 84. flgd. freilich auszuführen versucht, daß, wie derjenige, der ein dingliches Recht bewilligt, der Autor des dinglich Berechtigten sei, so auch der dinglich Berechtigte als Successor des Bewilligenden im Sinne des Gesetzes erachtet werden müsse. Wir können dies nicht für richtig halten. Die Gründe haben wir bereits an anderer Stelle entwickelt.[46]) Uebrigens würde auch bei der Auffassung des Reichsgerichts, welche in die an sich schon kasuistisch genug geregelte Materie u. E. nur eine höchst bedenkliche Düftelei an dem Buchstaben des Gesetzes hineinträgt, die gewährte Hilfe immer nur eine prekäre bleiben.

e). Eine noch so elastische Buchstabendeutelei an den positiven Anfechtungsbestimmungen kann niemals durchgreifende Abhilfe schaffen. Diese kann vielmehr nur vom Grundbuchrecht kommen und wird denn auch durch das positive Grundbuchrecht, wenn der Gläubiger die ihm dargebotenen Handhaben desselben nur rechtzeitig und energisch benutzt, reichlich gewährt. Der von Cosack[47]) gegen das angeblich starr formale Grundbuchrecht erhobene Vorwurf einer Erschwerung des Anfechtungsrechts ist gegenüber dem gemeinen preußischen Recht gerade mit Rücksicht auf den Schutz, welchen die Anfechtungsgesetze selbst den Rechtsnachfolgern gewähren, von einer merkwürdigen Einseitigkeit.

Zunächst spricht das Eigenth.-Erw.-Ges. es klar und deutlich aus, daß die Anfechtung auch des eingetragenen Eigenthumsüberganges und der Folgen desselben nach den Vorschriften des bürgerlichen Rechts zulässig sei (§ 9. al. I.). Daß diese Vorschrift sich auch auf die Paulianische Anfechtung im weitesten Sinne erstreckt, unterliegt nach den Materialien des Gesetzes[48]) gar keinem Bedenken; daß sie nach der reichsgesetzlichen Regelung der Materie für antiquirt zu erachten, ist füglich nicht anzunehmen. Ein Widerspruch zwischen Anfechtungsrecht und Grundbuchrecht ist also insoweit entschieden nicht vorhanden.

---

[46]) Cf. dieses Cap. Erster Abschnitt unter II. 3.b. (Beseitigung der Nachbelastungen nach Liquidestellung der echten Eigenthumsvormerkung.) [47]) § 63. S. 348.–350. [48]) Cf. Achilles, Note 6. zu § 9. al. I. Eigenth.-Erw.-Ges. S. 112.

Das Grundbuchrecht schützt nur die in der Zwischenzeit von dritten Personen gegen Entgelt und in redlichem Glauben an die Richtigkeit des Grundbuchs erworbenen Rechte am Grundstück (§ 9. al II.). Insofern muß ein Widerspruch allerdings koncedirt werden, und zwar in dreifacher Beziehung. Das Grundbuch ist in den in Rede stehenden Fällen stets richtig und die vom Reichsgesetz behufs Vermittelung der Anfechtung gegen Rechtsnachfolger verwerthete mala fides deshalb vom Standpunkte des Grundbuchrechts aus nicht verwerthbar. Die abweichende Ausführung Jäckels[49]) vermischt und verwechselt Richtigkeit und Anfechtbarkeit. Andererseits läßt das Grundbuchrecht im Gegensatze zum Reichsanfechtungsrecht die Anfechtung gegen unentgeltliche Successoren wegen der Unentgeltlichkeit des Erwerbes zu. Endlich unterwirft das Grundbuchrecht auch den abgeleiteten Rechtserwerb, die konstitutiven Rechtshandlungen, die Belastungen des anfechtbaren Erwerbers der Anfechtung, was nach Reichsrecht, wenigstens unserer Auffassung des Reichsgesetzes gemäß, auch nicht der Fall ist. Ob die beiden letzteren Abweichungen dem Reichsrecht gegenüber antiquirt sind, wollen wir unentschieden lassen. §§ 14. al. II. Ges. v. 21. Juli 1879 und 9. Einf.-Ges. z. Konk.-Ord. dürften vielleicht dafür sprechen. Aber wohlgemerkt wäre es dann das neuere Anfechtungsrecht, welches den legalen Bereich der Anfechtung im Gebiete des Grundbuchrechts einengt; nicht das Grundbuchrecht wäre der Stein des Anstoßes.

Die Frage darf auf sich beruhen. Das Grundbuchrecht giebt einen durchgreifenderen Rechtsbehelf, als es dem Reichsrecht möglich ist, indem es den Anfechtungsanspruch für vormerkungsfähig erklärt (§ 9. al. III. Eigenth.-Erw.-Ges.) und die Vormerkung alle Male dann gewährt, wenn der gegenüber dem jeweiligen eingetragenen Eigenthümer des Grundstücks begründete Anfechtungsanspruch glaubhaft gemacht wird (§ 70. l. c.). Diese Vormerkung, wenn auch in ihrer Wirkung weit über das Reichsrecht hinausgehend und die reichsrechtlichen Bestimmungen über die Zulässigkeit der Anfechtung gegen Rechtsnachfolger wesentlich erweiternd, ist, wie wir sehen werden, deshalb doch keineswegs für durch das Reichsrecht beseitigt zu erachten.

II.

Die Vormerkung.

1). Geschützt werden soll ein Anspruch auf Exekution in das Grundstück. Um einen solchen handelt es sich, gleichviel ob die stattgehabte Veräußerung wegen Nichtigkeit oder mit dem Paulianischen

---

49) „Die Anfechtung ꝛc." Berlin 1881. § 9. S. 125. 126.

Rechtsmittel angefochten wird, gleichviel ob letzteres außerhalb des Konkurses von einem Einzelgläubiger oder im Konkurse vom Konkursverwalter geschieht. Die Exekution kann sich in dreifacher Gestalt verwirklichen: als Zwangseintragung, als Zwangsverwaltung, als Zwangsversteigerung. Aufgabe der Vormerkung ist es, die Realisirung jeder dieser drei Exekutionsformen vor den aus der publica fides und dem Konsensprincip an sich drohenden Gefahren zu sichern. Als leitendes Princip ergiebt sich demnach die Erhaltung des Exekutionsrechts in dem Umfange und mit der Kraft, wie es zur Zeit der Eintragung der Vormerkung bestand und nur der prima facie entgegenstehenden anfechtbaren Veräußerung wegen nicht alsbald realisirt werden konnte, oder, m. a. W., die Exekution soll nach Liquidestellung des vorgemerkten Anfechtungsanspruches mit demjenigen Effekte ermöglicht werden, den sie gehabt hätte, wenn sie alsbald bei Eintragung der Vormerkung möglich gewesen wäre.

Somit richtet sich auch diese Vormerkung wie alle bisher erörterten gegen alle in der Zwischenzeit stattgehabten rechtlichen Verfügungen über das Grundstück, Veräußerungen wie Belastungen. Es ergiebt sich dies aus dem klaren Wortlaut des § 9. Eig.-Erw.-Ges. Wir dürfen im Uebrigen auf unsere Ausführungen bei Behandlung der echten Eigenthumsvormerkung,[50]) die auch hier zutreffen, zurückverweisen. Daß die Exekution in ein minder belastetes Grundstück werthvoller ist als die in ein mehr belastetes, bedarf keiner Ausführung; ebenso wenig, daß eine absichtliche Belastung oder Ueberlastung des Grundstücks den Anspruch auf Zwangsvollstreckung geradezu illusorisch zu machen geeignet ist.

Verwirklicht wird der beabsichtigte Erfolg der Vormerkung auch hier ebenso wie in den bereits erörterten Fällen dadurch, daß vom Augenblicke der Eintragung der Vormerkung ab jeder sich vollziehende Rechtserwerb am Grundstücke nur unter der Gefahr der Vormerkung bezw. der Liquidestellung des vorgemerkten Anspruches erfolgt. Die Gefahr besteht hier in dem Zurücktreten des Rechts gegenüber dem Exekutionsrechte des vorgemerkten Gläubigers. Die Vormerkung wirkt demnach analog der Pfandrechtsvormerkung. Es wohnt der Forderung des Gläubigers vermöge der Vollstreckbarkeit ja in Wahrheit auch ein Titel zum Pfandrecht inne. Von einer Resolution der späteren Verfügungen, wie bei der echten Eigenthumsvormerkung, kann dagegen keine Rede sein. Ein weiterer Erwerber des Grundstücks wird und bleibt ebenso wie im Grunde der erste Erwerber thatsächlich Eigen-

---

[50]) Cf. dieses Cap. Erster Abschnitt unter II. 1.

thümer, und zwar nicht nur dem Schuldner und unbetheiligten Dritten, sondern in Wahrheit auch dem anfechtenden Gläubiger gegenüber. Der Sieg des letzteren im Anfechtungsprocesse verpflichtet den Gegner lediglich zur Duldung der Zwangsvollstreckung, und in dieser steht nicht der Schuldner, sondern der Erwerber dem Gläubiger als Exequende gegenüber. Nur wenn die Anfechtung des Konkursverwalters zu einer Auflassung des Grundstücks an denselben geführt hat, wird dies, wenn auch im Grunde nicht sachlich, so doch formell anders liegen. Ebenso wenig greift die Vormerkung den Bestand der nach ihrer Eintragung erfolgten Belastungen an. Auch sie bleiben also bestehen, aber nur unbeschadet des vorgemerkten Anspruchs, d. h. sie treten bei wirklich stattfindender Zwangsvollstreckung hinter die Forderung des vorgemerkten Gläubigers zurück und können erst nach dieser zur Hebung gelangen. Dies wird gegenüber der Anfechtung des Konkursverwalters praktisch in der Regel freilich dasselbe besagen wie Resolution, da die Fälle, in welchen nach Deckung sämmtlicher Konkursforderungen sich noch ein Ueberschuß ergiebt, zu den Seltenheiten gehören werden.

Die vorstehend entwickelten Grundsätze ergeben sich aus der Abwägung der verschiedenen kollidirenden Interessen gegen einander. Ein Mehr, etwa eine Zwischenschiebung des Schuldners und eine wirkliche Resolution postlocirter Posten, würde, ohne den Gläubiger zu fördern, den Anfechtungsbeklagten in unbilliger Weise in seinen erworbenen Rechten kränken. Ein Weniger würde eine Schmälerung des zu schützenden Exekutionsanspruches involviren. Die Grundsätze fließen, soweit das Paulianische Rechtsmittel in Frage steht, aus der Natur der Sache,[51]) soweit es sich um eine Anfechtung wegen Nichtigkeit handelt, daraus, daß das Recht des Vorgemerkten in seinem Interesse seine naturgemäße Grenze findet.

---

[51]) Die Ausführungen von Achilles Note 4.a. und b. zu § 9. al. III. Eigenth.-Erw.-Ges. S. 118. 119. erscheinen durchaus verfehlt. Die sachliche Differenzirung der Paulianischen Anfechtung innerhalb und außerhalb des Konkurses ist nicht begründet. Ach. stellt die Vormerkung im Falle des Konkurses der echten Eigenthumsvormerkung gleich, extra concursum ist sie ihm eine bloße, ziemlich harmlose Verfügungsbeschränkung. Gründe bleibt Ach. schuldig. Wenn er unter a). von einem Rechte des Gemeinschuldners auf Wiedereintragung spricht, so ist zu erwidern, daß ein solches Recht nicht existirt. Wenn er unter b). den anfechtenden Einzelgläubiger auf § 22. Eigenth.-Erw.-Ges. verweist, so ist zu bemerken, daß § 22. voraussetzt, daß der Schuldner eingetragen ist. Cf. Achilles selbst Note 2.a. zu § 22. S. 187. Cf. dagegen Turnau Note 2. zu § 9. Eigenth.-Erw.-Ges. S. 267. 268. Auch dessen Ausführung erscheint für die Anfechtung der Gläubiger nicht zutreffend.

2). Die Vormerkung berührt den Inhalt des vorgemerkten Anspruches an sich nicht, involvirt aber eine Erweiterung der Anfechtung gegen Rechtsnachfolger und begründet eine Anfechtung gegen konstitutive Rechtshandlungen des Erwerbers oder der mehreren auf einander folgenden Erwerber, und zwar beides über die vom Reichsrecht gezogenen Grenzen[52]) hinaus und somit entgegen dem Reichsrecht. Die Kenntniß von der Vormerkung bedingt nicht die Kenntniß der fraudulosen Absicht des Schuldners, am allerwenigsten dann, wenn eine solche gar nicht vorhanden bezw. zur Anfechtbarkeit der ursprünglichen Rechtshandlung gar nicht erforderlich ist. Ebenso bedingt das Vorhandensein der Vormerkung nicht deren Kenntniß, und es erscheint deshalb nicht ausgeschlossen, daß ein naher Verwandter des Schuldners auch gegenüber der Vormerkung den ihm nach §§ 33. ad. 2. Konk.-Ord. 11. ad 2 Anf.-Ges. behufs Abwendung der Anfechtung nachgelassenen Unschulds- oder Harmlosigkeitsbeweis in allen Punkten zu erbringen in der Lage ist. Die Vormerkung ändert das vorgemerkte Recht somit zwar nicht substantiell, aber sie schafft selbstständige, dem Reichsrecht fremde Anfechtungsfälle. Daher entsteht die Frage, ob das Reichsrecht dieser Vormerkung, soweit sie wenigstens zum Schutze der Paulianischen Anfechtung bestimmt ist, nicht derogire.[53])

Es spricht hierfür nicht nur der allgemeine Grund, daß Reichsrecht vor Landesrecht geht, sondern auch die specielle Erwägung, daß das Reichsrecht, insoweit es die Voraussetzungen der Anfechtung erschwert hat, mit rückwirkender Kraft in's Leben getreten ist.[54]) Demgegenüber scheint für die Konservirung eines Instituts, welches die Anfechtung gegen Rechtsnachfolger im Gegensatze zu dem positiven Inhalte des Reichsrechts wesentlich erleichtert, für den ersten Blick kein Raum.

Wir möchten uns trotzdem für die Erhaltung dieser Vormerkung mit ihrer vollen früheren Wirkung auch gegenüber dem sachlich an sich differirenden Reichsrecht entscheiden. Die Vormerkung abzuschaffen,[55]) liegt auch vom Standpunkte des Reichsrechts und seiner Abgrenzung der Successorenhaftung sicherlich kein Grund vor. Behält man die Vormerkung aber bei, so würde ein Abschwächen und Hineinzwängen ihrer Wirkung in den Rahmen des Reichsrechts einen schweren und sachlich unmotivirten Eingriff in das Gebiet der vom entgegengesetzten Standpunkte aus gerade auch in Anbetracht ihrer Wirkungen auf

---

[52]) §§ 33. Konk.-Ordng. 11. Anf.-Ges. [53]) Selbstredend kann davon nur, soweit sich Widersprüche ergeben, nicht allgemein die Rede sein. [54]) § 9. Einf.-Ges. z. Konk.-Ordng. § 14. al. II. Anf.-Ges. [55]) Cf. Note 53.

die Anfechtung oft angegriffenen publica fides des Grundbuchs enthalten. Es fehlt u. E. ein genügender sachlicher Grund für eine solche Annahme. Mit Rücksicht insbesondere auch auf die Motive des Reichsrechts und die in denselben entwickelten theoretischen Anschauungen können wir nicht glauben, daß der Gesetzgeber bei Gelegenheit der Regelung gerade dieser Materie ohne Noth gerade in dieser Richtung in das Grundbuchrecht habe eingreifen wollen, und zwar in so nonchalanter Weise, implicite, ohne ausdrückliche Willensäußerung. Wir möchten bestreiten, daß der spätere Gesetzgeber bei Abfassung des Gesetzes sich der vorhandenen sachlichen Differenz zwischen Reichsrecht und Grundbuchrecht bewußt gewesen und aus diesem Bewußtsein heraus differirend disponirt habe. Wir meinen vielmehr, daß der Gesetzgeber, wenn die Frage s. Z. aufgeworfen worden wäre, sie ausdrücklich in unserem Sinne entschieden haben würde. Nach den Motiven hat der Gesetzgeber sich bemüht, eine Formel zu finden, um den dolosen oder doch den wissenden Rechtsnachfolger zu treffen, nur diesen, diesen aber auch wirklich. Die Formel, welche der Gesetzgeber schließlich aufgestellt hat, ist unzutreffend, da sie, wo das Gesetz von einem dolus des Schuldners absieht, den Successor, wenn er nicht gerade mit dem Schuldner verwandt ist, selbst dann frei läßt, wenn er die Anfechtbarkeit voll und ganz gekannt hat. Es ist hierdurch zum Theil unzweifelhaft ein von der Absicht des Gesetzgebers differirender Rechtszustand geschaffen worden, und derselbe muß, soweit das Gesetz ausdrücklich bestimmt gewesen ist, an die Stelle früher in Geltung befindlich gewesener Rechtsnormen neue zu setzen, hingenommen werden. Nicht aber folgt daraus, daß auch ein Rechtsinstitut, welches die Intentionen des Gesetzgebers schon vorher auf einem beschränkten Gebiete zutreffend und konsequent verwirklichte, und dessen Beseitigung zum Mindesten nicht beabsichtigt war, nunmehr nach dem hinter den Intentionen des Gesetzgebers zurückgebliebenen Gesetzesinhalt umgemodelt werden müßte.

Die Vormerkung verleiht dem Rechte somit eine größere Konsistenz, eine intensivere Wirkung, indem sie spätere Dispositionen über das Grundstück ohne Rücksicht auf die Restriktionen des bürgerlichen Rechts der Anfechtung unterwirft.

3). a). Veräußerungen sind unschädlich. Nach Eintragung der Vormerkung kommt es nur noch darauf an, daß der Anfechtungsanspruch gegenüber demjenigen durchgefochten und processualisch festgestellt werde, der zur Zeit der Eintragung eingetragener Eigenthümer war. Das ergehende Urtheil ist gegen den Successor vollstreckbar. Das Urtheil lautet, wie genügend erörtert, im Falle der Anfechtung des Konkursverwalters häufig auf Auflassung. Offenbar wird in der Form der Auflassung an den Konkursverwalter das Exekutionsrecht der Gläubiger durchaus gewahrt. Die Beziehungen zwischen Kridar und Anfechtungsbeklagtem, die sich namentlich im Falle eines das dem Verwalter aufgelassenen Grundstück dem Kridar belassenden Zwangsvergleiches sehr komplizirt gestalten können, interessiren uns nicht. Außerhalb des Konkurses lautet das Urtheil, wie gleichfalls bereits erörtert, der Sach- und Rechtslage völlig entsprechend, erfahrungsgemäß stets auf Gestattung der Zwangsvollstreckung in das Grundstück.

b). Auch spätere Belastungen sind unschädlich. Dies gestaltet sich im praktischen Rechtsleben wie folgt. Begnügt sich der Anfechtungskläger nach erfolgreich durchgeführter Anfechtung mit einer Zwangseintragung,[56]) so darf er für dieselbe die Priorität vor allen späteren Belastungen in Anspruch nehmen. Er wird diesen Prioritätsanspruch event. im Proceßwege gegen widersprechende Interessenten geltend zu machen haben. Da dieselben nicht Rechtsnachfolger seines Gegners oder der Rechtsnachfolger desselben sind, rechtfertigt das im Anfechtungsstreite ergangene Urtheil eine Zwangsvollstreckung gegen sie formell nicht, muß vielmehr die materielle Basis für einen etwaigen neuen Proceß gegen sie abgeben. Es ergiebt sich hier also eine Abweichung von den für die Pfandrechtsvormerkung geltenden Grundsätzen. Der Grund für dieselbe ist zum Theil auch ein rein äußerlicher. Letztere steht in der dritten Abtheilung und ist einer Umschreibung fähig; beides ist hier nicht der Fall.

Betreibt der Anfechtungskläger auf Grund des Anfechtungsurtheils dagegen eine Sequestration[57]) oder Subhastation,[58]) so wird er beanspruchen dürfen, aus den Revenüen bezw. aus dem Kaufgelde vor allen aus einer Nacheintragung Berechtigten zur Hebung zu gelangen. Er wird dieses Recht bei Feststellung des Planes durch Anmeldung,[59]) event. Widerspruch und Klage[60]) geltend zu machen haben. Alles dieses ist bei der echten Eigenthumsvormerkung gelegentlich des eventuellen Kaufgeldanspruches des dortigen Vorgemerkten eingehend erörtert worden.[61]) Hier hat der Vorgemerkte den Vortheil, sein Liquidat gleich anderen Interessen genau berechnen zu können[62]) und als Beschlagnahmeextrahent bei Aufstellung des Theilungsplanes von Amts wegen berücksichtigt zu werden.[63]) Es entsteht hier jedoch die Frage,

---

[56]) §§ 6. flgd. Ges. v. 13. Juli 1883. [57]) §§ 139. flgd. Ges. v. 13. Juli 1883. [58]) §§ 13. flgd. ibidem. [59]) §§ 104. al. II. 106. al. II. ibidem. [60]) §§ 113. 114. ibidem. 764. C.-P.O. [61]) Cf. dieses Cap. Erster Abschnitt unter II. 3. c. α. aa. II. 5. c. [62]) § 104. al. II. Ges. v. 13. Juli 1883. [63]) § 106. al. I. ad 2. ibidem.

ob der Vorgemerkte sein Recht in der Subhastation nicht bereits bei Feststelung des geringsten Gebots geltend zu machen in der Lage ist. Es erscheint dies wesentlich, weil in der Berücksichtigung der Postintabulate bei Normirung des Mindestgebots eine wesentliche Erschwerung der Subhastation liegt, welche sachlich die Gefahr dieser Intabulate zum Theil dem Vorgemerkten aufbürdet, während nach dem Gesetze umgekehrt der postlocirte Berechtigte die Gefahr der Vormerkung zu tragen hat. Wir vermögen jedoch ein Mittel, um diesem Uebelstande abzuhelfen, nicht abzusehen. Ein Ausschluß dieser Eintragungen vom Mindestgebote ist nur von dem von uns reprobirten Standpunkte aus, daß jeder dinglich Berechtigte ein Rechtsnachfolger des Eigenthümers sei, zu rechtfertigen; denn er würde einen Vollstreckungsakt gegen den ersteren auf Grund des gegen den letzteren ergangenen Urtheils darstellen. Soweit eine gütliche Einigung mit dem nacheingetragenen Berechtigten nicht zu erzielen ist,[64]) wird sich daher, insbesondere im Falle der Ueberlastung des Grundstücks, mit Rücksicht auf das Institut des Mindestgebots vor der Subhastation eine Zwangseintragung nebst Durchführung des Prioritätsstreites und eine Zwangsverwaltung empfehlen.

c). Ob die Nachbelastung eine freiwillige oder eine Zwangsbelastung ist, bedingt der Vormerkung gegenüber einen Unterschied nicht.[65])

d). Auch die Subhastation des Grundstücks auf Betreiben eines anderen Gläubigers ist, anders wie bei der echten Eigenthumsvormerkung, dem vorgemerkten Anspruche an sich nicht schädlich. Ein Recht des Widerspruches gegen die Subhastation hat der Vorgemerkte deshalb hier nicht. Da er selbst in der Regel auch nur die Subhastation herbeiführen will, kann ihm eine von anderer Seite betriebene Subhastation nur recht sein. Jedenfalls tangirt dieselbe sein Recht nicht. Andererseits müßte er sie auch nach Liquidestellung desselben dulden, gleichviel ob ein besser Berechtigter sie betreibt, oder ob sie auf Grund eines Postintabulates oder einer persönlichen Schuld des Anfechtungsbeklagten erfolgt. Er tritt lediglich in die Reihe der Subhastationsinteressenten und muß seine Rechte im Kaufgelderbelegungsverfahren geltend machen. Soweit es sich um eine Subhastation auf Grund eines schwächeren Rechts handelt, wird er durch die Berechnung des Mindestgebots möglicher Weise geschädigt; eine Abhilfe hiergegen ist u. E., wie bereits dargethan, selbst nach Liquide-

[64]) § 45. Ges. v. 13. Juli 1883. [65]) Cf. dieses Cap. Abschnitt I. unter II. 3. c. β.

stellung der Vormerkung und bei einer Subhastation auf Betreiben des Vorgemerkten nicht gegeben. Die Vormerkung kann auch während des Verfahrens noch rechtswirksam erlangt werden und berechtigt auch in diesem Falle zur Theilnahme, insbesondere am Kaufgelde.

e). Verfällt der eingetragene Eigenthümer des Grundstücks in Konkurs, so gilt für den Fall der Subhastation das so eben Gesagte. Nur eine Erlangung der Vormerkung nach Eröffnung des Konkursverfahrens erscheint ausgeschlossen, weil sie eine Sicherstellung eines einzelnen Gläubigers[66]) darstellen würde.

Eine freiwillige Veräußerung des Konkursverwalters hingegen erfolgt unter der Gefahr der Vormerkung. Die Gründe hierfür sind bei der echten Eigenthumsvormerkung entwickelt.

Von einem Aussonderungsanspruche des Vorgemerkten könnte hier nur im Falle der konkursmäßigen Anfechtung durch den Verwalter einer anderen Konkursmasse die Rede sein. Es dürfte sich jedoch auch für diesen in der Regel empfehlen, dem Konkurse des Anfechtungsgegners freien Lauf zu lassen und nur als aktiver Interessent bei einer etwaigen Subhastation aufzutreten. Auch er verlangt das Grundstück nur zum Zwecke der Zwangsverwerthung zu der von ihm verwalteten Konkursmasse. Es kann ihm daher, wenn nur seine materiellen Rechte gewahrt bleiben, gleichgültig sein, wenn das Grundstück schon vor Durchführung seines Rechts in einem anderweiten Konkursverfahren subhastirt wird.

Ebenso wird man dem Konkursverwalter, wenn er sein Recht in dieser Form verfolgen will, den Anspruch auf Cession der Gegenleistung gegebenen Falles[67]) nicht versagen dürfen.

Dem Einzelgläubiger steht ein solches Recht nicht zu. Bei ihm steht überall nur ein Recht auf abgesonderte Befriedigung, nicht ein Anspruch auf Aussonderung in Frage.

f). Wird der eingetragene Eigenthümer des Grundstücks expropriirt, so geht der vorgemerkte Anspruch auf Zwangsvollstreckung in dieses Grundstück verloren. An die Stelle des Grundstücks tritt in diesem Falle die Entschädigung,[68]) an Stelle des vorgemerkten Rechts ein Recht auf Zwangsvollstreckung in die Entschädigung. Hirbei wird der Vorgemerkte besser Berechtigte zu respektiren haben, nacheingetragene Berechtigte werden hinter ihm zurücktreten müssen. Der Anspruch geht, soweit ein dem Vorgemerkten gebührender Theil der Ent-

---

[66]) Als solcher erscheint auch der Verwalter einer anfechtenden Konkursmasse. [67]) § 38. Konk.-Ordng. [68]) § 45. al. II. Ges. v. 11. Juni 1874.

schädigung an den Expropriaten zur Auszahlung gelangt, in eine Geldforderung über. Auch von anderen mit seinem Schaden bereicherten Interessenten darf der Vorgemerkte die empfangenen Quoten kondiciren.

Cap. 5.

Die Einredevormerkung.

I.

1). Einreden gegen die dingliche Pfandklage sind nur beschränkt zulässig. Ihre Zulassung bedarf im einzelnen Falle eines besonderen dieselbe vermittelnden Umstandes. Es sind solche Umstände bei der Grundschuld: Ursprung der Einrede aus dem unmittelbaren Rechtsverhältnisse der Proceßparteien und Vermerke auf dem Grundschuldbriefe; bei der Hypothek: Unentgeltlichkeit des Erwerbes und Vermerke im Grundbuche; bei beiden: Kenntniß der Thatsachen, auf denen die Einreden beruhen, zur Zeit des Erwerbes der Grundschuld bezw. Hypothek.[1]) Da Vermerke auf dem Grundschuldbriefe, wenigstens so lange keine Versehen begangen sind, lediglich im Grundbuche enthaltene Vermerke reproduciren,[2]) so sind die letzteren als Vermittler der Zulässigkeit der Einreden gegen die dingliche Pfandklage ebenfalls beiden Pfandrechtsformen gemeinsam. Nur sie interessiren uns.

Die Gesetze vom 5. Mai 1872 stellen den Grundsatz, daß solche Vermerke die Zulassung der Einreden gegen die dingliche Klage vermitteln, in § 38. Eigenth.-Erw.-Ges. klar und deutlich auf. Sie sprechen damit implicite aus, daß es möglich sein muß, jedwede gegen eine Hypothek oder Grundschuld begründete Einrede in der einen oder anderen Weise in das Grundbuch zu bringen. Wie das zu bewerkstelligen sei, setzen die Gesetze scheinbar nur für einzelne Fälle fest; in Wahrheit werden durch die speciell vorgesehenen die als möglich in Betracht kommenden Fälle erschöpft.

2). Wir weisen vorweg auf die Erörterungen des vorigen Kapitels zurück, wonach die Eintragung der Eigenthumsvormerkung für den Vorgemerkten, falls er später die Eintragung als Eigenthümer erlangt, gegenüber den nacheingetragenen Hypotheken und Grundschulden die Zulässigkeit der Einrede der ungültigen Konstituirung ver-

---

[1]) § 38. Eigenth.-Erw.-Ges. [2]) § 124. Grundb.-Ordng.

mittelt.[2a]) Die Eigenthumsvormerkung wirkt daher in Beziehung auf nacheingetragene Pfandrechte eventl. ipso jure gleichzeitig als Einrede=vormerkung. Es unterliegt dies auch in Beziehung auf die Grundschuld einem Bedenken nicht, weil die Vormerkung in Gemäßheit der §§ 124. 127. Grundb.=Ordn. jedenfalls in den Grundschuldbrief mitaufzunehmen ist, widrigenfalls der Grundbuchrichter sich selbst, event. den Staat, dem Geschädigten haftbar macht.[3]) Man wird freilich fragen dürfen, wer hier als Geschädigter fungiren solle, ob der aus der Vormerkung Berechtigte oder der nacheingetragene Grundschuldgläubiger. Vom Standpunkte der publica fides des Grundbuchs und nach dem leitenden Grundsatze, daß die Vormerkung das vorgemerkte Recht in vollem Umfange erhalte, könnte man geneigt sein, diese Rolle dem Gläubiger zuzutheilen und den Gegner trotz der Lücke des Grundschuldbriefs für berechtigt zu erklären, Löschung der Grundschuld zu fordern.[3a]) Der zwingende Wortlaut des § 38. scheint aber doch zu nöthigen, wenn anders man die nach der Intention des Gesetzgebers statuirte publica fides des Grundschuldbriefs nicht geradezu aufheben will, hier eine Durchbrechung des Vormerkungsprincips zuzulassen, die Grundschuld für zu Recht bestehend zu erachten und den aus der Vormerkung Berechtigten auf den Weg des Regresses an die Beamten bezw. den Staat zu verweisen. Allerdings ist hierbei hervorzuheben, daß zwischen §§ 9. bezw. 8. und § 38. Eigenth.=Erw.=Ges. insofern eine offenbare Antinomie vorwaltet. Es existirt noch eine zweite Antinomie, wenigstens zwischen § 9. und § 38, insofern der erstere den Einwand des unentgeltlichen Erwerbes gegen die Grundschuld für den Vorgemerkten, falls er später als Eigenthümer eingetragen wird, unbedingt zuläßt, der letztere aber jedenfalls nicht.[3b]) Dies sei nebenbei erwähnt; für unser Thema interessirt es nicht unmittelbar.

[2a]) Freilich handelt es sich hier eigentlich um keine Einrede, sondern um ein Bestreiten des Klagefundaments. Daß aber § 38. Eigenth.=Erw.=Ges. auch die negative Litiskontestation, speciell die Behauptung, daß der Eintragung ungeachtet ein gültiges Pfandrecht nicht entstanden sei, unter der Bezeichnung „Einrede“ begreift, erscheint nicht zweifelhaft. Cf. Bahlmann, das preuß. Grundbr. 3. Aufl. Berlin 1880. Note 3. zu § 38. Eigenth.=Erw=Ges. S. 151. Achilles S. 243. 244. [3]) § 29. Grundb.=Ordng. Die Haftung ist, wie alle Beamtenhaftung in Preußen, nur eine subsidiäre. Cf. § 91. II. 10. A.L.R. [3a]) Die Frage entsteht in gleicher Weise bei der Anfechtungsvormerkung; nur handelt es sich dort nicht um Löschung der Grundschuld, sondern um prioritärische Befriedigung vor derselben. [3b]) Auch dies gilt mutatis mutandis für die Anfechtungsvormerkung, kann eventl. auch schon vor Liquidestellung der vorgemerkten Ansprüche bei einer Subhastation zu Tage treten.

Wenn danach die Eigenthumsvormerkung auch überaus wichtige Einreden gegen Hypotheken und Grundschulden erhält, so ist sie doch recht eigentlich keine Einredevormerkung, ein Mal nicht, weil sie an sich ganz anderen Zwecken dient, ihre hier interessirende Wirksamkeit mehr nur als eine Art Nebenamt für sie erscheint, insbesondere aber deshalb nicht, weil sie nur Einreden gegen Hypotheken und Grundschulden, die zur Zeit ihrer Eintragung noch nicht existiren, erhält, aber keine Handhabe dafür gewährt, Einreden gegen bestehende Hypotheken oder Grundschulden dadurch, daß man sie ins Grundbuch bringt, zu schützen.

3. Hiervon handelt § 60. Eigenth.-Erw.-Ges., welcher ganz allgemein den Anspruch auf Löschung eines eingetragenen Pfandrechts vormerkungsfähig macht. Die Vormerkung wird als Widerspruch gegen weitere Verfügungen des Gläubigers über die Post eingetragen.) Sie erhält den Anspruch auf Löschung, bezw. wenn dieser Anspruch auf Befriedigung des Gläubigers beruht, nach der Wahl des Eigenthümers auf Cession der Post[4]) gegen jeden ferneren Erwerber derselben. Sie schützt also entweder die Freiheit des Eigenthums von der buchmäßig noch auf ihm ruhenden Last oder das dingliche Recht, welches der Eigenthümer durch die bloße Zahlung der Forderung, wenn er will, an der Post erworben hat.

Der Rechtsbehelf dieser Vormerkung erscheint um deswillen mehr oder weniger illusorisch, weil § 91. d. Grundb.-Ordn. die Beibringung der über die Post gebildeten Urkunde, auf welcher die einzutragende Vormerkung ebenfalls zu vermerken ist, als unerläßliche Vorbedingung der Erlangung dieser Vormerkung statuirt. Ob bei Hypotheken eine Urkunde event. nachträglich zu bilden, kann zweifelhaft erscheinen; es ist von der Praxis im Allgemeinen nicht angenommen worden.[5]) Andererseits ist in der Praxis hin und wieder versucht worden, die Bestimmung des § 91. cit. aus Gründen einer angeblichen Zweckmäßigkeit ihres zwingenden Charakters zu entkleiden.[5]) Es scheitert dies Beginnen an dem nicht umzudeutenden klaren Wortlaut des § 91., welcher zweifellos zwingendes Recht schaffen will. Es handelt sich zudem um eine ganz unentbehrliche Vorschrift, weil es, so lange die Urkunde fehlt, an jedem Anhalte dafür gebricht, wem die Post zur Zeit in Wahrheit zustehe, und ob der behauptete Anspruch des Eigenthümers gerade dem wahren Inhaber der Post gegenüber bestehe. Andererseits scheint aber die Gefahr weiterer Verfügungen über die Post, nachdem die Urkunde dem Eigenthümer aus-

---

4) § 63. Eigenth.-Erw.-Ges. 5) Cf. Achilles, Note 2.b. zu § 49. Eigenth.-Erw.-Ges., S. 279. 280. und die dortigen Allegate.

gehändigt worden ist, bei Grundschulden ganz und gar, bei Hypotheken so gut wie ausgeschlossen. Umgekehrt ist eine Zahlung des Eigenthümers, ohne daß er sich Zug um Zug die Urkunde aushändigen läßt, gewiß eine große Seltenheit und verräth eine auffallende Unvorsichtigkeit; die Frage, ob es legislativ geboten erscheine, den Eigenthümer gegen die Konsequenzen einer so unentschuldbaren Unvorsichtigkeit besonders zu schützen, mag füglich auf sich beruhen, da die in Rede stehende Vormerkung des § 60. Eigenth.-Erw.-Ges. im Hinblick auf § 91. Grundb.-Ordn. einen Schutz dagegen eben nicht gewähren kann.

Nach alledem erscheint die Vormerkung des § 60. cit. als ein wirklich unpraktisches Institut.

4). Im Uebrigen schweigen die Gesetze vom Mai 1872 über die Einreden, speciell über deren Eintragung im Grundbuche. Von der Anschauung ausgehend, es könnten neben den in § 9. implicite, in § 60. ausdrücklich gedachten und geschützten noch andere Einreden in Frage kommen, hat man dieselben, um sie unterzubringen, unter § 49. Eigenth.-Erw.-Ges., der von der Eintragung von Beschränkungen des eingetragenen Gläubigers in der Verfügung über die Post handelt und dieselbe von den gleichen Voraussetzungen, wie die Eintragung einer Vormerkung abhängig macht, subsumiren zu sollen geglaubt.[6]) Beachtet man aber, daß § 49. cit. von der Eintragung als solcher nur nebenher, hauptsächlich aber von der rechtlichen Wirksamkeit der Eintragung handelt, so ergiebt sich, daß der Gesetzgeber bei § 49. nicht an die Einreden gedacht haben kann, da § 49. doch dann im Wesentlichen nur eben dasselbe wie der schon an sich überflüssige § 38. besagen würde. Die Beschränkungen des § 49. an sich interessiren uns nicht, da es sich bei ihnen nicht um eine vorläufige, im Gegensatze zu einer wegen Illiquidität des Anspruches noch nicht erreichbaren definitiven Eintragung handelt, diese Eintragungen also nicht die Natur der Vormerkung haben.

5). Es bedarf des Rückgriffes auf § 49. nicht, da § 60., wenn man neben ihm §§ 23. und 39. Eigenth.-Erw.-Ges. in Erwägung zieht, die in Betracht kommenden Einreden konsumirt. Einreden betreffend die Fälligkeit der Post ergeben sich demnach, ohne daß es dieserhalb einer Vormerkung bedürfte, stets aus dem Grundbuche,[7])

---

[6]) Cf. Achilles, Note 1. zu 49. Eigenth.-Erw.-Ges. S. 277. 278. [7]) § 23. Eigenth.-Erw.-Ges. Eine Abänderung der eingetragenen Bedingungen kann u. E. nur durch Bewilligung ihres Vermerks im Grundbuche rechtswirksam konstituirt werden; ohne eine solche Bewilligung bleiben die eingetragenen Fälligkeitsbedingungen in Kraft.

die Einrede der Zahlung auf die Zinsklage aber ist unbeschränkt zulässig.[8]) Außerdem können eben nur noch Ansprüche auf Löschung der Post, sei es nun, daß sie aus stattgehabter Befriedigung des Gläubigers, aus angeblicher Ungültigkeit der Pfandbestellung[8a]) oder endlich aus der unterliegenden Obligation hergeleitet werden, in Frage kommen. Diese aber können in Gemäßheit des § 60. vorgemerkt werden. Der Schutz wird aber im Allgemeinen, wenn wirkliche Gefahr vorliegt, gar nicht zu erlangen sein, da die Urkunde sich dann eben nicht in den Händen des Eigenthümers befinden wird. Es wird demgemäß für den gefährdeten Eigenthümer jedenfalls gerathen sein, in geeigneter Weise für Bekanntmachung der Einrede an den Erwerber der Post spätestens beim Erwerbe Sorge zu tragen, und da auch das sehr oft kaum zu bewerkstelligen sein dürfte, so ist es jedenfalls besser, eine ausgedehnte Prophylaxis zu üben und bei Pfandbestellungen, insbesondere bei Aushändigung der Urkunden an den Gläubiger nur mit größter Vorsicht zu verfahren.

6). Die im früheren Rechte gewährte Möglichkeit, den Einwand der nicht erhaltenen Valuta binnen bestimmter Frist durch einseitigen Antrag[9]) in das Grundbuch zu bringen, ist durch die Gesetze vom 5. Mai 1872 stillschweigend beseitigt. Es erübrigen noch einige Worte über diesen Einwand.

Die Thatsache der nicht erhaltenen Valuta begründet für den eingetragenen Eigenthümer nach seiner Wahl einen Anspruch auf Zahlung der versprochenen Valuta oder auf Löschung der Post (arg. aus § 655. I. 11. A. L. R.) gegenüber seinem ursprünglichen Kontrahenten, gegenüber etwaigen Cessionarien, welchen die Erfüllung des vom Cedenten eingegangenen pactum de mutuo dando nicht zugemuthet werden darf, nur den letzteren Anspruch.

Daß letzterer — der erstgedachte Anspruch scheidet für unsere Betrachtung aus — durch die freie Verfügung des als Gläubiger Eingetragenen in Verbindung mit dem öffentlichen Buchglauben empfindlich gefährdet ist, liegt auf der Hand.

Das heutige Grundbuchrecht bietet nun u. E. eine Handhabe, den Einwand in der früheren Form eines Vermerkes, „daß Valuta nicht gezahlt sei", in das Grundbuch zu bringen, überhaupt nicht. Es bleibt auch hier nur die Vormerkung in der Form des § 60. Eigenth.-Erw.-Ges. als „Widerspruch gegen weitere Verfügungen des eingetragenen Gläubigers". Die illusorische Natur dieses Rechtsbehelfs ist ausreichend erörtert.

---

[8]) § 39. Eigenth.-Erw.-Ges. [8a]) Cf. Note 2.a. [9]) §§ 175.—181. Tit. II. Hypoth.-Ordng. §§ 738. 739. I. 11. A.L.R. § 49. Ges. v. 24. Mai 1853.

II.

Die Gesetze vom 5. Mai 1872 handeln auch von Beschränkungen des Eigenthumsrechts an dem Grundstück,[10]) oder, wie es an anderer Stelle heißt, von Beschränkungen des Verfügungsrechts des eingetragenen Eigenthümers.[11]) Wir müssen allen diesbezüglichen Eintragungen die Vormerkungsnatur absprechen, da sie keine vorläufigen, eine endgültige Eintragung vorbereitenden und für die Zukunft sicherstellenden Einschreibungen sind.

Erwähnt sei bei dieser Gelegenheit die Antinomie zwischen § 11. Eigenth.-Erw.-Ges. und § 73. Grundb.-Ordn., von denen ersterer die Kenntniß des Eigenthümers von der Beschränkung deren Eintragung im Grundbuche gleichstellt, letzterer ihr jede rechtliche Wirksamkeit abspricht.

Cap. 6.

Die Vormerkung zum Schutze gegen Löschung.

I.

1). § 102. der Grundb.-Ordn. statuirt eine vereinzelte, bereits im ersten Kapitel von uns erwähnte, im Gesetze ausdrücklich als Vormerkung bezeichnete Eintragung zum Schutze gegen Löschung.

§ 102. cit. handelt von der Löschung „persönlicher unvererblicher Einschränkungen des Eigenthums oder des Verfügungsrechts" und bestimmt, daß dieselben in der Regel auf einseitigen Antrag des Eigenthümers zu löschen sind, wenn der Tod des Berechtigten nachgewiesen ist, wenn aber die Möglichkeit von Rückständen bestehe, erst ein Jahr nach dem Tode des Berechtigten, falls nicht bis dahin eine Vormerkung zur Erhaltung des dinglichen Rechts eingetragen sei.

§ 102 ist der Gegenstand lebhafter Kontroversen gewesen, welche sich namentlich um den Begriff der „persönlichen unvererblichen Einschränkungen des Eigenthums und des Verfügungsrechts" gedreht haben;[1]) insbesondere hat Förster[2]) bei diesen Rechten die Möglichkeit von Rückständen schlechtweg geleugnet und demgemäß die Vorschrift über die Vormerkung als inhaltlos gekennzeichnet. Theorie und Praxis haben sich jedoch in Anlehnung an die Entstehungsgeschichte

---

[10]) § 11. Eigenth.-Erw.-Ges. [11]) § 73. Grundb.-Ordng. [1]) Cf. Achilles, zu § 102. Grundb.-Ordng., S. 448.—452. und dessen Allegate. [2]) 3. Aufl. § 188. Bd. III. S. 347. flgd., besonders 355.—359.

des § 102., insbesondere an die diesbezüglichen Verhandlungen der parlamentarischen Kommissionen überwiegend dahin entschieden, daß unter den „persönlichen unvererblichen Einschränkungen des Eigenthums oder des Verfügungsrechts" solche Rechte, durch welche zu Gunsten einer bestimmten Person auf deren Lebenszeit das Eigenthum eines Anderen oder das Recht desselben zur Verfügung über sein Eigenthum eingeschränkt werde, demgemäß alle diejenigen Rechte zu verstehen bezw. zu begreifen seien, welche in den §§ 33. und 34. der Hypothekennovelle vom 24. Mai 1853 erwähnt werden. Die Möglichkeit von Rückständen kommt bei dieser Auffassung in Frage bei Altentheilen oder Auszügen, Herberg- oder Pflegeberechtigungen, Nießbrauchsrechten und anderen persönlichen Servituten, Leibrenten und anderen auf Lebenszeit bedungenen Leistungen.

2) Die Unterlage der Vormerkung bildet nicht die Möglichkeit, sondern nur die Existenz von Rückständen, welche glaubhaft zu machen ist. Die bloße Möglichkeit steht nur der Löschung vor Ablauf eines Jahres vom Tode des Berechtigten ab entgegen.

Die Vormerkung soll nach den Worten des Gesetzes das dingliche Recht erhalten. Ob aber der Anspruch auf die einzelne Leistung und demgemäß das Recht auf die Rückstände ein dingliches und nicht vielmehr ein obligatorisches Recht sei, ist eine berühmte Streitfrage, die vom Obertribunal mehr im ersten, von den hervorragendsten Theoretikern dagegen stets im Sinne der letzterwähnten Alternative beantwortet worden ist.[3] In eine Erörterung dieser Streitfrage möchten wir um deshalb nicht eintreten, weil diese ganze sogenannte Vormerkung nach unserer mehrfach ausgesprochenen Auffassung nur in sehr losem Zusammenhange mit unserem Thema steht. Es gewinnt nach § 102. den Anschein, als habe die Kontroverse gesetzlich im Sinne der dinglichen Natur der Rückstände entschieden werden sollen. Nimmt man dies nicht an, und auffallend wäre es ja, daß der Gesetzgeber eine immerhin weittragende Frage durch eine so nebenläufige Bestimmung erledigt, hält man vielmehr den Anspruch auf die Rückstände trotz § 102. für einen obligatorischen, so verliert die Vormerkung jede wirkliche materielle Bedeutung. Es unterliegt freilich keinem Zweifel, daß sie rein äußerlich betrachtet jedenfalls die Löschung hindert. Wer aber, die obligatorische Natur der Rückstände vorausgesetzt, nach dem Tode des Berechtigten an dieser Nichtlöschung noch ein Interesse haben sollte, ist u. E. nicht abzusehen. Eine Vormerkung in dem von uns mehrfach erörterten, in den Gesetzen vom Mai 1872 sonst konsequent

---

[3]) Cf. Förster, a. a. O.

festgehaltenen Sinne ist die hier in Rede stehende Vormerkung, da sie keine vorläufige Eintragung zum Schutze eines durch die publica fides und das Konsensprincip gefährdeten Rechts auf Eintragung oder Löschung darstellt, unseres Dafürhaltens nicht.

II.

In Anlehnung an § 102. Grdb.=Ordn. ist die Frage nach analoger Zulassung weiterer Vormerkungen zum Schutze gegen Löschung aufgeworfen und insbesondere befürwortet worden, eine solche auch dem Pfandgläubiger, welcher in Erwartung der hinterher ausgebliebenen Befriedigung Löschungsbewilligung ertheilt habe, zu gewähren.[4])

Wenn man dabei auf § 817. C.=P.=O. rekurrirt, so ist es ja richtig, daß der Proceßrichter im Wege der einstweiligen Verfügung dem Eigenthümer die Herbeiführung der Löschung untersagen, auch den Grundbuchrichter um Eintragung eines solchen Verbots in das Grundbuch requiriren kann. Daß aber eine solche Eintragung die Natur der Vormerkung haben würde, möchten wir aus den unter I. noch ein Mal resümirten Gründen bestreiten, wie es uns auch gar nicht unzweifelhaft ist, ob nicht der Eigenthümer trotz eines solchen Verbots mit Erfolg die bewilligte Löschung beim Grundbuchrichter beantragen könnte (cf. § 775. C.=P.=O.).

Es liegt u. E. ein Bedürfniß für derartige Vormerkungen in keiner Weise vor. Der Gläubiger thäte in dem angezogenen Falle besser, Löschungsbewilligung erst Zug um Zug gegen Zahlung zu ertheilen, zum Mindesten das Dokument nicht ohne Zahlung herauszugeben. Es erscheint nicht geboten, unwirthschaftliche und übrigens auch unwahrscheinliche Unvorsichtigkeit durch besondere rechtliche Institute zu schützen und dadurch implicite zu fördern.

---

[4]) Cf. Achilles, Note 5. zu § 60. Eigenth.=Erw.=Ges., S. 300.

Druck von Leonhard Simion, Berlin SW.

FSC
www.fsc.org
MIX
Papier | Fördert
gute Waldnutzung
FSC® C083411

Kolibri 360 GmbH
Ferdinand-Jühlke-Straße 7
99095 Erfurt, Deutschland
produktsicherheit@kolibri360.de